기업장례 의전실무

회사장 준비와 전통·현대장례의 이해

이정훈·이소정·김미진

박영사

　　회사장은 전·현직 최고경영자의 죽음을 공적 의례로서 모시는 특별한 회사 의례입니다. 그러나 죽음이라는 특수한 사건은 기업 정서상 밖으로 드러내 준비할 수 없다는 난점이 있습니다. 그러다 보니 실무자 교육이 어렵고, 업무에 참고할 만한 자료에 접근하는 데도 한계가 있습니다.

　　회사장은 회사 의례 가운데 가장 중요한 이벤트임에도 불구하고 국내에서는 회사장을 정리한 표준 장례 의례서를 찾아보기 힘든 것이 현실입니다.

　　지난 16년간 VIP 위기관리시나리오 컨설팅을 해오면서 경험한 실무자들의 어려움에 도움이 되고자 이 책을 펴내게 되었습니다. 이 책은 회사 실무자들도 쉽게 이해할 수 있도록 장례의례 절차를 사전준비 단계부터 순차적으로 구분하여 정리하였습니다. 그러나 전통·현대장례에 대한 이해 없이 매뉴얼에만 충실해서는 회사별 특성에 맞춰 장례를 준비하는 데 한계가 있습니다. 따라서 전통장례와 현대장례에 대한 이해를 돕기 위해 알기 쉬운 풀이를 책의 2부, 3부에 넣었습니다.

　　부디 이 책이 회사장을 준비하는 실무자들에게 작게나마 도움이 될 수 있기를 바랍니다.

이정훈

● CONTENTS _ 차례

1부
- -

기업장례 편

이정훈
중앙의전기획(J · C · P) 대표
www.jungang-lee.com

16년 차 기업 위기 관리 시나리오 컨설팅 전문가로 활동하고 있으며,
그중 사전장례 기획 분야를 중심으로 기업, 기관의 단체장(葬) 기획에
주력하고 있다.

회사장의 정의

서 론

　한국의 기업 사회에서 거행되고 있는 회사장은 이제 기업의 공식적인 의례로 자리를 잡아가고 있습니다. 고인의 신앙과 가족 종교를 넘어선 차원에서 회사의 독자적인 존재 의식을 대내외로 드러내는 공적인 의례로서 받아들여지고 있는 것입니다. 장례가 진행하는 동안 계층화된 조직의 완벽한 통제력과 기민한 대응은 기업 사회에 선명한 인상을 심어주게 됩니다.

　과거에는 회사장을 단순히 비경제적이고 소모적인 장례의례로 여겼지만, 최근 수년간 치러진 회사장을 보면 회사의 정점에 섰던 인물의 인생관과 세계관을 투영하여 내빈 및 지역사회와 공감하고자 하는 노력을 기울이고 있습니다. 회사장 의례에서는 조직을 대표하는 자가 공식석상(영결식)에서 고인을 애도하는 조사를 낭독하는데, 이러한 의례는 고인으로부터 계승된 회사 고유의 기업 철학을 재확인하고 새롭게 다짐하는 계기가 됩니다.

　회사장의 대상은 일반적으로 기업의 최고경영자이며, 장례에 필요한 자금과 인력을 회사가 전적으로 지원합니다. 이러한 기준은 대기업, 중소기업의 구분이 없으며 통상적으로 회사가 전면적인 지원을 하는 방식으로 이루어지고 있습니다. 사내 체육대회나 창립 기념식과 같이 회사의 공적 의례가 기업 경영의 일부이듯이 회사장 역시 회사 의례 중 하나라고 본다면, 이 또한 기업 경영과 직결되는 일이라 볼 수 있으므로 회사장으로 장례를 공표하면 이는 공인으로서의 공식적인 회사 의례로 인정되어야 하는 것입니다.

　회사장의 첫 번째 목적은 고인에 대한 애도입니다. 장례위원장, 내빈 대표의 조사를 보면 먼저 고인의 업적을 상세히 언급하고 추모하며 맺음으로써 고인이 남긴 업적과 정신 유산을 계승하겠다는 의지를 표명합니다. 따라서 조사 낭독이야말로 회사장 영결식의 가장 중요한 절차라 볼 수 있습니다.

회사장 영결식에서 조사자는 일반적으로 업계 및 단체를 대표하는 장(長)과 회사를 대표하는 자를 포함하여 2～3명을 선정합니다. 이때는 업계 단체의 장(長) 또는 재계에서 기업을 대표하는 인물에게 조사를 의뢰합니다. 선정 과정에서는 회사와의 관계, 재계에서의 위치 등을 종합적으로 고려하여 결정합니다. 그 밖에 지인 대표나 사원을 대표하여 조사를 낭독하는 경우가 있습니다. 고인이 살아온 역사 가운데 고인과의 관계의 정도가 깊고 특정인의 조사 낭독의 의미가 있다고 판단될 경우 회사가 조사를 부탁하기도 합니다.

영결식 준비 단계에서 조사 다음으로 중요한 것이 지명분향입니다. 사회자는 헌화·분향 순서에 유족 다음으로 개인의 소속과 직책 이름을 소개하며 분향을 안내합니다. 회사장을 준비하는 회사의 입장에서는 지명분향의 순서를 정하는 것에 신경 쓰일 수밖에 없으므로 장례위원회에서 충분한 논의를 거친 다음 공통된 의견을 도출하는 과정이 필요합니다.

회사장은 고인과 가족의 이별의 차원을 넘어 고인과 회사와의 이별에 초점을 맞춥니다. 장례 기간 중 조문객들은 상실에 대한 아픔과 위로를 개인의 차원에서 전하고 유족들도 가족의 입장에서 받아들이지만, 발인 후 영결식 장소로 옮겨가면 고인과 회사의 이별을 애도하는 공적인 자리로 애도의 시선이 바뀌게 됩니다.

임종 후 장례의 단계를 공간적으로 구분해보자면, 발인 전까지 머무는 장례식장, 발인 직후 이동하여 의례를 진행하는 영결식장, 그리고 마지막으로 안장이 이뤄지는 공간으로 구분할 수 있습니다. 회사장이라 할지라도 빈소가 있는 장례식장에서는 상주가 조문객을 맞이하는 가족장의 형태와 다르지 않습니다. 다만 조문객이 일반 상가에 비해 많고, 언론의 관심이 큰 만큼 원활한 의전이 진행될 수 있도록 회사에서 인적, 물적 지원을 합니다.

발인 이후에는 운구가 영결식장으로 이동하여 회사장 영결식을 거행합니다. 영결식은 사회자가 진행을 맡고 장례위원장이 행사를 주관하는 공식적인 회사 의례로서 진행됩니다. 따라서 고인과 회사의 이별에 초점이 맞추어지고 전 직원이 상주의 입장에서 식에 참석하게 됩니다. 영결식 식순에서 고인에 대해 가장 먼저 헌화분향을 올리는 사람이 장례위원장인 것만 보더라도 영결식이 회사 차원의 공적인 의례임을 알 수 있습니다.

일본의 회사장 문화는 한국과 조금 다릅니다. 과거 회사는 장례(가족 중심)와 회사장을 따로 구분하여 두 번을 치렀습니다. 장례를 치른 후 일정한 시간을 두고 회사장을 집행하였는데 1970년대부터 이러한 의례 문화가 일본 기업문화로 정착되기 시작했습니다. 회사장은 회사의 공식적인 회사 의례로 구분되기 때문에 조의금과 화환을 받지 않습니다. 같은 맥락에서 일반 상가의 빈소에서는 가족 종교에 맞춰 제단을 꾸미지만, 회사장의 경우 제단 장식을 할 때 종교적인 색채를 배제하고 회사 로고나 기업 고유의 컬러를 제단에 입히는 등의 연출을 합니다. 그렇다고 해서 회사가 가족장에 대한 지원을 하지 않는 것은 아닙니다. 오히려 살아생전 대상자(고인)에게 위태로운 징조가 감지되면 회사는 한시적으로 조직을 구성하고 만약에 발생할지 모를 위기 관리 시나리오를 작성해둡니다. 이후 실제 상황이 발생하면 준비된 매뉴얼에 따라 장례를 적극 지원합니다. 회사장은 장례 이후 집행되므로 시간적인 여유를 가지고 준비할 수 있지만, 장례는 발생 시기를 예측할 수 없기 때문에 준비와 운영 면에서 훨씬 큰 어려움이 있습니다. 이는 한국의 경우도 다르지 않습니다. 한국에서도 위태의 징조가 감지되는 시점에 기업별로 위기 관리 시나리오를 작성하여 매뉴얼로 만들어둡니다. 시나리오가 작성된 시점으로부터 실제 상황이 발생하기까지 기간을 예측하긴 어렵습니다. 기업경영학적인 용어로 말하자면 일종의 리스크 매니지먼트(Risk Management)인 셈입니다.

회사의 공적 장례의례를 회사장이라 부르듯이 단체가 학교일 경우는 학원장, 대통령이 서거할 시에는 국민장의 형태로 거행됩니다. 대통령이 서거한 경우 국민장은 한 개인의 장례가 아니라 국민이 상주가 되는 국가 차원의 장례가 됩니다. 한국의 경우 장례 기간이 짧고, 모든 과정이 한 번에 이루어지다 보니 장례식과 회사장에 대한 개념을 혼동하여 잦은 착오가 발생합니다. 엄밀히 말하자면 장례 기간 중 빈소에서 이루어지는 사적인 차원의 장례와 영결식장에서 거행되는 공적인 차원의 장례에서 고인을 바라보는 사회적인 시선은 엄연히 다릅니다. 회사 차원에서 영결식을 거행한다는 것 자체가 고인이 사회적으로 존경받을 위치에 있다는 것을 표상하는 것입니다. 이처럼 회사장은 짧은 기간 내에 복잡한 의례 준비를 동시에 진행해야 하기 때문에 기업 차원에서 회사장 매뉴얼을 미리 준비합니다.

1. 위태

(1) 장례 기본 계획 수립

회사장을 대비하여 사전에 사내연락망을 구축하고 관계자 리스트를 정비하여 실무 조직을 구성합니다. 대상자가 임종했을 경우를 가정하여 장례위원회 구성, 역할 분담, 일자별 행동 방침 등을 구체적으로 정리한 매뉴얼을 제작합니다. 원활한 장례를 치르기 위해서는 회사와 대상자의 가족 간에 충분한 의사소통이 필요합니다. 회사장의 실행은 회사와 가족의 공동 역할로 진행된다는 것을 염두에 두어야 합니다.

▌ 회사장 흐름도(예시)

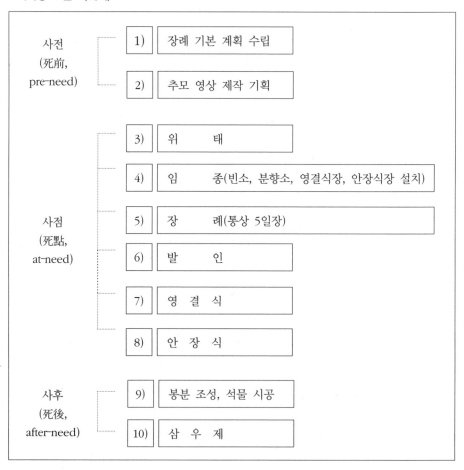

1) 장례위원회 구성

기본 계획 단계에서 장례위원회를 구성합니다. 그리고 대상자의 임종 시점에 장례위원장의 명의로 회사장을 대외 공고합니다. 장례위원회 위원장 명의로 공고되기 때문에 사전에 장례위원회가 구성되어 있어야 합니다. 장례위원회의 구성은 다음과 같습니다.

가) 위 원 장: 기업 경영책임자(유족 제외)
나) 부위원장: 위원장이 지정한 약간인
다) 위   원: 위원장이 지정한 약간인
라) 집행위원: 사실상 장례 절차를 추진하는 주체이며, 부서 중간관리자급으로 임명

2) 집행위원회 구성

회사 내 부서장급과 과장급으로 집행위원회를 편성합니다.

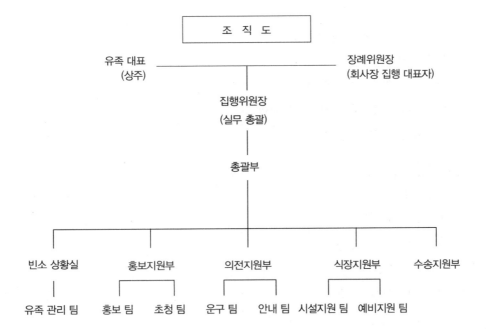

◆ 집행위원의 주요 업무

【총괄부】

가) 비상회선 개설

나) 실시간 상황 접수 및 전파

다) 장례 기본 계획 수립

라) 부서별 업무 협조 요청

마) 재정 관련 업무

> ※ 위태 단계까지 독립 부서로 운영되나 임종 이후 단계에서부터는 빈소 상
> 황실로 편입됩니다.

【빈소 상황실】

□ 빈소 상황 팀

가) 각 부서별 상황 보고 접수

나) 상황 전파

다) 주요 결정 사항 즉시 의결

라) 장례위원장, 집행위원장 상주

□ 유족관리 팀

가) 유족 지원 및 협의·연락 업무

나) 유족 결정 사항 접수 및 전달

다) 유족 불편 사항 처리

【홍보지원부】

□ 홍보 팀

가) 홍보물 제작

나) 대외 언론 대응

다) 보도자료 작성

라) 추모 영상 제작

마) 추모 앨범 제작

바) 신문 부고 작성

□ 초청 팀
　가) 회사장 영결식 초청 인사 범위 결정
　나) 부고 개별 알림 리스트 작성
　다) 초청장 발송
　라) 비표 제작
　마) 조객용 근조 리본 제작
　바) 주요 인사 참석 여부 확인

【의전지원부】
□ 안내 팀
　가) 의전 동선 안내 및 인력 지원
　나) 주차장 관리
　다) 이동 동선 안내
□ 운구 팀
　가) 발인 운구
　나) 장지 운구

【식장지원부】
□ 시설지원 팀
　가) 분향소 설치 모니터링 및 설치 지원
　나) 장례식장(빈소), 영결식, 안장식 설치 지원(의자·천막 등 임차, 좌석 배치, 제단 설
　　　치, 식장 현판 제작, LED·행사용품 준비, 촬영대 설치, 제물 준비 등)
　다) 편의시설 설치(화장실, 음료대 등)
□ 예비지원 팀
　가) 기타 지원이 필요한 사항 발생 시 대응
　나) 기록물 수집 및 관리 총괄

【수송지원부】
가) 차량 지원(운구차, 버스, 선도차, 구급차 등)
나) 장례 행렬 순서 편성 및 교통 통제
다) 장례 차량 정비

3) 장례 기본 계획 수립

회사장으로 장례 방침이 결정되면 장례 기본 계획을 수립합니다.

※ 장례 명칭은 재직 중 임종한 경우에는 '前' 자를 생략하고 현재의 직함(직위 명칭)을 사용해도 무방하나, 퇴직 후에 임종한 경우에는 반드시 직함 앞에 '前' 자를 쓰는 것이 일반적인 관례입니다.

故 ○○○ 前 (직함) 회사장 집행 계획(안)

기본 방침
장례 종류 및 장례 기간
추진 기구: 장례위원회, 집행위원회
장례 절차 진행
빈소 운영
발인(일시, 장소, 참석 범위)

> ※ 영결식 장소(안)
>   <실외>
>   1안) 공장 앞 광장
>   2안) 본사 사옥 앞 광장
>   <실내>
>   1안) 대회의실
>   2안) 대강당

영결식(일시, 장소, 참석 범위)
안장식(일시, 장소, 참석 범위)
운구 계획(발인 → 영결식장, 영결식장 → 안장식장)
소요 재원 확보 방안
행정 사항(부서별 주요 업무 분담 사항)

4) 조문객 의전 계획 수립

가) VIP 조문객

※접객실: VIP 전용 접객실

① VIP 조문객의 범위

- 대통령, 국무총리, 장관
- 국회의장, 부의장, 국회의원
- 대법원장, 헌법재판소장, 대법관
- 정당 대표
- 지방자치단체장
- 경제 5단체장
- 주요 언론사 사장
- 주요 그룹, 금융기관 회장
- 학계/문화계 주요 인사
- 기타 이에 준하는 인사

② 역할 분담

- 사장단: VIP 조문객 접대
- 총괄부(○○○, ○○○): 사장단의 VIP 조문객 접대 지원
- 안내 요원(입구 2명, VIP 접객실 출구 2명): 기본 안내 업무

③ 의전 순서

- 현관 도착 시 안내 요원이 정중히 인사를 한 후 조의록 서명 완료 시까지 일대일 근접 수행
- 조문 후 해당 VIP 조문객을 접대할 사장단(또는 총괄부)은 VIP 접객실로 안내 및 접대
  - 귀가 시 접대를 담당했던 사장이 현관까지 직접 배웅합니다.
- 기타: 전 현직 대통령 및 국무총리에 한해서 상황에 맞게 조문객 대기줄을 우회 안내합니다.

나) 일반 조문객

※ 접객실: 일반 접객실

- 의전 순서
  - 현관 도착 시 안내 요원이 정중히 인사를 한 후 조의록 서명 장소로 안내합니다.
  - 조문 후 안내 요원이 ○, ○ 접객실로 안내합니다.
  - 귀가 시 개별 배웅은 생략합니다.

5) 조화 배치 및 관리 방안 수립

가) 조화 배치 원칙

- 장례식장 내 빈소 공간을 고려하여 최대 설치 수량을 사전에 확인해두고 선별 설치합니다.
- 조화는 장례식장 화물 출입구에서 1차 수령과 동시에 선별 작업을 진행합니다.
- 선별 작업은 '즉시 설치용(빈소)', '보관용(상황실)', '리본 커팅용'으로 분류합니다.
- 도착 순서 및 보낸 분의 중요도, 조문 예정 순서 등을 고려하여 배치합니다.
- 해당자의 조문 실시 후 리본으로 대체하여 빈자리는 우선순위대로 조화로 대체합니다.(단, 장지 설치 대상 조화는 상황실에 별도 보관합니다.).

나) 조화 배치 우선순위

※ 조화 배치 순서는 장례위원회와 유족이 상의하여 결정합니다.

- 제단 좌측: 현직 대통령, 국회의장, 대법원장, 국무총리
- 제단 우측: 전직 대통령
- 빈소 입구: 임직원 및 가족 관련
- 로비: 경총, 전경련 이하 협회

다) 빈소 조화 배치 예시

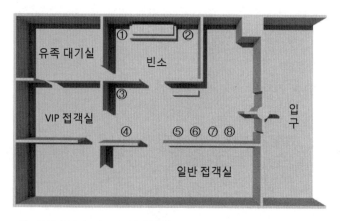

* ①~⑧까지 중요도순으로 임의 배치

6) 인력 운용 계획 수립

가) 복장 및 근무 시간

[복장]
- 남자: 검정 양복, 흰색 와이셔츠, 검정 넥타이, 검정 양말, 회사 배지/근조 리본 패용
- 여자: 검정 정장, 흰색 블라우스(맨발 금지)

[근무 시간]
- 주간: (1조)09:00~16:00, (2조)16:00~22:00(빈소 지원 인력)
- 야간: (1조)22:00~03:00, (2조)03:00~09:00(빈소 경비 인력)

---

* 통상 빈소는 23시까지 운영합니다.

나) 인원 편성 및 역할

구 분	인 원	담 당	역 할
안내 데스크 (09시~22시)	2명×3조=6명		• 조문객 응대 및 조의록 관리 • 빈소 물품 최종 확인/사인(sign) • VIP 조문객 방문 정보 공유
빈소 정리	2명×4조=8명		• 신발 정리, 빈소 출입 안내, 빈소 주변 정리
조화 관리	3명×2조=6명		• 조화 배치 및 이동 • 조화 선별 담당(화물 출입구): 빈소 상황실과 무전 협의
로비 안내(入)	2명(2조=4명)		• 도착 조문객 안내(○○○,○○○)
로비 안내(出)	2명(2조=4명)		• 귀가 조문객 안내(○○○,○○○)
일반 접객실	4명(2조=8명)		• 음식 주문 관리, 서빙 도우미 관리
VIP 접객실	4명(2조=8명)		• VIP 조문객 응대
운 구	8명(2조=16명)		• 운구(○○○병원 장례식장, ○○공원)
야간 당직조 (22시~09시)	2명(4조=8명)		• 야간 당직조 운영: 당일 22:00~익일 09:00 • 1일 차: 2명 • 2일 차: 2명 • 3일 차: 2명 • 4일 차: 2명
장지 주차 안내조	10명(1조=10명)		• 장지 차량 동선 안내 • 의전용 흰 장갑, 무전기 착용 • 안내봉 지참 필수

다) 비상연락망 체계도

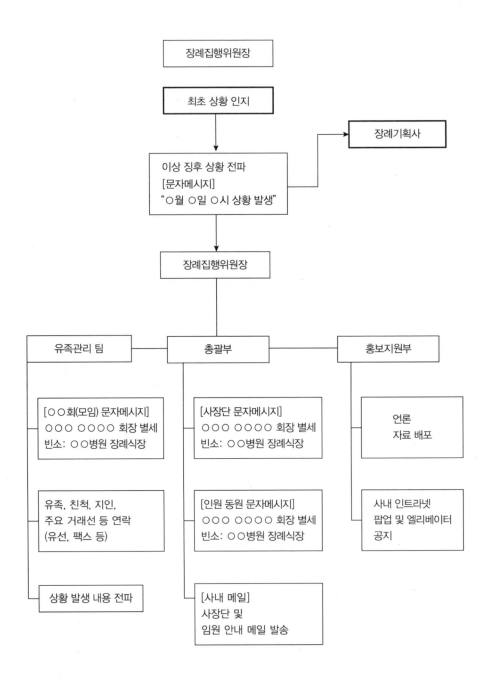

7) 차량 운영 계획 수립

가) 이동 및 수송(예시)

차 량	수 량	내 용	선탑자	비 고
운 구 차	○	• 장손(영정), 사위(위패)	○ ○ ○	
운 구 버 스	○	• 유족	○ ○ ○	
성 직 자 차	○	• 성직자	○ ○ ○	종교식으로 할 경우 성직자 차량 지원
내빈 버스 (39, 45인승)	○	• 유족 버스 • 지인/모임회 버스 • 임원 버스 • 직원 버스 • 예비 버스	○ ○ ○	
에 스 코 트	○	• 선도: 검정 세단	○ ○ ○	
해 외 조 문 객 차	○	• 차량: 검정 세단	○ ○ ○	공항부터 의전 차량 지원
냉 장 탑 차	○	• 발인 당일 조화 수송	○ ○ ○	
예 비 차	○	• 예비차(승용차)	○ ○ ○	

나) 발인 당일(오전 6시 기준) 차량 운영 및 동선 계획(예시)

시 간	장 소	내 용
06:00	장례식장에서 출발	• 선도차, 운구차, 운구 버스, 가족 버스만 이동합니다. • 지인/모임회, 임원, 성직자, 직원, 예비 버스는 영결식장으로 곧장 이동합니다.
06:00~07:00	자택 도착	• 진입로 우측에 1열 주차, 자택 순회로 노제를 대체합니다.
07:00~08:30	자택 출발	• 영결식장으로 이동합니다.
08:30~10:00	영결식장	• 영결식
10:00~12:00	영결식장 → 안장식장	• 안장식장 도착 • 버스 주차장으로 유도합니다. • VIP 차량은 출구 방향으로 회차하여 행사 종료 후 즉시 출차 가능하도록 주차 안내를 합니다.

시 간	장 소	내 용
12:00~13:00	안장식장	• 안장식
13:00~15:00	안장식장	• 중식
15:00~18:00	○○○ 병원으로 복귀	• 선도차, 운구차, 운구 버스, 가족 버스는 개별적으로 이동 • 임직원, 예비 버스는 ○○○병원으로 일괄적 이동합니다.

> ※ 노제는 본래 상여가 장지로 가는 도중에 마을에서 지내는 제사로, 고인과 절친했던 친구나 친척이 지내는 전통 상례 의식입니다. 근래에는 따로 제사를 지내지 않고 고인의 직장을 순회하거나 영정과 위패를 들고 자택을 순회하는 것으로 대체하기도 합니다.

다) 운구 동선 수립 시 검토 사항
① 사전 답사 장소
  • 자택
  • 본사
  • 안장지
② 차량 탑승 구조

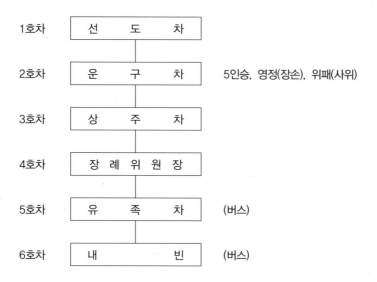

1호차 선 도 차

2호차 운 구 차   5인승, 영정(장손), 위패(사위)

3호차 상 주 차

4호차 장 례 위 원 장

5호차 유 족 차   (버스)

6호차 내 빈   (버스)

③ 점검 사항

- 주말, 평일 운구 이동의 소요 시간을 확인합니다.
- 안장지의 동선 및 환경을 파악합니다.
- 운행 차량과 동일 차량으로 안장지 내 시험운행을 합니다.

8) 위태 단계 행동 방침

구 분		담 당	회 사
위태	비상 상황 접수	총괄부	• 병원 주치의로부터 현재 상황을 접수받습니다. • 상황 접수 후 대상자의 가족 및 본사 총괄부에 즉시 상황을 전파합니다. • 총괄부는 사내에 상황을 전파합니다. • 집행위원장 및 총괄1팀 담당 직원이 즉시 병원으로 이동합니다. • 총괄2팀은 장례식장 빈소로 즉시 이동합니다.
	빈소 예약 가능 상황 확인	총괄부	
	VIP 의전	총괄부	• 병원 현관에서부터 병실 입구까지 안내합니다.
	대기	총괄부	• 상황 해제 시까지 병원 및 장례식장에서 대기합니다.

9) 일정표(예시)

일 자	시 간	내 용	장 소
1일 차		임종	병원
		빈소 준비	장례식장
		부고/연락	장례식장
		빈소 운영	장례식장

일 자	시 간	내 용	장 소
2일 차	오전	분향소 운영	분향소
		염습/입관	입관실
		성복	빈소
	오후	상식(저녁)	
3, 4일 차	오전	상식(아침)	빈소
	오후	상식(저녁)	
5일 차	오전	발인	빈소
		영결식	본사
	오후	하관	장지
		평토제	
7일 차	오전	삼우제	장지
49일 차	오전	49재(齋)	

* 시간대 구분: 오전(09:00~16:00), 오후(16:00~22:00), 야간(22:00~03:00), 새벽(03:00~09:00)
* 빈소 운영: 시간 07:00~23:00(대외 공식 조문 시간 09:00~23:00)

2. 임종 직후

(1) 장례 실행 계획

1) 임종 직후 행동 방침

구 분		담 당	회 사	장례 전문 기획사
발생 즉시	임종 즉시	총괄부	• 임종 사실을 본사와 장례 전문 기획사로 상황 전파합니다. • 대상자가 임종한 병원의 장례식장에 여유 빈소가 없을 경우 빈소 담당자들은 즉시 예약 확정된 장례식장으로 이동하여 빈소를 준비합니다.	

구 분		담 당	회 사	장례전문기획사
발생 즉시	고인 이송 준비	장례 전문 기획사	• 회사 담당자는 유족과 동행하여 병실 비용 정산과 동시에 사망진단서 10부를 발급받습니다. • 개인 차량을 이용하여 장례식장으로 이동할 수 있도록 유족을 안내합니다.	• 이송 팀장은 병실에 입실하여 유족에게 정중히 인사를 올린 후 이송 준비를 합니다. • 사망진단서 발급 후 이송 팀장 외 1명이 이송을 위한 조처를 해서 준비된 앰뷸런스까지 모십니다.
	수시/안치	장례 전문 기획사	• 가족 일부에 한하여 입실 참관할 수 있습니다.	• 수시는 장례식장 직원이 안치실에서 진행합니다.
	빈소 준비 대기 시간 (안치 후 3시간 이내)	유족 관리 팀	• 고인을 안치실에 모시고 난 후 유족을 빈소 내 유족대기실로 이동시킨 다음 남성은 검정 양복, 여성은 검정 한복을 착용하도록 안내합니다.	<제작 및 설치> • 빈소 영정 제작(장례식장) • 빈소 제단 생화장식(장례식장) • 위패 제작(장례식장) • 제물음식 준비(장례식장) • 상식 준비(장례식장 조석으로) <인력 배치> • 장례지도사 ○명 • 장례관리사 ○명 (1일 3교대 인력 배치) <장례 전문 기획사 상황 근무자 배치> • 회사장 담당 1명, 부담당 1명, 물류 구매 담당 사원 1명 등
발생 즉시				

※ 참고: 전통 장례 예법에 따르면 입관 전까지는 제물을 올리지 않는 것이 옳으나 현대에 와서는 조문과 함께 제물을 올리는 것이 일반화되어가는 추세입니다. 열 상가 중 아홉 상가는 제물을 올립니다. 이를 '초물상'이라고 합니다. 회사 가족이 전통 예법을 따를 것인지 일반화된 형식을 따를 것인지는 유족들께서 판단하셔야 합니다.

※ 참고: 상복은 입관 이후 입는 것이 올바르나 현대에 와서는 장례와 동시에 상복을 입는 것이 일반화되어가는 추세입니다.

구 분		담 당	회 사	장례 전문 기획사
임종 후 ~ 3 시 간	부고	홍보 지원부 (초청 팀)	• 부고 알림 리스트상의 VIP 에게 연락합니다.	
		홍보 지원부 (홍보 팀)	• 언론사에 부고 광고를 의 뢰합니다. • 언론사에 부고 기사를 송 고합니다. • 사내 인트라넷 팝업 및 엘 리베이터에 공지합니다. • 사장단 및 임원 메일을 발 송합니다	
	상황실 설치	빈소 상황실	• 별도의 소형 빈소를 임차하 여 상황실로 사용하거나, 대 형 빈소의 경우 '호상실'에 상황실을 설치합니다.	• 팩스, A4 용지 1박스, 필 기구, 직원 안내 명찰, 프 린터 잉크, 근조 리본, 의 전용 장갑을 지원합니다.
	물품 체크	식장 지원부	• 영정, 조의록, 필기구, 회 사 조의 물품, VIP 접객 물품, 가족용 물품 등을 확 인합니다.	
	접객 준비	빈소 상황실	• 데스크 운영 준비를 합니다. • 접객실 식음료 주문 및 관 리사 지원을 요청합니다.	• 장례관리사는 현장에 정위치 하여 지시 대기합니다.
	인원 배치/ 교육		• 소집된 인원을 배치하고 준비된 매뉴얼에 따라 의 전 교육을 실시합니다.	
	위패/ 명정		• 위패/명정 문구 확정(유 족) 및 제작 의뢰합니다.	• 장례지도사가 시안을 최 종 확인하여 장례식장에서 제작합니다.
	가족 안내문	빈소 상황실 (집행위 원장)	• 유족 안내문 설명 – 장례 일정에 대한 개요를 설명하기 위해 작성된 가 족 안내문을 배포하고 간 략한 브리핑을 합니다.	

구 분		담 당	회 사	장례 전문 기획사
임종 후 ~ 3 시 간	입관 물품	빈소 상황실 (집행위 원장)	• 유족과 상의하여 관, 수의 를 결정하고 입관 시 함께 넣을 유품을 요청합니다.	장례 전문 기획사에서 준비 합니다.
	예비 차량	운구 안내부 (수송 지원 팀)	• 긴급 상황 등을 대비한 예 비 차량을 배치합니다.	
	빈소 설치 확인	빈소 상황실	• 빈소 제반 준비 사항을 최 종 확인합니다.	
빈 소 운 영	안내 데스크	빈소 상황실	• 조문객 안내와 조의록 관 리를 실시하고 현장 필요 물품 구매를 승인합니다. • VIP 조문객 방문 정보 확 인 시 집행위원장에게 즉 시 통보합니다.	• 장례지도사(2명)는 조문객 들의 신발 관리, 예법 상 담, 안내, 장례관리사의 태 도 등을 종합적으로 관리 감독합니다. • 부의함을 치워두거나 혹 치울 수 없도록 고정된 상 황일 경우 미관을 고려하 여 입구에 깨끗하게 봉인 하도록 합니다.
	※ 참고: 부의금을 받지 않을 경우, 정중히 사절한다는 문구를 안내 데스크 입구에 세워두고 부의금을 전달할 시에는 정중히 거절의 뜻을 전달하여 부의금을 받지 않도록 합니다.			
	조문객 의전	빈소 상황실	• 조문객 의전 매뉴얼에 의 거하여 안내 요원이 정위 치합니다. • 단, VIP 조문객 접대는 사 장단 중심으로 진행합니다.	• 장례 전문 기획사는 안내 요원에게 무전기를 제공 합니다.
	접객실		• 음식 주문/관리, 인원 관 리(장례관리사 ○명, 남직 원 ○명) • 접객실 의전은 회사 직원들 로 구성하여 VIP 접객에 만 전을 기합니다.	

구 분		담 당	회 사	장례 전문 기획사
	조화 관리		• 조화 배치 및 관리 방안에 의거하여 관리합니다. • 장례식장 입구에서 조화 반입 지점에 전담자를 상주시켜 조화 구분 작업을 수행합니다.	
	※ 참고: 대부분의 장례식장의 경우 조화 반입이 가능합니다. 그러나 공간이 부족할 경우 조화 리본만 떼어 접객실 벽면에 거치합니다.			
빈소 운영	야간 당직조	식장 지원부 (집행위 원장)	• 야간 당직조 소집 확인 (22:00~09:00 과장급 2명 씩 2개조)	
	※ 참고: 야간 빈소 경비를 위한 당직조를 운영합니다. 제단이나 기타 시설을 훼손하거나 분실할 위험이 있으므로 장례 기간 중 회사 직원을 차출하여 경비 인력을 운영합니다.			
	상황실 운영	빈소 상황실	• 제반 업무의 준비 사항을 지속적으로 사전 점검합니다. • 장례 전반의 진행 상황을 파악합니다.	
기타	촬영	홍보 지원부 (홍보 팀)	• 사진 기사, 영상 기사를 준비합니다. • 사진 담당 1인, 영상 담당 1인을 격일로 팀을 바꿔가며 촬영합니다.	

2) 가족 안내문(예시)

[상황 발생 시]
• 고인 안치 후, 가족분들께서는 댁에서 개인 물품을 준비하신 후 장례식장으로 오십니다.
• 다음 날 입관 전까지는 상복을 갖추지 않으므로, 남성은 검정 양복, 여성은 검정 정장류를 착용합니다.
• 부고 연락, 신문 부고, 빈소 준비, 진행 요원 소집 등은 회사에서 차질 없이 준비하겠습니다.

[조문 시작]
- 빈소 운영 시간 ○○:○○~○○:○○입니다.
- 장손, 상위분들께서는 빈소에서 조문객을 맞으시고, 사모님들 및 나머지 가족분들께서는 접객실에서 조문객 응대를 하십니다.

[입관/성복제]
- 2일 차 정해진 입관 시간이 되면 지하 ○층 입관실로 이동하십니다.
- 입관은 염습을 포함해 1시간~1시간 30분 소요되며, 입관 종료 후 상복을 갖추어 입습니다.
- 남자분은 완장 착용, 여자분은 환복하며, 환복 시 가족실 활용이 가능합니다.
- 상복을 갖추어 입으신 후 성복제를 지내며 약 ○분이 소요됩니다.

[발인제/운구]
- 발인일 오전 ○시부터 빈소에서 발인제를 갖습니다.
- 발인제 후 지하 1층으로 이동, 안치실에서 운구차로의 운구를 보신 후 ○○동으로 출발하십니다.
  (영정과 위패는 항렬 순서대로 남성이 들게 됩니다. 장자의 경우 상주가 되므로 장손이 영정을 들고 사위가 위패를 듭니다.)
- 나머지 직계가족께서는 유족 버스에 탑승합니다.

[자택 순례]
- ○○동에는 선도차, 운구차, 운구 버스, 성직자 차, 유족 버스만 이동합니다.
- ○○동에 도착하시면 성직자를 선두로 영정과 위패의 뒤를 따라 약 10분간 고인이 자주 계셨던 곳을 순례하십니다.
- 별도의 제례는 없으며 순례가 끝나면 다시 차량에 탑승하여 본사 영결식장으로 이동하십니다.

[영결식]
- 영결식장 도착 시작은 오전 ○시 예정입니다.
- 본사에 도착하시면 담당 의전관이 안내하여 성직자를 선두로 영정과 위패의 뒤를 따라 행사장으로 이동하십니다.
- 행사장에 도착하면 유족석과 내빈석이 나뉘어 있습니다. 내빈분들은 먼저 도착하여 자리에 앉아 계십니다.
- 담당 의전관의 안내에 따라 첫 줄은 직계비속순으로, 둘째 줄부터 친·인척순으로 앉으시면 됩니다.

[안장식(도착/조문/하관/평토제)]
- 오전 ○○시경 ○○공원에 도착하면 운구를 위한 준비를 마치는 대로 묘소로 운구를 진행합니다.
- 하관이 끝나면 가족분들께서는 한 분씩 허토를 하십니다.
- 하관이 끝나고 평토가 끝나면 안장식 마지막 순서로 평토제를 지냅니다.

[식사 및 출발]
- 모든 안장식이 끝난 후 아래쪽 관리사무소에 마련된 식사 장소에서 도시락으로 중식을 합니다.
- 중식 후 ○○시경 ○○공원을 출발하여 ○○사로 향하며 중간에 ○○휴게소에서 정차합니다.

[장례식 이후 절차]
- 발인 3일 차에 ○○공원에서 삼우제를 지내며 직계가족은 가능한 한 모두 참여하십니다.

3) 장례 2일 차 행동 방침

구 분		담 당	회 사	장례 전문 기획사
빈소 의식 진행	입관, 성복제 (장례식장)	빈소 상황실	• 입관 시간은 장례식장과 전날(1일 차) 사전 협의합니다. • 성복제 제수 음식 주문을 병행합니다. • 입관 물품 및 유품을 확인합니다. • 유족이 외국에서 오고 계실 경우 입관일을 연기할 수 있습니다.	• 유교식 입관 - 유교식 입관의 경우 장례지도사가 주도하여 입관을 진행합니다. • 종교식 입관 - 장례지도사의 고인 염습이 끝나면 성직자 또는 신도회에서 각 종교별 의식을 합니다.
	상식	장례 전문 기획사	• 상식(上食)을 확인합니다. (아침/저녁)	• 상식의 준비는 장례식장에서 일괄적으로 주문합니다.

구 분		담 당	회 사	장례 전문 기획사
분향소	분향 확인	빈소 상황실	• 분향소별 준비 상황을 분향 시작 2시간 전 최종 확인하여 집행위원장에게 보고합니다.	• 분향소 설치 완료 사실을 사진 자료와 함께 빈소 상황실 담당자에게 전송한 후 수신 확인합니다.
	※ 분향소의 운영 시간은 09시부터 18시까지로 하며 분향소에서는 별도의 식사를 제공하지 않습니다. 임종 후 분향소가 설치되므로 분향은 장례 2일 차부터 시작됩니다. 장례가 종료되는 시점에 동시에 철거합니다. 분향소는 고인의 임종 시점으로부터 24시간 이내 설치를 원칙으로 합니다. 단, 임종 시점이 14시 이후일 경우 분향소의 위치에 따라 시차를 두고 개소하는 경우도 있습니다. 통상적으로 분향소의 정식 개소 시간은 09시입니다.			

※ 입관 절차(예시)

- 09시 00분: 입관 절차 안내 유족 설명(장례지도사)

- 13시 00분: 입관 보조(1명) 입관실에서 입관 준비, 입관 30분 전 준비 완료

- 13시 30분: 장례지도사(2명)는 안치실에서 입관실로 고인을 모심.

- 13시 50분: 유족 및 친지 입실

- 14시 00분: 입관 시작

- 15시 00분: 입관 종료

- 15시 10분: 유족 및 친지 퇴실

- 15시 15분: 장례지도사(2명) 고인을 안치실로 운구

- 15시 30분: 성복제

4) 분향소

구 분	내 용
정 의	분향소는 빈소와의 물리적 거리가 있어서 분향이 어려운 분들을 위해 회사가 마련하는 별도의 애도 공간을 의미합니다. 분향소가 마련되는 곳은 지방 계열사 및 공장 등 모기업과 깊은 관련이 있는 장소가 선정 대상이 됩니다.
운영 방법	분향 방법은 자율 분향을 원칙으로 하되 분향 예법, 동선 안내, 뒷정리 등을 위해 운영 1일 차에만 의전관을 배치하는 것이 좋습니다. 또한 각 지사, 지점별로 설치될 분향소 규모와 환경이 다르므로 사전 답사를 통해 설치 환경을 파악해두는 것이 중요합니다. 그리고 각 분향소별 운영 관리 책임자를 지정하여 운영에 차질이 없도록 합니다.
준비 사항	• 분향소 설치(현판 포함), 영정, 향로, 촛대(2개, 바람막이 포함), 향, 헌화용 국화를 준비합니다. • 조문객을 위한 조의록을 비치합니다. • 분향소 규격은 실내 환경에 맞춰 제작합니다.

※ 분향소 사례

〈분향소〉

5) 발인

※ 종교 예식은 성직자의 소속 종단 또는 종파에 따라 차이가 있으므로 해당 성
  직자와 논의하여 조정할 수 있습니다.

구 분	내 용
정 의	장례에서 고인이 빈소를 떠나 묘지로 향하는 절차를 말합니다.
유 교 발 인 절 차	유교의 발인 절차는 다음과 같습니다. (1) 개식 (2) 상주(喪主) 및 상제(喪制)의 분향 (3) 헌작(獻爵) (4) 조사(弔詞) (5) 조객(弔客) 분향 (6) 호상(護喪)의 감사인사 (7) 폐식
불 교 발 인 절 차	불교의 발인 절차는 다음과 같습니다. (1) 청혼(請魂: 죽은 영혼을 부르는 일) (2) 반혼착어(返魂着語: 죽은 혼을 불러 안정시키는 말) (3) 시식(施食: 가지공양) 　　[죽은 영혼을 천도(遷度)하기 위하여 법식(法食)을 주면서 법문(法問)을 말해주고 경전을 독송하며 염불하는 의식] (4) 다게(茶偈: 차나 물을 공양할 때 독송하는 게송) (5) 발인제문(發靷祭文: 발인에 드리는 고인을 추모하는 글) (6) 기감[機感: 중생(衆生)의 근기가 부처의 교화(敎化)를 받아들임] (7) 영축게(靈鷲偈) 　　영축염화시상기(靈鷲拈花示上機) 긍동부목접맹귀(肯同浮木接盲龜) 　　음광불시미미소(飮光不是微微笑) 무한청풍부여수(無限淸風付與誰) 　　보례시방상주불(普禮十方常住佛)(1배) 　　보례시방상주법(普禮十方常住法)(1배) 　　보례시방상주승(普禮十方常住僧)(1배)

구 분	내 용
기 독 교 발 인 절 차	기독교에서는 발인 예배라 합니다. 발인 예배의 절차는 다음과 같습니다. (1) 예식사 (2) 묵도/사도신경(신앙고백) (3) 찬송(291장이나 293장) (4) 교독(교독문 46) (5) 기도(맡은 이) (6) 성경 봉독(「요한복음」 11:25~26, 「고린도전서」 15:42~44) (7) 설교 (8) 기도 (9) 찬송(541장이나 545장) (10) 축도/주기도문 (11) 출관 (12) 기도문(예문) [기도문 예 1] 생명의 근원 되신 하나님 아버지! 우리의 형제 고(고인의 성명) 성도님 (어른, 선생님)의 장례식을 위해 이 자리에 모였사오니 부활의 주님께서 임재하시어 위로해주시옵소서. 오늘 이 자리의 장례식이 하늘나라로 이어 지는 출발점이 되게 하시고 영원과 이어지는 순간이 되게 하옵소서. 그리 하여 여기 모인 우리 모두에게 넘치는 위로와 희망과 용기를 주시옵소서. 예수님의 이름으로 기도합니다. 아멘! [기도문 예 2] 사랑과 은혜가 풍성하시며, 영원히 변치 아니하시는 전능하신 하나님 아 버지! 지금 우리들이 이곳에 모여서 이 세상을 먼저 떠나 아버지 앞으로 가신 (고인의 성명) 성도님의 장례식을 거행하려고 하오니 아버지께서 은 혜와 사랑으로 인도하여주시옵소서. 거룩하신 하나님 아버지! 우리는 (고인의 성명) 성도님이 세상에 있을 때에 아버지께서 크신 능력 으로 지켜주시고 사랑의 손으로 인도하시어 그리스도로 말미암아 구원을 얻어 영원한 후사가 되게 하여주심으로 인하여 감사를 드립니다. 원하옵기는 이 장례가 아버지의 은혜 가운데 이루어져 이로 말미암아 그 의 유족과 친척들이 큰 위로를 받게 하옵시고, 이곳에 모인 우리도 하나 님의 엄숙하신 교훈을 배우고 죄를 뉘우치는 것과 주님을 믿고 의지하는 믿음이 더욱 굳세게 하여주시옵소서. 우리 주 예수님의 이름으로 기도하옵나이다. 아멘!

구 분	내 용
천 주 교 발 인 절 차	천주교의 발인은 출관 예절 또는 발인 미사라 합니다. 출관 예절의 절차는 다음과 같습니다. (1) 주례는 출관에 앞서 상주를 비롯한 유가족을 관 앞에 나오게 하고 다음의 기도를 바칩니다. (2) 성부와 성자와 성령의 이름으로 아멘. (3) 지극히 자비로우신 하느님 저희의 간절한 기도를 들으시어 (고인의 성명)를(을) 하느님 나라에 받들이소서. (4) 위령기도책 87페이지부터 94페이지 마침 기도까지 노래합니다. (5) 운구에 앞서서 모든 유족은 고인에게 경의와 애도의 표시로 분향과 절을 합니다. 그런 다음 시신과 시신을 모셨던 방과 그 주위에 성수를 뿌립니다. (6) 운구를 하는 동안 교우들은 위령기도책 95페이지부터 100페이지까지 노래하거나 알맞은 성가를 부릅니다.

6) 영결식

구 분		내 용
정　의		고인의 업적을 기리기 위한 공적 회사 의례입니다. 영결식에는 고인과 관계가 깊은 장소가 선정되고, 사회 각 계층의 지인이 참석합니다.
진 행 과 정		• 장소 선정 및 현장 답사 • 설치 계획, 연출 계획 수립 • 제안서 제출 및 검토 • 제안 확정 • 설치 • 리허설 • 본식 진행
준 비 사 항	식장 준비	• 생화 제단 • 영정, 훈장대, 촛대(2대), 대형 향로, 헌화 국화 • 음향, 영상장비 • 현수막(제단, 식장 입구, 외벽)
	편의시설	• 음료대 • 외투 걸이(동절기) • 냉/난방 용품

구 분		내 용
준 비 사 항	기타 소품	• 근조 리본 • 방한대 • 핫팩(동절기) • 의전용 백색 장갑
	응급 부스 설치	• 상비약, 구급차
기 상 변 동 대 비		• 행사 당일 예상치 못한 눈이나 비가 내릴 경우를 대비하여 사전 예비 계획을 수립해둠으로써 당일의 혼란을 예방할 수 있습니다. • 기상 상황과 상관없이 우산과 비닐 우의, 수건 등 기본 물품은 상시 준 비합니다.

가) 영결식 안내장 발송

① 공문 예시

주식회사 ○ ○ ○

수신자

(경유)

제목 ○ ○ ○(그룹명) 故 ○ ○ ○(성함) ○ ○(직함) 회사장 영결식

---

1. 귀사의 발전을 기원합니다.
2. 故 ○ ○ ○ 前 (직함) 회사장 영결식을 다음과 같이 거행함을 알려드립니다.

붙임   안내장 1부. 끝.

주식회사 ○ ○ ○

수신자

담 당   ○ ○ ○   대표이사   ○ ○ ○

협조자

시 행   2019-00   2019. 00. 00   접수－   (. .)

우 000-000 서울특별시 강남구 ○ ○ ○ 000   / http://www.jungang-lee.com

전화 1899－0000 / 전송 02－000－0000   / 이메일 ○ ○ ○ ○@naver.com   / 공개

② 문안 예시

안　내　장

故 ○ ○ ○ 前 (직함) 회사장 영결식을 거행하고자 하오니 부디 참석하시어 고인의 명복을
빌어주시기 바랍니다.

일시: ○ ○ ○ ○. ○ ○. ○ ○(요일) ○ ○:○ ○
장소: ○ ○ ○

故 ○ ○ ○ 前 (직함) 회사장 장례위원회
위원장 ○ ○ ○

※ 안내장 발송은 회사장이 결정된 후 바로 메일, 팩스, 공문으로 발송되며 시간이 오래 걸리
　는 우편 발송은 하지 않습니다.

나) 영결식장 좌석 배치도(예시)

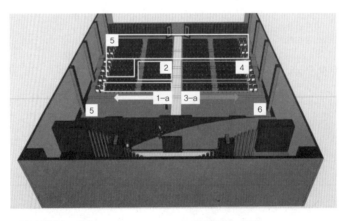

① 직계비속, 상주　　　　　② 유가족 친지
③ 장례위원장석-vip　　　　④ 임직원-내빈
⑤ 내빈　　　　　　　　　　⑥ 사회석

다) 임시 안치

① **실내**: 실내에서 영결식이 거행될 경우 운구를 제단 뒤편에 임시 안치한 상태로 식을 진행할 수 있습니다. 단 계단이나 엘리베이터를 이용해야 하는 지하 또는 지상인 경우 장내로 운구하지 않으며, 운구차는 지정된 장소에서 식이 종료될 때까지 대기합니다.

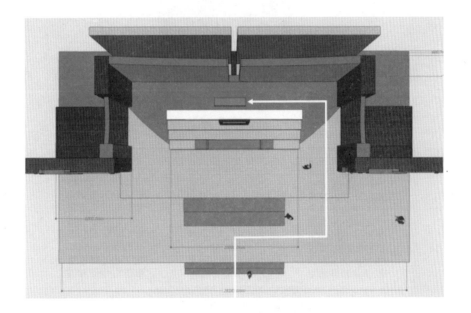

② **실외**: 실외에서 영결식이 거행될 경우 운구를 제단 뒤편에 임시 안치한 상태로 식을 진행할 수 있습니다. 단 차량의 운로로가 협소하여 진입이 어려운 경우 장내로 운구하지 않으며, 운구차는 지정된 장소에서 식이 종료될 때까지 대기합니다.

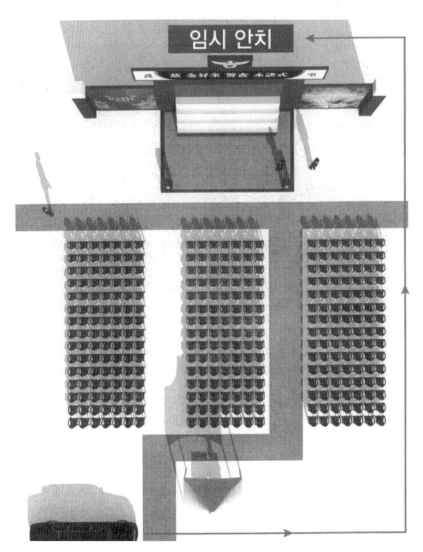

〈실외 운구 동선〉

라) 식순 및 시나리오

식 순	시나리오	담 당
개 식 사	잠시 후 ○○시부터 고 ○○○ 님의 영결식을 시작할 예정입니다. 여러 내빈께서는 영결식장 안으로 자리하여주시기 바랍니다. 그리고 소지하고 계신 휴대폰은 행사의 원활한 진행을 위하여 전원을 꺼주실 것을 부탁드리겠습니다.	사회자
고 인 에 대한 묵념	먼저 고 ○○○ 님을 기리는 묵념이 있겠습니다. 모두 자리에서 일어나주시기 바랍니다. 일동 묵념.	사회자
약 력 보 고	다음으로 고 ○○○ 님의 약력 보고가 있겠습니다. 약력 보고는 ○○○ 님께서 해주시겠습니다.	사회자
추모영상 상 영	다음으로 추모영상 시청이 있겠습니다. 모두 화면을 바라봐주시기 바랍니다.	사회자
조 사	다음으로 장례위원장 ○○○ 님께서 고 ○○○ 님을 기리는 조사가 있겠습니다.	조사 낭독자
종교의식	다음은 고인이 되신 ○○○ 님을 위한 종교 행사를 가지도록 하겠습니다. 종교 행사 진행은 ○○○(스님/신부/목사)께서 진행해주시겠습니다.	종교 집행자
헌 화 및 분 향	다음은 헌화가 있겠습니다. 헌화는 시간 관계상 장례위원장/상주 및 유족/내빈/임원순으로 진행하겠으며 헌화하시지 못한 분들께서는 행사 종료 후 별도로 마련된 헌화 시간에 헌화하여주시면 감사하겠습니다. 먼저 장례위원장이신 ○○○ (직함)께서 헌화·분향하시겠습니다. 이어서 ○○○ (직함)께서 헌화·분향하시겠습니다.	사회자
폐 식 사	이것으로 고 ○○○ 님의 영결식을 모두 마치겠습니다. 내빈 여러분께서는 일어나셔서 영정과 유족분들이 퇴장하실 때까지 자리를 지켜주시기 바랍니다. 이제는 고인이 되신 고 ○○○ 님의 뜻을 깊이 새기면서 애도의 마음을 함께 나누었으면 합니다. 참석해주신 모든 분들께 감사드립니다.	사회자

마) 영결식 사례

① 회사장

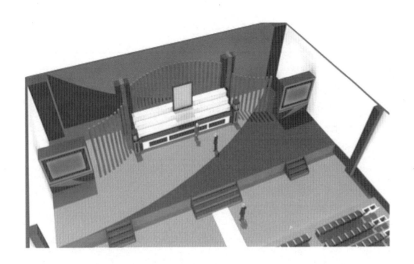

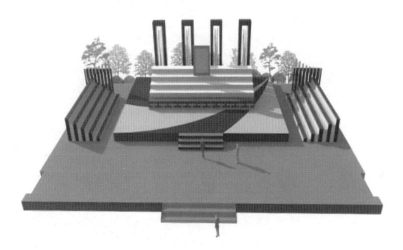

7) 안장식

구 분	내 용		
정 의	• 회사장을 마무리하는 절차입니다. • 현세에서 육체적으로 이별하는 마지막 순간입니다. • 장소는 선산이나 공원묘지, 추모공원 등 고인의 유언이나 유족의 요청으로 결정됩니다.		
진 행 과 정	• 장소 선정 및 현장 답사 • 설치 계획, 연출 계획 수립 • 제안서 제출 및 검토 • 제안 확정 • 설치 • 리허설 • 본식 진행		
준 비 사 항	식장 준비	• 생화 제단 • 영정, 훈장대, 촛대(2대), 대형 향로, 헌화 국화, 조의록, 영정 거치대, 촛불 점화기, 향, 초 • 음향, 영상장비 • 현수막(제단, 식장 입구, 외벽)	
	편의 시설	• 음료대 • 냉/난방 용품 • 이동형 화장실(모바일 화장실)	• 텐트 • 내빈용 의자 • VIP용 의자 • 식사, 음료 준비
	기타 소품	• 근조 리본 • 방한대 • 핫팩(동절기) • 외투 걸이(동절기) • 의전용 백색 장갑	
	응급 부스 설치	• 상비약, 구급차	
기 상 변 동 대 비	• 행사 당일 예상치 못한 우천에 대비하여 사전 예비 계획을 수립해둠으로써 당일 혼란을 예방할 수 있습니다. • 기상 상황과 상관없이 우산과 비닐 우의, 수건 등 기본 물품은 상시 준비합니다.		

가) 안장식 운구 행렬(예시)

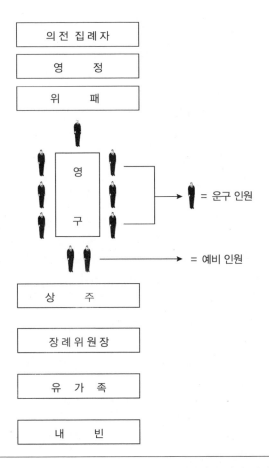

※ 회사마다 회사장에 관한 기준이나 절차가 명확히 정리되어 있지 않기 때문에 유족과
   장례위원회의 의사결정에 따라 운구 행렬의 순서가 바뀔 수 있습니다.
   그러나 원칙적인 운구 행렬은 위의 예시와 같습니다.

나) 안장식 식순 및 시나리오

식 순	시 나 리 오	담 당
고 인 영 접	잠시 후 운구 차량이 도착할 예정입니다. 진입로 주변에 계신 직원 및 내빈께서는 고인을 맞이하기 위해 좌우로 정렬하여 주시기 바랍니다. 소지하고 계신 핸드폰은 정중하고 엄숙한 식이 진행될 수 있도록 진동으로 전환하시거나 전원을 꺼주실 것을 부탁드립니다.	사회자
운 구 준 비	안전 요원들은 정위치에서 이동하시는 분들을 도와주시기 바랍니다. 운구 요원들은 정위치에 대기하여주시기 바랍니다.	운구 요원
개 식	우리는 오늘 사랑하는 故 ○○○ 님을 가슴에 묻습니다. 비록 육신은 이 세상과 이별할지라도 저희는 ○○○ 님을 잊지 않고 오래도록 기억할 것입니다. (중략) 참석하신 한 분 한 분의 마음을 모아 안장식을 시작하겠습니다.	사회자
고 인 에 대한 묵념	하관에 앞서 먼저 고 ○○○ 님을 기리는 묵념이 있겠습니다. 일동 묵념! (10초간 유지)	사회자
종교의식 (종교의식을 진행하는 경우)	다음으로 스님/목사님/연령회의 집도로 종교의식을 거행하겠습니다. 1. 먼저, ○○사 ○○ 스님 등 열한 분의 스님들께서 불교 의식을 거행하겠습니다. 2. 다음은, 기독교 ○○이신 ○○○ 목사님께서 기독교 의식을 거행하겠습니다. 3. 이어서 천주교 ○○교구 연령회의 의식을 거행하겠습니다.	종교 집행자
하관 준비	하관 진행 요원은 정위치해주시기 바랍니다.(입장~하관 준비)	사회자
하 관	모두 자리에서 일어나주시기 바라며, 유족 대표께서는 나오셔서 하관을 지켜봐주시기 바랍니다.	운구 요원
허 토	다음은 허토를 하겠습니다. - 허토 요원 입장: 상주와 유족께서는 차례로 나오셔서 허토하여주시기 바랍니다. - 허토는 유족 위주로 하여주시기 바랍니다.	사회자

식 순	시나리오	담 당
묵　　념	고인 가시는 길에 마지막 묵념으로서 배웅해드리겠습니다. 일동 묵념! (10초간 유지)	사회자
유 족 대 표 인　　사	다음으로 유족 대표께서 인사 말씀이 있으시겠습니다. 장내의 내빈 및 직원분들께서는 정렬하여주시기 바랍니다.	유족 대표
폐　　식	이상으로 고 ○○○ 전 (직함)의 안장식을 모두 마치겠습니다. 조객 여러분께서는 중식이 마련되어 있는 식사동으로 이동해 주시기 바랍니다. 감사합니다.	사회자

* 종교의식: 국장·국민장의 경우 종교의식은 불교, 천주교, 기독교(오래된 순서) 의식을 해온 것이 관례입니다. 그러나 고인의 종교와 유족 측의 의사에 따라 다른 종교의식을 추가하거나 집례 순서를 변경하며, 일부 종교의식을 생략할 수도 있습니다.

다) 안장식 사례

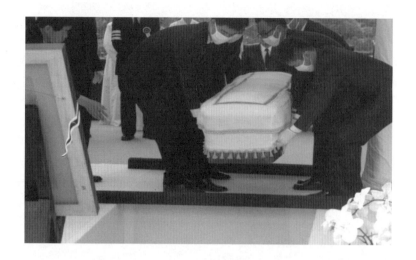

〈매장〉

라) 장지 시설물 및 현장 동선

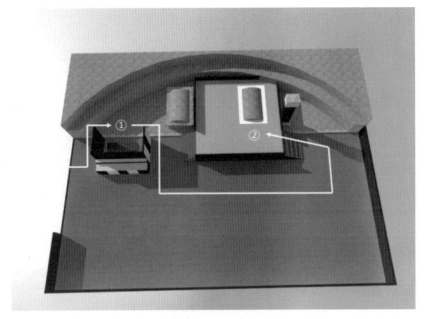

〈장지 운구 동선(예시)〉

(1) 안장식 시작 전 고인을 모신 관을 미리 설치된 분향단 뒤로 모십니다.
(2) 하관이 시작되면 하관 진행 요원들은 '①' 장소로 가서 고인을 모시고 광중 앞으로 이동하여 하관을 시작합니다.

* 조화는 장지가 협소하므로 꼭 필요한 조화를 제외하고는 장지 내에 조화(3단 화환)는 설치하지 않는 것이 원칙입니다.

마) 안장식 좌석 배치도(예시)

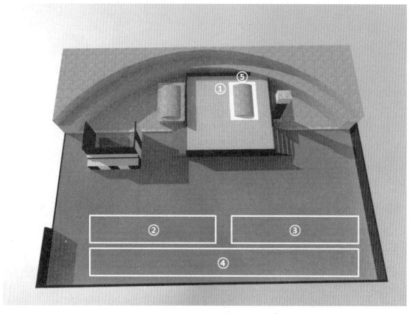

① 집례자   ② 장례위원 및 내빈석   ③ 유족석   ④ 내빈석   ⑤ 영정

▌운구 1

▌운구 2

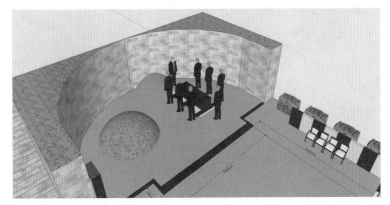

▌하관

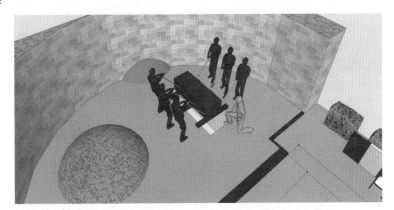

▌평토제

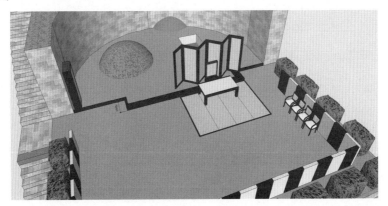

▌하관

▌안장지 실제 사례

바) 식당 관련 준비

구 분	담 당	규 모	비 고
가족 및 VIP	장지 진입 동선 내	약 ○○○석	천막, 의자, 테이블보

설치 예시

레이아웃

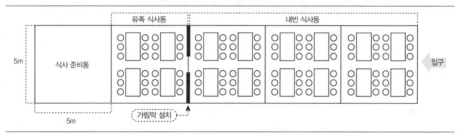

(1) 식사동 1동에 테이블 4개, 의자 24개를 배치합니다.
(2) 조문객의 출입에 방해가 되지 않게 하기 위해 유족 식사동은 입구에서 제일 먼 곳에 배치합니다.
(3) 식사 준비동은 유족 식사동 가까이에 배치함으로써, 즉각 대응할 수 있게 합니다.

사) 모바일 화장실 관련 준비

구 분	위 치	수 량	비 고
모바일 화장실		○	여성용
모바일 화장실		○	남성용

설치 예시

레이아웃

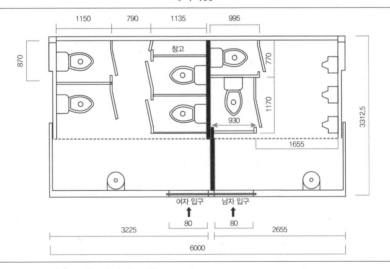

(1) 여성용: 양변기 5개, 세면기 1개
(2) 남성용: 양변기 2개, 소변기 3개, 세면기 1개

아) 현수막(예시)

① 실내

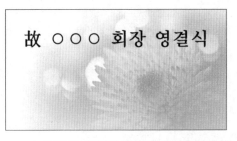

② 실외

※ 분향소

※ 영결식

※ 안장식

③ 외부 안내 표시판(A 보드)

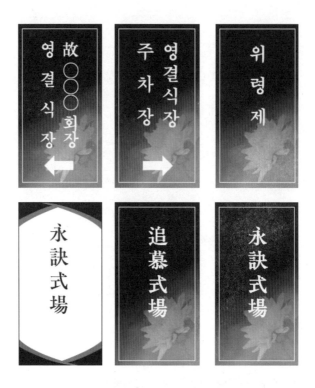

3. 장례식장에서 장례를 하지 않을 경우

① 기업 및 단체는 특정한 공간에 빈소를 설치할 수 있습니다.
② 제3의 공간을 임대하여 회사장을 거행할 수 있습니다.

🔷 **사례 1) ○○대학교 설립자 장례식. 2008. 01. 08.**

전문 장례식장이 아닌 외부에서 장례를 진행한 사례는 ○○대학교 설립자의 장례가 최초였습니다.

○○대학교 설립자 장례식의 경우 2008년 당시 ○○대학교 종합기술관 6층에 빈소를 마련하였습니다. 빈소는 아산병원 특실을 참고하여 장례 기간 중에만 운영할 목적으로 만들었고, 장례가 끝난 후에 즉시 원래 시설의 형태로 복구했습니다.

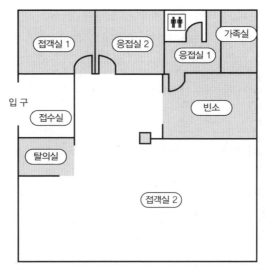

접객실 1　응접실 2　가족실

응접실 1

입구

접수실

빈소

탈의실

접객실 2

* 사진은 신촌 세브란스병원 특1호실로, 대개 특실의 구조가 비슷하여 아산병원 장례식장 이미지를 구하지 못해 참고 이미지로 대체하였습니다.

　현대 장례에서는 전통 상장례와 달리 빈소에 고인을 모시지 않습니다. 장례식장 이용 인구가 늘면서 빈소와 안치실을 분리하여 관리하는 것이 위생 관리가 용이하고, 운영의 측면에서도 효율적이기 때문입니다. 당시에도 고인을 빈소에 모시지 않고 안치실에 모셨습니다. 빈소에 고인을 모시고자 할 때에는 냉장 시설이 갖춰진 이동용 특수관이 필요합니다. 현재 국내에도 냉장관이 있으며, 실제 남종현 그래미 회장의 모친 장례식 영결식에서 사용된 적이(2016년 2월 15일~19일, 5일장) 있습니다.

　빈소를 외부에 설치한다고 해서 장례 의례가 달라질 부분은 없습니다. 단, 생각해볼 점은 ○○대학교의 경우 교내에 ○○대학교 병원이 있었기에 안치 및 입관과 같은 장례 절차를 진행하는 데 필요한 시설이 갖춰져 있었습니다. 당시 고인은 ○○대병원에서 돌아가셨는데 병원장례식장 빈소만으로는 조문객 접객이 어려울 것이라 판단하여 학내 ○○대학교 종합기술관 6층에 빈소를 별도로 마련하였습니다.

　회사장을 준비하면서 빈소를 장례식장이 아닌 곳에 마련한다면 고인 안치를 어디로 할지를 고려해야 합니다. 빈소와 고인이 멀리 떨어져 있으면, 입관, 발인처럼 고인을 직접 대면하고 모셔야 할 경우 유족 및 조문객들이 외부로 이동해야 하는 만큼 의례 절차상 문제가 생길 여지가 있습니다.

　장례식에서 간과할 수 없는 것이 접객입니다. 기존 장례식장에는 접객시설이 갖춰져 있어서 조문객 접객이 수월하지만, 외부에 빈소를 마련하는 경우라면 음식을 준비하고 접객할 수 있는 시설을 갖추어야 합니다. ○○대학교의 경우 종합기술관 6층에 교직원 식당을 운영하고 있었기에 시설적인 측면을 활용하여 조문객의 접객이 원활하게 이루어졌습니다.

🔷 사례 2) ○○그룹 명예이사장 회사장. 2017. 04. 05.

　○○그룹 회사장의 경우도 본사 내 지하 1층 대강당에 빈소를 만들어 5일간 운영한 바 있습니다. 이때에도 ○○병원 장례식장의 빈소 규모가 조문객을 충분히 수용하기 힘들다 판단되어 지하 1층 대강당에 200평 규모의 빈소를 제작하여 장례 기간 동안 운영하였습니다. 당시 접객은 본사 직원 식당을 이용하였습니다.

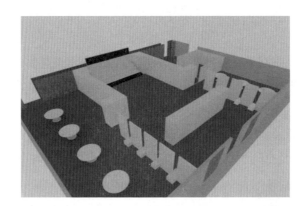

〈○○그룹 대강낭 빈소 설치 전 이미지〉

○○그룹의 경우 빈소 제단을 바라본 상태에서 왼쪽 공간에 칸막이와 문을 달아 조문객들을 위한 테이블과 의자를 준비하여 조문 후 잠시 앉아서 대화를 나눌 수 있도록 배려했고, 오른쪽 공간에는 유족들이 쉴 수 있는 공간을 마련하였습니다. 칸막이식이 아닌 온전한 벽을 세우고 따뜻한 색감의 벽지로 마감을 하여 장례 기간 중 유족이 조문객들의 시선에서 자유로울 수 있는 공간을 연출하였습니다.

회사장의 특성상 매일 수많은 조문객이 찾아오므로 조문 시간을 정하여(09시~22시) 늦은 시간까지 조문을 받지 않았고, 공적인 회사 의례이므로 부의금과 조화 또한 받지 않았습니다.

장례식장이 아닌 공간에서 빈소를 차린다고 해서 의례 절차상 달라질 부분은 없습니다. 단, 외부에 빈소를 마련할 계획을 세울 때는 염습을 위한 시설과 조문객 접객을 위한 시설 문제 해결을 최우선으로 고려해야 합니다.

4. 별첨 자료

(1) 부고 서식

1) 언론 자료 작성(예시)

학교법인 ○○대학의 이사장 ○○○ 박사가 ○○일 오전 ○시 서울○○병원에서 숙환으로 별세했다.
고인은 ○○대학교의 ○대 이사장을 역임하며 대학의 발전을 이끌었으며, 19○○년에는 교육 발전의 공로를 인정받아 정부로부터 국민훈장 동백장을 수훈했다.
유족으로는 아들 ○○○, 손자 ○○○, 손녀 ○○○, 며느리 ○○○ 씨가 있다.
장례는 학교 법인 ○○대학교장 ○○캠퍼스 학생회관과 ○○병원 장례식장, ○○대학교 부속 고등학교 본관 1층에 차려졌으며, 영결식은 ○○일 오전 ○○시 ○○대학교 ○○캠퍼스 체육관에서 거행된다.
장지는 경기도 ○○○시 ○○동 선영으로 정해졌다

19○○년대부터 국내 ○○ 산업을 이끌어온 ○○○ ○○○○ 회장이 ○○일 별세했다.
○ 회장은 19○○년 신발, 가방, 옷, 가구 등에 쓰이는 피혁 산업에 뛰어들어 ○○여 년 동안 한길을 걸었다.

19○○년 ○○피혁을 세우고 연구와 설비 투자에 집중해 ○○○, ○○○ 등 해외 기업과 전략적 기술제휴에 성공했다.

이를 토대로 해외 시장 개척에 힘써 20○○년 ○○월에는 7천만 달러 수출 실적을 올렸으며, 매출의 90% 이상을 해외 브랜드 기업에 수출해 한국산 피혁을 세계 무대에 알렸다. 20○○년에는 사재를 털어 ○○장학회를 세우고 32억 원의 출연금으로 후학을 키우고 있다. 지난해부터는 기초 과학 분야의 장학생을 별도 선발해 22억 원을 전달했다.

19○○년 무역의 날 철탑산업훈장, 19○○년 ○○도 유망 중소기업상, 20○○년 납세자의 날 대한상공회의소 표창 등을 받았다.

유족으로는 부인과 2남 1녀를 두고 있다. 아들인 ○○ 씨가 가업을 물려받아 ○○피혁 대표이사를 맡고 있다.

빈소는 ○○병원이며, 발인은 ○월 ○일 오전 ○시, 영결식은 같은 날 오전 ○시 ○○분 ○○피혁 본사에서 치러진다.

※ 실제 언론 자료와 비교해보면 작성에 일정한 공식이 대입됩니다.
다음과 같이 참고 바랍니다.

○○○ ○○○○그룹 명예회장인 ○○○ 회장이 ○○일 ○○시 숙환으로 별세했다. 향년 75세.

> 1) 사망 사실을 고지합니다.

고인은 19○○년 ○○ ○○에서 태어나 ○○○○고등학교를 졸업했다. ○ 회장은 유년 시절 평범한 학생이었지만 ○○그룹에 들어가 ○○그룹을 발전시켜나가며 명예회장직에 오르게 된다.
○ 명예회장은 ○○그룹을 키우고 경영자 총협회장을 지내는 등 수많은 경영 활동을 이루어낸 분으로 회사원들의 존경을 받았다.

> 2) 약력 및 업적을 기재합니다.

1남 2녀를 두었으며, 20○○년 ○월 ○○일에는 결혼 55주년을 맞아 회혼례를 올리기도 했다.

> 3) 가족 관계를 기재합니다.

빈소는 ○○병원 장례식장에 마련됐고, 발인은 오는 ○○일 오전 ○시다.
장지는 경기 ○○시 ○○면 ○○공원이다.

> 4) 장례 정보를 기재합니다

2) 임원 안내 메일(예시)

제목: [부고] ○○○ 회장님 회사장

― 1) 제목을 기재합니다.

―삼가 고인의 명복을 빕니다.
―○○○ 회장님(향년 75세)께서
　○월 ○○일 ○○시 숙환으로 별세하셨습니다.

1. 빈소 및 장지 안내
　―빈소: ○○○○○병원 장례식장 1호실
　　　　(○○구 ○○동 소재)
　―장지: ○○공원묘원(경기 ○○시 소재)
　―발인: ○월 ○○일 ○○시

2. 조문 관련 안내
　―그룹사 임원분들은 오전 시간에 조문을 부탁드
　　리며, 회사별로 가급적 그룹을 지어 조문을 부
　　탁드립니다.
　―지역 근무 임원들은 가급적 ○○○○○병원 장
　　례식장을 방문해 조문해주시기 바랍니다.

― 2) 장례에 관한 일정 및 내용을 기재합니다.

3. 발인 및 장지 관련
　―그룹사 전무 이상 임원들은 발인 및 장지에 참
　　석하여주시기 바랍니다.
　―발인제는 빈소에서 가족 위주로 진행되며, 전무
　　이상 임원들께서는 운구차가 장례식장을 떠날
　　때 지정된 장소에 도열하여 인사를 드린 후 버
　　스에 탑승하시기 바랍니다.
　―발인 당일 장지까지는 별도로 제공되는 버스를
　　이용하시면 됩니다.
　　(○○○○장례식장 출발→ ○○공원→ ○○
　　○○장례식장 도착)

4. 기타
    - 외부 조문객 및 언론사 취재 인원이 많을 것으로 예상됩니다.
      빈소/장례식장 주변에서 인터뷰 요청은 정중하게 거절해주시고, 아울러 회사와 관련되어 이슈가 될 만한 대화는 삼가주시기 바랍니다.
    - 장례 기간 중에는 고인의 명복을 기리는 의미에서 모든 임직원께서 각자 맡은 바 분야에서 업무를 수행하고 경건한 분위기 속에서 장례가 진행될 수 있도록 협조해주시기 바랍니다.
    - 그룹 내 조화는 '○○○그룹 임직원 일동' 명의로 한 개만 조치될 예정이오니 회사별로 조치하지 마시기 바랍니다.
    - 빈소를 방문하실 때는 근조 리본을 패용해주시기 바랍니다.

> 3) 주의 사항 및 기타 공지 사항을 기재합니다.

3) 사내 인트라넷 팝업 및 엘리베이터 게재(예시)

[회사 로고]

謹   弔

○○○ 그룹 ○○○ 회장님께서
○월 ○일 ○시 숙환으로 별세하셨습니다.
슬픔을 함께하며 삼가 고인의 명복을 빕니다.

빈소: ○○○○ 장례식장 1호실
발인: ○○월 ○시
장지: 경기 ○○시

> 1) 회사 로고 삽입, 위치 변경 가능합니다.

> 2) 근조(제목)를 기재합니다.

> 3) 그룹명, 고인명, 직함, 사망일, 사인 등의 사실을 기재합니다.

> 4) 빈소, 발인, 장지의 정보를 기재합니다.

4) 사장단 안내 메일(예시)

제목: 회장님 회사장 관련 사장단 안내 메일

안녕하십니까?

회장님 회사장 관련하여 안내를 드립니다.
장례 기간 동안에는 VIP 및 주요 거래처 등 외부 조문객이 빈소를 많이 찾으실 것으로 예상됩니다.
사장님들께서는 이러한 점을 고려하여 장례 기간 동안 상제(喪制)님과 같이 빈소를 지켜주시기 바랍니다.
특별히 당부드릴 점은, 많은 VIP급 조문객분들에 대해 상제분께서 직접 응대를 하시기에는 한계가 있으실 것으로 사료되어 사장님들께서 각 그룹 대표자로서 상주분을 대신하는 역할을 해주셔야 원활한 진행이 가능합니다.
일과 시간 중에는 오전 팀과 오후 팀으로 업무에 공백을 최소화할 수 있도록 조정을 하였으니 참고해주시기 바랍니다.

　-07:00~12:00: (주)○○○, (주)○○○○, …
　-12:00~18:00: (주)○○○, (주)○○○○,
　-18:00~　　　 : 전원

위 시간 구분은 어디까지나 원칙적인 사항이며, 상황에 따라 유연하게 대처해주시면 됩니다. 보다 구체적인 사항은 현장에서 별도 안내를 드리겠습니다.

감사합니다.

1) 제목을 기재합니다.

2) 인사말을 기재합니다.

3) 협조 사항을 기재합니다.

4) 마침 인사를 기재합니다.

5) 답조장(예시)

삼가 人事드립니다.

지난번 저의 父親 喪中에 公私多忙하심에도 不均하고 진심 어린 哀悼의 뜻을 表해주신 데 對하여 眞心으로 感謝드립니다.

念慮해주신 德澤으로 無事히 葬禮를 마쳤습니다.
宜當 찾아뵙고 人事를 올리는 것이 道理인 줄 아오나 慌忙中이라 우선 書面으로 禮를 드리오니 惠諒하여주시기 바랍니다.
끝으로 家內에 幸福과 健康이 깃드시기를 眞心으로 祈願하오며 恩惠는 오래도록 간직하겠습니다.

感謝합니다.

年月日

○○○ ○○○ 拜上

1) 인사말을 기재합니다.

2) 감사의 인사를 기재합니다.

3) 본문을 작성합니다.

4) 보내는 날짜, 보내는 사람을 기재합니다.

6) 조사(예시)

故 ○○ 회장님 영전에 올립니다.
○○대학교 총장 ○○○

이 무슨 비보입니까?
회장님의 부음을 듣고 너무나 가슴이 아프고 안타까움을 주체할 수가 없습니다.
故 ○○ 회장님!
제가 총장을 맡으면서 자랑스러운 ○○대학교 동문회장으로 일해주시는 그 모습이 얼마나 든든하고 또 감사했는지 모릅니다. 그런데 이렇게 홀연히 떠나시다니요?

故 ○○ 회장님!
동문회장에 취임하셔서 ○○동문에게 한평생 최선의 길, 양심의 삶을 실천으로 웅변하시던 열정과 가장 높은 곳에 오르려면 가장 낮은 곳에서부터 시작하라고 당부하시던 당신의 목소리와 인재를 평가하는 기준이 학벌만이 되어서는 안 되며 우호적이고도 생산적인 동문 관계를 건설해야 한다고 늘 주장하시던 모습이 눈에 아른거립니다.
생활이 어려운 학생들이 학업에 열중할 수 있도록 백방으로 그 방안을 마련하시며 따뜻하게 어루만져주시던 사랑으로 학생들에게 흔들리지 않는 뿌리가 되어주셨습니다.
회장님은 특유의 친화력과 해학으로, 동문회를 단단히 결속시키고, 또한 앞에 나서지 않고 뒤에서 실질적으로 학교를 도우며 몸소 실천하여주신 큰 거목이셨습니다.

故 ○○ 회장님!
회장님의 뜻이 어렵고 힘든 시기가 닥칠 때마다 학생들에게 더욱 많은 교훈으로 다가와 모두를 지탱해줄 것입니다.
회장님께서는 우리 마음속에 늘 환한 얼굴로, 그리고 그리운 모습으로 언제까지나 같이하실 것입니다.

1) 인사말을 기재합니다.

2) 조사자의 심경을 표현합니다.

3) 고인의 인품과 업적을 회고합니다.

만해 한용운 님의 '임의 침묵' 마지막 구절을 나직하게 읊조리면서 영원한 마음의 벗, 회장님을 떠나보내려 합니다.

"아아 임은 갔지마는 나는 임을 보내지 아니하였습니다. 제 곡조를 못 이기는 사랑의 노래는 임의 침묵을 휩싸고 돕니다."

부디, 영면하소서.

> 4) 마침 인사를 기재합니다.

7) 조사(예시)

회장님 육성이 아직도 생생하기만 한데 이렇게 창졸간에 홀연히 떠나가시다니 너무 빨리 가셨습니다. 당신에게 진 큰 빚을 어떻게 갚으오리까?
건강을 회복하고 계시다는 소식에 다시 함께 일할 날만 손꼽아 기다리던 차에 청천벽력과 같은 타계 소식에 황망하여 하늘만 바라보았습니다.
인명은 재천이며 인수는 유한하다 하오나 그토록 위풍당당하셨던 모습 이제 다시 볼 수 없다니 그저 망연자실, 울음을 삼키고 또 삼킵니다.

> 1) 조사자의 심경을 기재합니다.

당신은 큰 대들보였습니다. 어려움을 당했을 때 더욱 강해지는 모습, 조금도 흔들리지 않는 태연자약은 저희에게 희망과 든든함으로 다가왔습니다.
세계화, 개방화 시대를 맞아 우리 기업이 세계 유수 기업과 경쟁하기 위해서는 기업, 정부, 학계, 국민 등이 사위일체가 되어야 함을 일찍이 역설하시고 몸소 실천하고자 노력하신 신념에 찬 기업인이셨습니다.

회장님은 땅과 하늘 길을 넓혀 세계의 변방에 있던 우리나라를 크고 넓은 바깥세상으로 이끄시는 데 많은 힘을 기울이셨습니다.

> 2) 고인의 인품과 업적을 회고합니다.

물류의 선진화가 기업의 생산성과 국가 경쟁력을 높이는 지름길임을 깨닫고 운송업의 선진화를 위해 헌신해오셨습니다.

또한, 회장님은 아무리 기술 혁신, 경영 혁신 품질 개선을 해도 이미지를 높이지 못하면 우리 제품은 국내외 시장에서 제값을 받을 수 없는 만큼 선진적인 기업문화 자체가 부가가치임을 강조해오셨으며 돌다리도 두들겨보고 건너가는 내실 경영의 길을 걸으셨습니다.

많은 기업이 모래 위에 고대광실을 지으며 허장성세를 노래할 때 회장님께서는 천 년 비바람에도 견디는 반석 위에 기업을 세우셨습니다.

기업 경영으로 그토록 바쁘신 가운데서도 체육, 교육, 문화 등 다양한 분야에서 중책을 맡아 애써오신 것을 생각하면 회장님께서 가신 후 남은 공백이 한없이 커 보이기만 합니다.

회장님의 소탈하고 가식 없는 모습, 호탕하게 웃으시던 모습을 다시 한 번 뵙고 싶은 마음 간절합니다만 이 또한 부질없는 바람 되어버렸습니다.
이제 우리 사원 모두는 회장님께서 평생을 바쳐 이룩하신 위업을 계승하고 발전시켜나갈 것을 이 엄숙한 자리에서 새삼 다짐합니다.

3) 마침 인사를 기재합니다.

회장님! 아직 이루시지 못한 뜻은 저희에게 맡기시고 근심·걱정 없이 편안히 잠드시길 빕니다.
부디 영면하소서.

8) 부고

① 玆以訃告(자이부고)와 玆以告訃(자이고부)의 차이점.

玆以訃告(자이부고) = 玆以(수식어), 訃(주어), 告(술어)로서 직역하면 "이러한(이로서) 돌아가심에 대하여 고합니다"가 된다.

玆以告訃(자이고부) = 玆以(수식어), 告(술어), 訃(목적어)가 되어 해석하면 "이로써 알립니다. 돌아가심을"이 됩니다.

실제 부고 광고에 玆以訃告(자이부고)와 玆以告訃(자이고부) 모두 쓰이며 사회 통념상 두 가지 모두 써도 무방합니다.

② 부고 문안에 고인의 나이(향년)를 표시하는 것은 3대 일간지(『조선일보』, 『중앙일보』, 『동아일보』)를 토대로 확인한 결과 공통적으로 일자와 상관없이 해당 연도에 맞추어 작성합니다.

예를 들어 1932년 출생한 사람이 2014년 사망할 시에는 향년 82세(2014~1932)라고 표합니다. 1992년 출생한 사람이 2015년 사망할 시에는 향년 23세(2015~1992)라고 표기합니다.

③ 부고는 호상이 발행합니다. 가족장(家族葬)의 호상은 일가 사람이 맡는 경우가 많은데, 근래에는 일가 사람 외 타인이 호상을 맡는 경우도 있습니다. 대체로 타인이 호상이 되는 경우는 기관장(機關葬), 사회장(社會葬), 회사장(會社葬) 등으로 참여하는 인사(人士)의 범위가 넓어지는 경우에 맡게 됩니다.

※ 단체장에서 장례위원장은 호상의 역할을 하므로 부고에는 중복 기재하지 않습니다.

④ 장례위원회 결정에 따라 조의금, 근조 화환을 접수하지 않을 경우, 부고 끝 부분에 기재합니다.

⑤ 상가의 연락처나 전화번호는 호상을 표기한 곳 다음에 써놓습니다.

⑥ 족보에서는 자(子)와 손(孫)은 위계(位階)가 다르므로 '손'을 한 칸 낮추어 씁니다. 부고 역시 낮추어 쓰는 경우가 맞는 표기입니다. 그러나 가족관계 항렬상 '자', '손'이 가지런히 표기될 수밖에 없다면, '자'와 '손'의 단어 자체가 이미 위계를 나타내고 있으므로 가지런히 써도 틀린 것은 아닙니다.

⑦ 부고는 한글로 쓰거나 한문으로 써도 무방합니다. 또한 국한(國漢) 혼용체로 써도 됩니다. 다만, 현대에는 한글이 익숙하기 때문에 한글 부고를 쓰는 경우가 많습니다.

(2) 회사장 부고 서식

1) 한문 부고

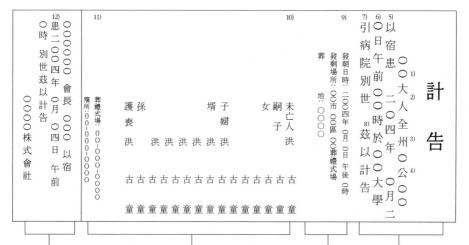

12) 회사장 공고를 작성합니다.

상주를 첫머리에 기재하고 고인과 유족과의 관계를 그 위에 써 넣습니다.

10) 아들, 딸, 며느리, 사위, 손, 외손, 형제, 친인척순으로 작성합니다.
11) 호상(護喪: 상례를 거행할 때 상가 밖의 일을 지휘하고 관장하는 책임을 맡은 사람)의 이름과 빈소, 영결식장 등의 연락처를 작성합니다.

빈소, 발인 일시, 발인 장소, 장지의 순으로 기록하며, 상주가 종교인일 경우는 그가 속하는 종교 양식이 추가됩니다.

9) 발인 일시, 발인 장소, 장지 일정을 그대로 작성합니다.

사망 사실을 고지합니다. 당내지친 관계, 상주 이름, 상주와 고인과의 관계, 고인의 이름을 씁니다. 고인이 저명인사이거나, 국장, 사회장, 단체장일 때에는 생전의 공직을 고인의 이름 위에 쓰는 것이 통례입니다. 다음에 일시, 사유, 사망 장소를 기재합니다.

1) 상주(喪主) 이름입니다.
2) 상주와의 관계를 표기한 것으로 아버지이신 대인(大人)이 사용되었습니다.
3) 고인의 본관입니다.
4) 고인이 남자면 '공(公)'을 여자면 '씨(氏)' 또는 '여사(女史)'를 씁니다.
5) 사망 원인으로 지병-숙환(宿患), 노인-노환(老患) 갑작스런 병-급환(急患)으로 작성합니다.
6) 고인이 돌아가신 날짜로 있는 그대로 작성합니다.
7) 돌아가신 장소, 병원이면 ○○병원(病院), 집이면 자택(自宅)이라 작성합니다.
8) 자이부고(玆以訃告)는 이에 부고를 드립니다, 라는 뜻입니다.

2) 국문 혼합 부고

訃 告

○○회사 ○○○ 사장(社長)님께서 2010年 ○月 ○日 ○時 ○○分
숙환으로 別世하셨습니다.(享年 ○○歲)
生前에 社長님께 베풀어주신 厚意에 깊은 감사드리오며
다음과 같이 永訣式을 거행하게 되었음을 삼가 알려드립니다.

發朝日時: 2010年 ○月 ○日 오전 ○시 ○○분
場 所: ○○병원 ○○호실
場 地: ○○도 ○○시 ○○면 산 17번지 선영

2010年 ○月 ○日
장례위원장 ○○○

主婦: ○○○
　　　　　　　　　　　　孫: ○○
長男: ○○
　　　　　　　　　　　　孫女: ○○
次男: ○○

長女: ○○

子婦: ○○○

臂: ○○

(3) 부고 광고의 규격

가) 신문광고의 규격은 '단'으로 표시합니다.

나) '단'의 기본 단위는 가로 1cm, 세로 3.4cm입니다.

다) 부고 광고는 통상 5단, 5단의 1/2, 5단의 1/3의 크기로 제작하여 게재하는 것이 일반적입니다.

라) 3대 일간지 중 『중앙일보』는 『조선일보』, 『동아일보』와 규격이 다릅니다.

신 문 사	규 격	크 기
『조선일보』/ 『동아일보』	5단	가로 370mm, 세로 170mm
	5단의 1/2	가로 185mm, 세로 170mm
	5단의 1/3	가로 126mm, 세로 170mm
『중앙일보』	5단	가로 299mm, 세로 161mm
	5단의 1/2	가로 145mm, 세로 161mm
	5단의 1/3	가로 94mm, 세로 161mm

(4) 영문 부고(예시)

여성(사모님) 부고문 1

Obituary

For

Mrs. ***

1940 − 2013

○ ○ ○ (group) regrets to announce, with great sadness, that Mrs. ○ ○ ○, wife of our founder the late ○ ○ ○ ○ ○ ○, passed away pm March 31, 2013 she was ○ ○ years old.

As Chairman of korea Women's sport Association for ○ ○ years, Mrs, ○ ○ ○ devoted much of her life to developing talented young players and supporting players with families. Since ○ ○ ○ ○, she also sponsored The Korea Open ○ ○ ○ ○ championship. In all that she did, she tried to promote international friendship through exchanges particularly with America and Canada. Her many contributions to community sports throughout Korea will benefit generations to come.

The funeral service will be held as follows

▷ Date and Time: ○ ○ : ○ ○ A.M. March ○ ○ : ○ ○
▷ Place: Main Auditorium, ○ ○ ○ ○ ○ Building
      (32, ○ ○ ○ ○ ○ − ro, gangnam − gu, Seoul)

We express our sincers gratitude to those who have shown love and kindness to her during her lifetime, She was a warm and very special woman, and she will be greatly missed.

Obituary
For
President *** of *** company

We announce with regret and great sadness that the honorary president *** of *** company, passed away of [chronic ailment(숙환) / old age(노환)] at 00:00, DD/MM/YYYY.

You are respectfully invited to attend the funeral, which will be held as the following:

Venue: ***
Viewing: ***
Cemetery: ***

Chief mourner: ***
Son: ***
Daughter: ***
Daughter—in—law: ***
Son—in—law: ***
Grandson: ***
Granddaughter: ***
Grandson: ***
Granddaughter: ***

Funeral director: ***
Phone No. (contact point): ***
Phone No. (funeral point): ***

Sincere thanks for your condolences We would like to express our great gratitude toward the generosity you have shown during (INSERT NAME)'s lifetime. He will be greatly missed.

기업 회사장 매뉴얼 실제 작성 사례

■ 전체 계획표(1/2)

To Do List	담당자	완료	미완료	비고
1. 회사 사전 준비 사항				
1.1 장례위원 선임(장례위원장, 장례위원, 집행위원장)				
1.2 언론사 및 그룹 게시 자료 사전 작성				
1.2.1 약력				
1.2.2 관련 보도자료				
1.2.3 부고, 공고 및 답조장 문구 작성				
1.2.4 게시 일간지 및 사이즈 확정				
1.2.5 그룹 공지문				
1.2.6 사장단 및 임원에 대한 안내문, 문자(SMS) 발송 내용				
1.2.7 그룹 포털 홈페이지 근조 화면				
1.3 추모 영상 자료				
1.4 장례식 촬영 계획				
1.5 영정 사진				
1.6 부고할 개인 지인 및 주요 거래처 사전 파악				
1.7 장례식장(영결식장), 화장장 확보 책임자 선정 및 확보 계획				
1.8 운구차 디자인				
1.9 조문객 식사 메뉴 결정 / VIP 식사, 다과 / 유족 식사, 다과 / 도우미 고용				
1.10 빈소 지원 인력 확인				
1.11 예산 계획				
1.12 전도금/영수증 절차				
1.13 운구 계획				
1.14 차량 계획				
1.15 비상연락망				
1.16 빈소 예배 일정				

■ 전체 계획표(2/2)

To Do List	담당자	완료	미완료	비고
1.17 물품 준비				
1.17.1 상복				
1.17.2 의식물품(수의, 관, 관보, 영정, 봉안함)				
1.17.3 성직자용 물품(방석)				
1.17.4 조의록(빈소 20권, 영결식 2권, 부활대망 예배 2권, 장지 2권)				
1.17.5 리본(사장단/진행 요원)				
1.17.6 흰 장갑, 우산				
1.17.7 가족용 물품(비상약품, 손수건, 슬리퍼 등)				
1.17.8 접객용 회사 로고 장례 지원 물품				
1.18 영결식 계획				
1.18.1 예배장 설치 계획(규모, 디자인 등)				
1.18.2 예배 순서 확정				
1.18.3 안내문				
1.19 장지 운영 계획: 사전 작업, 편의시설, 하관, 장 지 조화, 사회, 음식, 기도회 등				
1.20 VIP 인력 접견 과정 및 리스트				

1. 회사 사전 준비 사항

(1) 장례위원 선임

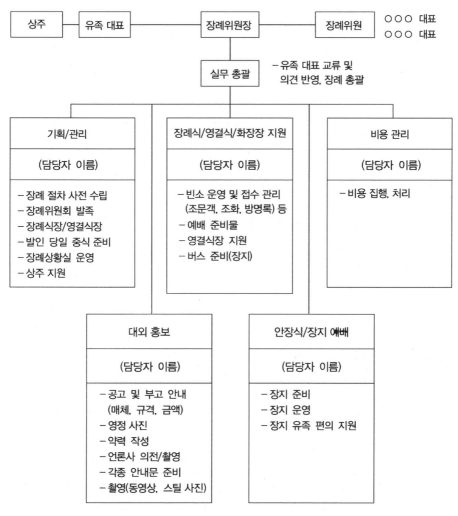

* 장례상황실: 각 부서별 상황 보고 접수/상황 전파/주요 결정 사항 유족과 협의 후 의결

(2) 언론사 및 그룹 게시 자료 사전 작성

1) 약력

- 19○○년 ○○시 ○○구에서 ○○○의 ○남 ○녀 중 ○○로 태어남.
- ○○고를 졸업하고 ○○대학에서 ○○학과를 졸업.
- 19○○년 ○○과 결혼하여 슬하에 ○남 ○녀를 둠.
- 19○○년 ○○ 사장에 취임함.

(대략적인 약력 기재)
⋮

2) 약력 - 예배 순서표 게재용

- 주요 약력 - 故 ○○○ 회장 출생 소천 학력: ○○○ 학교 경력: 19○○년 ○○그룹 회장 　　　19○○년 　　　19○○년 　　　201○년 사진	

3) 관련 언론 보도 배포 자료

언론 보도 배포 자료

4) 부고, 공고 및 답조장 문구 작성

• 부고 및 공고: 광고 전달 시간→ 빈소 및 장례 일정 확정 즉시

計 告

前 ○○○그룹 會長 ○○ ○○ ○○께서 2○○○年 ○月○○日 午後 ○時 ○分 宿患으로 別世하셨기에 삼가 알다. 녀

殯所 ○○○○병원 ○○○○○○○
永訣式 2○○○年○月○日 午前 ○時○○分 永訣式場
發朝 2○○○年○月○日 午前 ○時○○分
葬地 ○○○○○內 家族葬園

未亡人 ○ ○○
嗣子 ○○○
女 婦 ○○○○○
孫子 婦 ○○○○○
護 孫
喪 女

外孫子 ○○○○○
外孫女
妹 ○○○○○
姪

葬地 魔所 ○○-○○○○-○○○○
○○○○-○○○○-○○○○

부 고

○○○(○○) ○○○그룹 前 부회장께서 2○1○년 ○월 ○일 오전 ○시에 하느님의 부르심을 받아 소천하셨기에 이를 알려드립니다.

빈 소: 서울특별시 ○○구 ○○대학교병원 장례식장 3층 1호
장례성찬례: 2○1○년 ○월 ○일 오전 ○시 ○○대성당

아부인: ○○○○○
딸: ○○○○○
며느리: ○○○○○
사위: ○○○○○
손자: ○○○○○
손녀: ○○○○○
손부: ○○○○○

연락처: 장례식장 ○○-○○○○-○○○○
담당자 ○○○-○○○○-○○○○

• 답조 광고: 광고 전달 시간 → 발인 + 3일

인사말씀

이번에 저희 집 상사(故 ○○○ 그룹 장례)에 공사다망하심에도 정중한 조의를 베풀어주신 데 대하여 깊은 감사를 드립니다.
황망중이라 우선 지면을 빌려서나마 머리 숙여 인사를 대신하려 합니다.

2 0 년 ○월 ○○일

남편
아들
딸
사위
며느리

손자
손녀
외손자
외손녀
손녀사위

非上

故 마지막 가시는 길에 슬픔을 함께 나누며 위로해주신 데 대하여 진심으로 깊은 감사의 말씀을 올립니다.

그룹

그룹 임직원 일동

---

5) 게시 일간지 및 사이즈 확정: 공고문 전달 시간 → 빈소 및 장례 일정 확정 즉시

게시 일간지	• 중앙 지역 모든 종합지, 경제지
사이즈	• 5단(가로 370mm, 세로 170mm) • 예상 소요 비용: 부고 공고 광고 3~4억 원/ 답조 광고 3~4억 원

6) 사내 공지문

- 공지문 작성 시점: 임종 시
- 공지 시점: 빈소 및 장례 일정 확정 즉시
- 공지 형태: 인트라넷 팝업
  ☞ 우측 인트라넷 공지문 참고
- 담당자: (담당자 이름, 전화번호)

[회사 로고]

謹 弔

○○○ 그룹 ○○○ 회장님께서
○월 ○일 ○시 숙환으로 별세하셨습니다.
슬픔을 함께하며 삼가 고인의 명복을 빕니다.

빈소: ○○○○ 장례식장 1호실
발인: ○○월 ○시
장지: 경기 ○○시

---

7) 사장단 및 임원에 대한 안내문, 문자(SMS) 발송 내용

- 담당자: (담당자 이름)
- 대상자: 업무 관련자(장례위원장, 장례위원, 실무 책임, 장례업체, 회장 비서진)

  ☞ 명단 참조

  기타 사장단 및 빈소 조장 ☞ 명단 참조
- 문자 발송 시점 및 문구

1차: 위독 상황 시	2차: 상황 발생 시	3차: 빈소 확정 시
○월 ○일 ○시 현재 ○○ 그룹 ○○(직함) 위독	삼가 고인의 명복을 빕니다. ○월 ○일 ○시 ○○그룹 ○○(직함) 별세 빈소는 추후 확정 시 안내	삼가 고인의 명복을 빕니다. ○○그룹 ○○(직함) 장례식 일정 빈소: ○○장례식장 ○호 조문 개시: ○월 ○일 ○시 발인: ○월 ○일 ○시

* 빈소 확정 시, 장례위원, 실무 책임, 장례업체, 회장 비서진, 빈소 조장에게 추가 문자 발송
(대표이사는 제외)
(집결 시간은 조문 개시 3시간 전)

장례위원, 실무 책임, 장례업체, 회장 비서진, 빈소 조장께서는 ○일 ○시까지 빈소로 집결해주시기 바랍니다.

▌업무 관련자, 기타 사장단 및 빈소 조장

구분	회 사	성 명	직위	회사 번호	자택 번호	휴대폰 (비서 전화번호)
장례 위원장						
장례위원						
집행위원장						
실무 책임						
대표이사						
빈소 조장						
회장단 비서						
장례 기획사 중앙의전기획						

9) 그룹 포털 홈페이지 근조 화면

• 그룹 포털 홈페이지 초기 화면에 띄움.

게시 시점→ 부고, 공고: 빈소 및 장례 일정 확정 즉시

답조문: 발인＋3일

부고 訃告

그룹   께서 20   년 ○월 ○○일 오전(후) ○시
별세하셨기에 삼가 알려드립니다.

___

빈소
발인
영결식

___

조화 및 조의금은 정중히 사절합니다.
회사   빈소

〈부고 공고〉

인사 말씀

故 ○○○ ○○그룹 (직함)의
마지막 가시는 길에 슬픔을
함께 나누며 위로해주신 데 대하여
진심으로 깊은 감사의 말씀 올립니다.

○○그룹 임직원 일동

〈답조장〉

(3) 추모 영상 자료

영결식장에 설치된 LED를 통해 방영
→ 제작 검토

(4) 장례식 촬영 계획

동영상, 스틸 사진
→ 현재 섭외 완료
　※ 삼우제는 미실시

(5) 영정 사진

－빈소용 1개(여유분 1개 포함): (35×42cm)
　※ 운구 및 예배 겸용
－영결식장용 1개(여유분 1개 포함): (55×65cm)
－분향소용 6개(여유분 1개 포함): (55×65cm)

(6) 부고할 개인 지인 및 주요 거래처 사전 파악

❙ 회장님 지인

	이름	소속/직책
1	박○○	○○그룹/사장
2		
3		
4		
5		
6		
7		
8		
9		
10		

(7) 장례식장(영결식장), 화장장 확보 책임자 선정 및 확보 계획

장례식장 확보

책임자: (담당자 이름)

확보시점: 위독 시

장례식장: 1순위 ○○병원 장례식장 ○호실/2순위 ○○대병원 장례식장 ○호실
/3순위 ○○병원 장례식장 ○호실

※ 참고: 서울대병원 장례식장 개요

장점	3층을 전부 이용. 내빈 배웅 및 보안 유지, 동선 확보 시 좋음
호실	3층 1호실
빈소 수	14개
편의시설	식당, 매점, 주차장
주소	
전화번호	

구분		가격	선택 요금
안치료			
빈소 임대료	30평A		접객실 사용 요금 포함 금액
	30평B		
	31평		
	41평		
	45평		
	68평		
	150평		
염습실			
영결식장(예식실) 임대료			
청소/쓰레기 수거료	1호실		
	2호실~7호실		
	8호실~14호실		

시간 구분	주차요금	비고
주간(07:00~22:00)	기본 30분 1,500원 (단 15분 이내 출차 시 무료) 추가 10분당 500원	
야간(22:00~07:00)	1,000원(일괄)	
정기권 *입원 환자 및 보호자만 신청 가능	기본 3일권 50,000원 3일 이후 1일 추가 시 5,000원 (최초 3일은 연속으로 사용)	잦은 출차 시 유리 입원 환자 보호자만 신청 가능 (외래 진료 시 불가)
장기 주차	기본 1일권 30,000원 추가 1일당 10,000원	단기 입원자에게 유리

구분		시설내용
3층	분향실	1호실(150평)
	부대시설	안내 데스크, 상가 안내판
2층	분향실	2호실(68평), 3호실~6호실(45평)
	부대시설	라운지, 공중전화, 화장실
1층	분향실	7호실(41평), 8호실~10호실(30평)
	행사장(영결식장)	1실
	매점	1개소
	로비	안내 데스크, 상가 안내판, 차량 호출, 현금지급기
	부대시설	상담실, 사무실, 공중전화, 화장실
지하 1층	분향실	11호실~14호실(31평)
	인치실	1실
	입관실	1실
	장의용품 전시실	1실(수의, 목관 등 장의용품 일체 전시 판매
	부대시설	주방, 공중전화, 화장실

(8) 운구차 디자인

디자인 초안은 유족 보고 진행 중

※ 참조 지프 그랜드 체로키 5인승

(9) 조문객 식사 메뉴

2017년 자료를 근거하였으므로 가격에 변동이 있을 수 있습니다.

구 분	메뉴	수량	가격(예시)
식사류	육개장(목심: 호주산)	1인분	
	사골우거지(목심: 호주산)	1인분	
	북어국	1인분	
	올갱이 된장해장국	1인분	
	소고기뭇국(목심: 호주산)	1인분	
반찬류	포기김치(국내산)	3kg	
	꽈리고추 멸치 볶음	2kg	
	풋마늘쫑 무침	2kg	
	콩나물해물잡채	2kg	
안주류	모듬전(3종류)	3kg	
	돈수육(돈육: 국내산)	3kg	
	돈편육(돈육: 국내산)	3kg	
	골뱅이무침	3kg	
	홍어회무침	3kg	
	과일 샐러드	3kg	
	해파리냉채	3kg	
	황태찜	3kg	
떡류	절편	8kg	
	꿀떡	8kg	
	계피떡(바람떡)	8kg	
	인절미	8kg	
	방울증편	8kg	
	약식	8kg	
	콩찰떡	8kg	
	삼색경단	8kg	
	날송편	8kg	
	흑미찰시루떡	8kg	
	호박영양찰떡	8kg	

(10) 빈소 지원 인력 확인

• 조문객 영접/접객 기본 원칙

　3개조(09시~13시, 13시~19시, 19시~23시)로 편성하여 매일 반복

구분	VVIP 영접/접객	VIP 영접/접객	(V)VIP 방명록	(V)VIP 음식 접대	유족 지원
대상	모든 계열사 대표이사	상무 이상 임원	상무 이상 임원	계열사 비서	비서실
09시~13시					
13시~19시					
19시~23시					

구분	대상	전체 인원	운영 계획		
			09시~13시	13시~19시	19시~23시
VVIP 영접/접객	계열사 대표이사				
VIP 영접/접객	상무 이상 임원				

* VVIP
① 대통령, 국무총리, 장관
③ 국회의장, 부의장, 국회의원
⑤ 주요 그룹, 금융기관 회장
⑦ 주요 언론사 사장
⑨ 지방자치단체장
② 경제5단체장
④ 대법원장, 헌법재판소장, 대법관
⑥ 정당 대표
⑧ 학계/문화계 주요 인사
⑩ 이에 준하는 인사

빈소 지원 인력(○명)

구분	업무 내용	대상	인원	운영 계획		
				09시~19시	9시~23시	24시~07시
조장	• 빈소 지원 인력(①~⑥) 배치 및 교육, 운영 관리 • (퇴임) 임직원 조문객 예비 호실로 안내	팀장급 이상	2명	1명	1명	
① 빈소 유리문 입구 관리	• 불청객 빈소 내 진입 차단 • 불청객 빈소 진입 시 격리 조치	팀장급	4명	2명	2명	
② 방명록 접수	• 방명록 작성 안내 • VIP 검색 후 방명록 담당 임원에게 전달	팀장급	4명	2명	2명	
③ 조화 담당	• 조화 접수 확인 및 명단 정리 • 조화 접수 운영 원칙에 따라 배치	과장 이상	6명	3명	3명	
④ 헌화	• 조문객에게 헌화 전달	과장 이상	2명	1명	1명	
⑤ 접객실 신발	• 예비 호실 포함 좌식 테이블 신발 정리	사원급	2명	1명	1명	
⑥ 3층 로비 안내	• VIP 도착 확인 및 접객 담당 임원에게 연락		2명	1명	1명	
상황실 대기	• 각 부서별 상황 보고 접수/상황 전파/주요 결정 사항 유족과 협의 후 의결 • VIP 조문 계획 접수 및 전파	과장 이상	4명	2명	2명	

*빈소 지원 인력 주의 사항: 방명록 접수자 외에는 빈자리 등에 앉아 대기하지 말고 서서 대기할 것. 큰소리로 대화하지 말 것.

조문객 영접/접객 인력 사전 교육

- (V)VIP 영접/접객 인력 사전 교육
  - 대상자: ⓐ (V)VIP 영접/접객, ⓑ (V)VIP 방명록 담당 임원, ⓒ 빈소 조장, ⓓ 3층 로비 담당자
  - 시기: 상황 발생 즉시
  - 방법: 이메일 공지

내 용: VIP 인력 접객 프로세스 및 리스트

- 빈소 지원 인력 사전 교육(담당자: 빈소 조장)
  - 대상자: ⓐ (V)VIP 음식 접대, ⓑ 유족 지원, ⓒ 빈소 지원 인력(빈소 유리문 입구 관리, 방명록 접수, 조화 담당, 헌화, 접객실 신발)
  - 시기: 상황 발생 즉시
  - 방법: 조문 개시 2시간 전 현장에서 실시
  - 내용: 담당자별 역할 및 행동 원칙

조화 접수 운영 원칙

- 빈소 제단 왼쪽에는 현직 대통령, 국회의장, 국무총리, 여당 대표, 야당 대표 순으로 배치, 오른쪽에는 회사 임직원 일동 화환 배치
  ☞ 오지 않을 경우 별도 배치 없음.
- 기타 조화는 ⓐ VVIP 조화는 방명록 뒤 벽과 예비 호실 입구에 배치
  VVIP 조화가 아니거나, 조화가 꽉차게 배치되면 리본만 떼어 방명록 맞은편 (V)VIP 접객조 대기 위치 벽에 부착하고, 조화는 폐기 조치
  ⓑ '난' 등 화분으로 접수된 것은 좌식 및 테이블 접객장 후면 벽 쪽과 예비 호실 안쪽 벽에 배치하고, 발인 1일 전 유족 뜻에 따라 처리
  ⓓ 접수된 조화 및 화분은 보내신 분 명단을 철저히 관리하여, 장례 후 답 조장 발송
- 영결식장 및 예배장, 장지에는 3부 요인 및 가족사 회장 조화만 배치

접견 / 지원 행동 원칙

1. 경건한 복장 준수
   - 상하 검은색 정장 양복
   - 검은색 넥타이
   - 흰색 와이셔츠
   - 검은 구두
   - 색이 들어간 안경 착용 금지
   - (여성) 검은 정장, 흰색 블라우스(맨발 금지)

2. 경건한 자세
   - 잡담 또는 웃음소리 금지
   - 흡연 삼가
   - 큰 소리 금지
   - 음주 등으로 인한 상기된 얼굴, 냄새 삼가
   - 짝다리 짚기 등 경건한 분위기를 해치는 행위 삼가

3. 지정된 자리 이탈 금지
   - 화장실 등 부득이한 경우 교대
   - 지정된 위치에 최소 1명 이상 대기

4. 정중하고 공손한 안내
   - 말투나 용어 등은 가능한 공손하고 경건할 것.
   - 조문객이 알아들을 수 있을 정도의 목소리

5. 기자 등 외부인 질문 대응 / 일체 노코멘트 유지
   - 질문 시 "자세한 내용은 모름"으로 일관할 것.
   - 필요 시 홀딩스 커뮤니케이션 팀에 안내

6. 교대 요령(인수인계 요령)
   - 1시간 동안 같이 근무, 인수인계

7. VIP 방문 관련 접수를 받은 경우
   - 대상 VIP의 출발 시간, 도착 예정 시간, 차종, 차량 번호를 확인하여 빈소 상황실로 통보

(11) 예산 계획

(단위: 천 원)

구분		금액	지급 방식	비고
공고/촬영	언론사 부고, 공고 게재 추모 영상, 장례식 촬영			
	소계			
장례식	시설 사용료 인건비 식대 장례용품 차량			
	소계			
영결식	시설 사용료			
안장식	인건비/시설 설치비 기타 편의시설			
	소계			
디자인	디자인 회사 ○○			
컨설팅	기획 및 진행 지원			
합 계				

(12) 전도금/영수증 절차

비용 분담 및 청구

- ○○○ 선집행(가지급금 처리) 후 계열사 안분
- ○○○는 계열사에 매출액 기준으로 세금계산서를 발행하고, 계열사는 행사비 처리

비용 집행

① 세금계산서 처리 후 자금 집행: 공고/촬영, 꽃장식, 안장식, 디자인, 컨설팅
② 현장 지급이 불가피한 경우 법인카드 결제: 장례식, 영결식, 안장식
- 법인 공용 카드로 결제
- 운영지원 팀장(연락처)이 행사 현장에서 법인카드 소지하고 결제
- 법인카드 결제가 불가능한 경우 아래 ③ 절차에 따라 결제
③ 불가피하게 ①, ② 방식으로 비용을 집행할 수 없는 경우
- (i) 적격 증빙(*)을 제시할 수 있는 사업자에게 지급하는 (ii) 소액(3만 원 이하) 비용 항목에 대해서만 전도금 집행하고 적격 증빙을 받아 비용 처리[법인세법상 손금처리 요건(법인세법 제116조) 준수]
- 이를 위해 예비비 성격으로 소액 현금 준비
- 전도금 수령자가 적격 증빙을 제출하지 못하거나 현금 사용처를 소명하지 못하는 경우에는 전도금 수령자에게 반환 청구.

  * 적격 증빙: 공급한 자의 사업자등록번호, 공급 품목, 금액 등이 기재된 거래명세서와 현금지출 영수증.

(13) 운구 계획

• 운구조 운영 기본 원칙

구분	대상	운영 계획	비고
발인/안장식 운구		사전 예행 연습 (장례지도사 지도하에 실시)	신장 유사 인력 (170~175cm)

　－운구 시기: ① 안치실 → 발인장,　② 안장식장 입구 → 안장식장
　－운구조 이동: 영결식 후 별도로 이동하여 안장식장에 먼저 도착

• 안치실 → 발인장
• 안장식장 입구 하차 → 안장식장

①
의전
집례자 → ②
영정 → ③
위패 → ④
영구 → ⑤
상주 → ⑥
장례
위원장 → ⑦
유가족 → ⑧
사장단

(14) 차량 계획

• 차량 섭외(운구차, 버스): (담당자) ☞ 병원 장례식장 장례 편의 서비스 이용(발생 1일 차에 사전 예약)

구분	차량	수량	선탑자	탑승자	비 고
1호차	선도	1			
2호차	운구	1			
3호차	상주	1			
4호차	유족 (버스)	1			
5호차	내빈 (버스)	1			
기타	개별 자가용				

※ 안장식 후 버스는 ○○를 경유하여 ○○병원으로 복귀

구분	차량	수량	선탑자	탑승자	비 고
예비 버스	외빈차			영결식장에서 ○○로 이동하는 외빈	외빈 간식/ 음료 준비
수송 차량	조화 수송차				장지로 이송

(15) 비상연락망

구분	회 사	성 명	직 위	회사 전화	자택 전화	휴대폰 (비서 전화번호)
호상						
장례위원장						
장례위원						
집행위원장						
실무 책임						
대표이사						
빈소 조장						
회장단 비서						
장례업체 대표	중앙 의전기획	이정훈	대 표			

(16) 빈소 예배 일정

• 정확한 일정은 목사님과 협의하여 결정

▶ 1일 차	− 위로예배(빈소) ＊사회 → 찬송 → 기도 → 성경 봉독 → 설교 → 찬송 → 축도	(15분)
▶ 2일 차	− 위로예배(빈소) ＊사회 → 찬송 → 기도 → 성경 봉독 → 설교 → 찬송 → 축도	(15분)
	− 입관예배(빈소) − 유가족, 목회자만 참석 ＊사회(목사) → 찬송 → 기도 → 설교 → 찬송 → 축도	(15분)
▶ 발인일	발인예배(빈소) ＊사회(목사) → 사도신경 → 찬송 → 교독 → 기도 → 성경 봉독 → 설교 → 기도 → 찬송 → 축도	(15분)

＊위로예배, 입관예배, 발인예배, 일정과 장소를 빈소 입구에 게시.

(17) 물품 준비

1) 상복

상복 사전 준비 및 환복 안내

＊유족 현황 및 사이즈 파악(위독 시)

→ 병원 장례식장에서 구입 또는 대여(빈소가 차려질 동안)

☞ (담당자)(※병원 복지회관 팀장 협조)

2) 의식물품-담당: ○○○(※병원 복지회관 협조)

필요 물품	조달 계획
• 의식물품(수의, 관, 관보) • 빈소 제단에 대형 성경책 비치(촛대, 향로는 필요 없음)	• 수의, 관, 관보는 입관 2시간 전까지 유족 뜻에 따라 선정(병원 장례 편의 서비스 이용) • 대형 성경책은 준비
• 입관 물품(안경 등)	• 장례 1일 차에 유족 뜻에 따라 결정

*최고급 향나무 조각관 24시간 전 주문 시 납품 가능

3) 성직자용 물품–담당: ○○○(※병원 복지회관 협조)

필요 물품	조달 계획
• 예배 시 필요한 대나무 돗자리, 방석	• 장례식장 대여(돗자리 ○개, 방석 ○개)

4) 조의록–담당: ○○○

필요 물품	조달 계획
• 빈소 20권	• 장례식장에서 구입

5) 리본–담당: ○○○

필요 물품	조달 계획
• 근조 리본	• 장례식장에서 구입

6) 흰 장갑, 우산–담당: ○○○

필요 물품	조달 계획
• 흰 장갑, 우산	• 병원 매점에서 구매

7) 가족용 물품–담당: ○○○

필요 물품	조달 계획
• 가족용 물품(비상약품, 손수건, 슬리퍼 등)	• 비상약 리스트 확인 후 즉시 구매

8) 접객용 회사 로고 장례 지원 물품-담당: ○ ○ ○

필요 물품	조달 계획
• 접객용 회사 장례 지원 물품	• 상황 발생 즉시 빈소로 이동 　－회사에서 보유하고 있음.

18) 영결식 계획

1) 영결식 설치 계획(규모, 디자인 등)

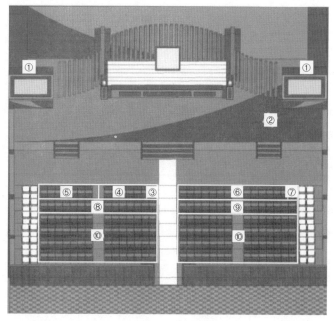

① LED
② 사회자
③ 장례위원장
④ 조사 낭독자
　-조사를 낭독하는 순서대로 앉는다.
⑤ 종교의식 집전인
⑥ 상주 및 직계비속
　－상주가 6번석 제일 왼쪽 자리에 앉는다.
⑦ 호상
⑧ 장례위원단
⑨ 유족
⑩ 내빈

2) 영결식 순서 확정

• 집례: 목사

구 분	세 부 내 용	비 고
개식사		
고인 약력 보고		
추모 영상		
조사 1		
조사 2		
성경 봉독		
설교	• 목사	
광고		
헌화	• 다 같이	
축도	• 목사	
폐식사	• 사회자	

3) 영결식 안내문

• 회사에서 제작

19) 장지 운영 계획

사전 작업, 편의시설, 하관, 장지 음식, 조화, 예배 등

• 장지 운영 및 안장식 기본 계획

　－회사장의 마지막 절차로서 현세에서 고인과 육체적으로 이별하는 마지막 순간임.

　(V)VIP 의전 및 가족에 대한 배려 등을 가장 신경 써야 함.

　※ 가족, 친지, 대표이사만 참석

구 분	세부 내용	비 고
개 식	• 사회자	
찬 송	• (찬송가 제목)	다 같이
하 관	• 하관은 의전관이 보조	
헌 화	• 목사님 및 참석자(꽃잎으로 헌화)	순서 재협의
취 토	• 유족 및 친지, 회사 관계자순	(○○○ 목사)
찬 송	• 찬송가 제목	
축 도	• 목사	
폐 식	• 사회자	

• 위치

□ 장지동 이동 경로 이미지

사진

• 차량 이동 계획

구분	차량	수량	선탑자	탑승자	비 고
1호차	선도	1		−	
2호차	운구	1		영정: ○ ○ ○ 위패: ○ ○ ○	
3호차	상주	1		상주	
4호차	유족 (버스)	1		유족	
5호차	내빈 (버스)	1		친지, 임직원	

• 텐트 1(유족 및 친지용)

구 분	세부 구성	비 고
설치 위치	안장식 진행 위치에 설치하며, 안장식 진행이 용이토록 충분한 공간 확보: 몽골텐트(5M×5M×4개) 안장식에 참석하시는 가족, 친지 및 대표이사 이용	- 유첨 1: 텐트 설치 도면
설치 형태	바닥 설치(땅 위에 합판을 깔아 무대식으로 바닥을 설치함)	- 유첨 2: 바닥 설치 과정
세부 준비 물품	의자: 유족용 20개(흰색 커버) 국화 꽃잎(라면 1박스 분량) 및 바구니(3개): 100명 이상 헌화 가능 이동형 마이크(2개) 및 앰프(2개) ※ 사회: 사회자, 축도: 목사님 보면대(2개) 조화(VIP 조화 3개＋국화/호접란 3개) 영정 받침대(각 1개) 흰색 호접란(2개) 취토용 흙(현장에서 체에 걸러서 사용)	- 유첨 1: 기본 배치 현황
기타 준비 물품	VIP용 의자(흰색 커버) 및 원형 테이블(2개) ※ 의자 개수 재확인 의전용 장갑: 50개 소화기: 각 2개 우산/비닐 우의/수건: 각 50개 냉/온 정수기: 각 2개 상비약품 3구 콘센트, 220V 플러그, 리드선: 각 3개 휴지통: 각 2개 음료: 아메리카노(온수통), 녹차 및 스틱 커피, 고급 종이컵	유첨 3: 간이 화장실 운영 프리미엄 화장실 1개소

• 인력 운영 계획(총 ○명)

구 분		세 부 구 성	담당자
회사	주차요원	외부(○명): 진입 도로 안내 내부(○명): 주차장 차량 안내 및 통제(주차장 2개소)	○명
	장지 정리	장지 및 환경 정비 조화 배치 및 정리	○명
	조문객 안내	• 조문객 안내	○명
중앙 의전기획	당직 인력	• 발인일 1일 전 24시간 상주 인력 대기	○명
	의전관	안장식 진행 보조 복토 진행(○명)	○명
	기타 현장 지원	• 현장 지원(물품 정리 등)	○명

• 안장식 종료 후 조치 사항

안장식 종료 후 행사장을 당일과 익일에 걸쳐 철거하고 발인으로부터 3일째 되는 날까지 봉분 및 묘비를 완성하도록 합니다.

※ 유첨 1: 텐트 설치 도면
  • 텐트 1 및 안장식장 시설물(텐트, 난로 설치)

텐트 설치 도면

※ 유첨 2-1: 바닥 설치 과정

※ 유첨 3: 간이 화장실 운영

화장실 배치 계획
일반 간이 화장실이 아닌 고급형 배치(계단 없음) 배치 위치: 텐트 2, 1개소 화장실 내부 남: 소변기 3, 좌변기 1 여: 좌변기 3 난방 종이타월, 비누, 화장지 비치 ※ 텐트 3 위치에도 이동식 간이 화장실 1개소 배치 ※ 사진과는 약간 상이할 수 있음.

※ 유첨 4: 안내 표지판 설치

구 분	세부구성	비 고
안내 표지판	도로용 - ○○○ 맞은편 장지 입구: 도로용 안내 표지판(大) 1개(900×1,800mm) 내부용 - 장지 입구에서 장지까지 설치 주차장 안내 표지판(大): 3개(900×1,800mm)	
장지 구역 내 주차장 표지판		

20) VIP 인력 접견 프로세스 및 리스트

■ 케이스 1: VIP가 사전에 조문을 알리고 참석하는 경우

→ 연락을 받은 사람이 빈소 상황실로 통보(절차 후면 별첨)

① 빈소 상황실 담당자가 의전 담당 임원과 3층 로비 담당자에게 고지, 의전 담당 임원과 3층 로비 담당자는 제공된 VIP 명부를 확인하여 얼굴을 익힘.
   (VIP 명부에 사진이 없는 경우 네이버 인물 검색 등 활용)

② 3층 로비 담당자가 VIP 도착 확인 시 의전 담당 임원에게 연락
   (전화번호는 리스트에 담당 임원의 전화번호 기재)

③ 의전 담당 임원은 3층 로비 담당자에게 연락을 받은 후 빈소 유리 출입문 입구에서 대기

④ VIP 도착 시, 정중히 인사 후
   "○○○ 회장님 조문 오셨습니까? ○○ 임원입니다. 제가 모시겠습니다"
   라고 정중하게 말씀드린 후

⑤ 방명록 작성 안내(의전 담당 임원이 아는 VIP임을 방명록 담당 임원에게 사인*을 줌)

⑥ 조문 안내 및 상주에게 소개

⑦ 식당 안내 및 식사 후 배웅까지 일괄 진행(반드시 장례식장 입구까지 안내)
   ─식사를 안 하는 (V)VIP의 경우 VIP 접객(소파)로 안내
   ─식사를 하는 (V)VIP의 경우 테이블 접객실로 우선 안내(없으면 좌식 접객실)

* 사인: 조문객보다 앞서 빈소 쪽으로 한발 다가가서 안내할 준비를 하고 있음.

※ 담당 VIP가 겹쳐서 오시는 경우, 현장에서 담당 ○○○(부재 시 ○○○)가 대기 임원 중 선정하여 진행

※ 의전 담당 임원(대표이사)은 빈소에 오기 전 네이버 '인물검색' 등을 통해 사전에 담당 VIP 얼굴을 최대한 숙지(사진이 포함된 VIP 명부는 별도 제공)

※ VIP 조문 관련 사전 연락 접수 및 처리 방안

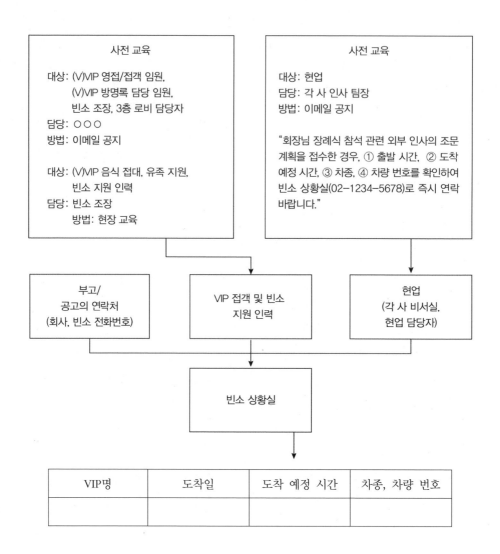

```
┌─────────────────────────────┐   ┌─────────────────────────────┐
│          사전 교육          │   │          사전 교육          │
│                             │   │                             │
│ 대상: (V)VIP 영접/접객 임원, │   │ 대상: 현업                  │
│       (V)VIP 방명록 담당 임원, │   │ 담당: 각 사 인사 팀장       │
│       빈소 조장, 3층 로비 담당자│   │ 방법: 이메일 공지          │
│ 담당: ○○○                   │   │                             │
│ 방법: 이메일 공지           │   │ "회장님 장례식 참석 관련 외부 인사의 조문 │
│                             │   │ 계획을 접수한 경우, ① 출발 시간, ② 도착 │
│ 대상: (V)VIP 음식 접대, 유족 지원, │ 예정 시간, ③ 차종, ④ 차량 번호를 확인하여 │
│       빈소 지원 인력        │   │ 빈소 상황실(02-1234-5678)로 즉시 연락 │
│ 담당: 빈소 조장             │   │ 바랍니다."                  │
│       방법: 현장 교육       │   │                             │
└─────────────────────────────┘   └─────────────────────────────┘

┌──────────────────┐  ┌──────────────────┐  ┌──────────────────┐
│      부고/       │  │ VIP 접객 및 빈소 │  │      현업        │
│   공고의 연락처  │  │    지원 인력     │  │ (각 사 비서실,   │
│ (회사, 빈소 전화번호)│  │                  │  │   현업 담당자)   │
└──────────────────┘  └──────────────────┘  └──────────────────┘

              ┌──────────────────┐
              │    빈소 상황실    │
              └──────────────────┘
```

VIP명	도착일	도착 예정 시간	차종, 차량 번호

■ 케이스 2: VIP가 사전 연락 없이 조문 오시는 경우

1) 식별 가능한 VIP의 경우	빈소 입구에서 VIP 파악 식별한 의전 담당 임원(대표이사)가 누구라도 즉시 VIP 영접 이후는 앞장 ④~⑦으로 진행
2) 식별 불가능한 VIP의 경우	식별 불가능한 조문객이 빈소(입구) 내 진입 시, 대기하고 있던 의전 담당 임원 중 1인(순서대로)이 조문객에게 다가가 정중히 인사한 후, "○○○ 회장님 조문 오셨습니까? ○○ 임원입니다(대표이사의 경우, ○○그룹 대표이사입니다). 제가 모시겠습니다"라고 정중하게 말씀드린 후 빈소 입구까지 안내 방명록 작성 안내 (의전 담당 임원이 모르는 VIP임을 방명록 담당 임원에게 사인을 줌) 방명록 작성 시 방명록 데스크 뒤에 위치해 있던 방명록 담당 임원은 '예상 조문 VIP 리스트' 검색을 통해 해당 조문객의 VIP 여부를 확인한 후, 조문 시 상주에게 소개 (만일 리스트에 없는 경우 네이버로 즉시 검색) 조문 안내 및 배웅까지는 의전 담당 임원이 진행 (반드시 장례식장 입구까지 안내) ※ 방명록 작성 시, 방명록 접수 및 '예상 VIP 리스트'를 통해 VIP 확인할 전담 인력 배치 * 09시~13시: ○○○, 13시~19시: ○○○, 19시~23시: ○○○

* 사인: 조문객이 방명록을 적는 동안 조문객 뒤쪽에 한걸음 물러서 있음.
※ (V)VIP 리스트는 별첨.

별첨) 예상 VIP 리스트

분류		인원
가족 사(社)		○명
재계		○명
금융계		○명
언론계		○명
자문 법인		○명
소계		○명
문화/예술계		○명
종교계		○명
주요 지인	회장님	○명
	사장님	○명
	○○ 회장님	○명
	○○○ 회장님	○명
소계		○○명
합계		○○명

예상 VIP 리스트

	이름	소속/직책	조문 시 의전 담당
1	○ ○ ○	○ ○그룹 / 회장	○ ○ 상무
2			
3			
4			
5			
6			
7			
8			
9			
10			

주요 VIP 리스트
(사진 포함, 성명 가나다순)

	이름	소속 / 직책	사진	구분	의전
1	○○○	○○그룹 / 회장		재계	○○○ 상무
2					
3					
4					
5					
6					
7					
8					

2부

전통상장례 편

이소정

성균관대학교에서 한국철학 전공으로 학사, 석사를 마치고 박사과
정을 수료했다. 유교 상·장례를 전공했으며, 성균관 유림(儒林)에
서 주관하는 양현재 연구장학생으로 8년간 문묘 분향례와 전국 향
교의 임간수업에 참여하여 유교 예법을 익혔다. 성균관 한림원, 사
단법인 유도회(儒道會) 등 한문고전 연수 기관을 거치며 수학했다.
현재는 참미래교육연구소에서 연구위원으로 활동하고 있다.

제1장

유교식 전통 상례

1. 상례

(1) 유교식 상장례의 의미

돌아가신 분의 죽음을 '잃어버렸다'라고 표현하는 이유

『예기』「단궁」에 "군자의 죽음은 종(終)이라 하고, 소인의 죽음은 사(死)라 한다"는 말이 있습니다. 『예기』「대학」에서는 "만물에는 근본과 말단(本末)이 있고 모든 일(萬事)에는 시작과 끝(終始)이 있다"고 했습니다. 군자는 삶 속에서 도(道)와 덕(德)를 이루어 태어난 목적을 잘 마쳤기에 그 죽음을 '종(終: 마치다)'이라 표현합니다. 하지만 소인은 이룬 것 없이 혼백이 흩어져 남은 게 없기에, 그의 죽음을 사(死) 또는 망(亡)이라 표현합니다. 예전에는 신분에 따라 죽음을 표현하는 말이 달랐습니다. 천자는 '붕(崩)', 제후는 '훙(薨)', 대부(大夫)는 '졸(卒)', 사(士)는 '불록(不祿)'이라 하고 서민은 '사(死)'라 했습니다. 하지만 자식의 입장에서는 종(終), 사(死), 망(亡) 중 어떤 표현도 함부로 쓰기가 조심스러워서 중간적인 표현으로 '잃어버렸다'는 뜻의 상(喪)을 쓰게 된 것입니다. 이러한 의미에서 죽음을 다루는 전 과정을 상례(喪禮)라 합니다. 죽음을 확인하는 첫 번째 의식을 '초종(初終)'이라고 하는데 이를 '초상(初喪)'이라고도 표현하는 것도 같은 이치입니다.

상례와 장례에 대한 개념 정리

유교식 상례의 내용은 죽음을 받아들이고 죽음(주검)을 다루는 의식인 '초종의례(初終儀禮)', 고인의 영혼과 가족의 마음을 안정시키고 장사를 치르는 의식인 '치장의례[治葬儀禮: 곧 장송의례(葬送儀禮)]', 망자를 조상신으로 승화시키는 의식인

'상제의례(喪祭儀禮)' 3단계로 이루어집니다. 상례 의식 중 시신을 처리하고 혼백을 잘 떠나보내는 장송의례는 특히 복잡하고도 중요한 부분인데 이를 줄여서 '장례'라고 부릅니다. 즉 장례는 상례 전 과정 중 일부지만, 현대에 와서 상례가 간소화되고 기간이 짧아지면서 장례란 말을 일반적으로 쓰게 되었습니다.

1단계	초종의례(初終儀禮)	죽음을 다루는 의례
2단계	장송의례(葬送儀禮)	장사를 위한 의례
3단계	상제의례(喪祭儀禮)	혼과 가족을 위한 의례

(2) 상례의 의의

상장례의 전 과정을 통틀어 가장 중요한 것은 바로 경건한 태도입니다. 고인의 평생을 담았던 육신이기에 마지막 모습을 정결하고 위용 있게 표현하고, 공경하는 마음으로 마지막 예장(禮裝)을 갖춰드립니다. 상례를 통해 죽음의 고통과 혐오 및 부정은 편안한 안식의 상태로 되돌려지고, 고인의 죽음은 존경과 애도의 마음들로 채워집니다.

복잡한 절차로 진행되는 전통 상례의 긴 과정과 형식은 상실의 슬픔과 얽힌 감정을 풀어내게 하며, 보은(報恩)의 마음을 표현하게 하여 유족과 지인의 치유와 회복을 돕습니다. 또한 고인을 점점 영적인 존재로 대해가는 의식 절차를 통해 죽음을 받아들이고 승화시켜 밝은 마음으로 일상으로 돌아오도록 돕습니다.

(3) 상장례의 주요 변천 내용

1) 상장례의 절차와 의미의 변화

유교식 상장례는 공자가 고대 3왕조(하·은·주)의 예를 체계화한 내용을 후대 제자들이 엮었다는 『예기』와 공자의 집을 허물 때 벽에서 나왔다는 『의례(儀禮)』라는 책을 근간으로 합니다. 본래 예법이란 왕실을 위한 것이었습니다. 하지만 한나라의 유학자들과 당나라, 송나라의 이학(理學)파 학자들의 손을 거치며 점차 보편적인 사례(士禮)로 변모되어왔습니다. 오늘날 우리가 사용하는 유교식 예식은 성리학적 예설인 『주자가례』[1]를 조선 후기 사대부 학자들이 조선의 실정에 맞게 재해석한 『사례편람』 등에 근거하고 있습니다. 곧 현대에 쓰이는 전통장례는 양반 사족에 맞춰진 예법입니다.

유교식 상례는 본래 농경시대 봉건적 신분제 사회의 예법입니다. 게다가 대상이 왕실과 귀족이다 보니 기간이 매우 길고, 많은 인력이 동원되는 것이 기본이었습니다. 게다가 근래까지 내려온 예법이 조선 중기 이후 정립된 양반 사족의 예를 근간으로 하다 보니 절차, 복장, 기구들이 매우 까다롭고 상당한 재력이 필요했습니다. 때문에 일반 대중들이 사용하기에는 쉽지 않다는 잠재적인 문제가 있었습니다.

그러다가 일제 강점기에 일본식 납골 화장 문화[2]가 처음 도입되면서 1902년 5월 10일 신당리(지금의 서울시 중구 신당동)에 근대식 화장장이 처음으로 들어서기도 했습니다. 1912년 6월 20일 일제는 미신과 허례허식을 타파하고 위생 문제를 해결하고 경관을 보호한다는 등의 이유를 들어 조선총독부령(제123호) 「묘지, 화장장, 매장급화장취체규칙(墓地火葬場埋葬及火葬取締規則)」을 반포했습니다. 그 결과 우리나라에도 공동묘지의 개념이 처음으로 생기게 되었고, 일본식 화장제도의 보급이 본격화되었습니다. 이어 1934년에 일제는 조선의 장례 풍습을 간략화한 「의례준칙」을 제정하여 강제하였습니다. 그 결과 화장과 공동묘지가 권장되었고, 장례 기간이 대폭 단축되면서 절차가 간소화되고 양식이 획일화되었습니다.

「의례준칙」이 효와 조상 숭배 사상을 경시한 채 시신 처리의 효율성만을 강조하며 정리되다 보니 왜곡된 상례 풍습에 대한 반발도 많았습니다. 그렇지만 결국 조선총독부가 문화통치를 위해 강제로 이식한 결과 연유를 알 수 없이 왜곡된 장례 풍속은 점차 자리를 잡게 되었습니다.

광복 이후 진행된 경제발전과 상업적 장례 문화의 영향으로 상장례에도 과시

---

1) 송대 성리학의 창시자인 주자가 정리한 의례 서적.
2) 화장 문화는 삼국시대와 고려 때도 불교의 영향으로 널리 행해졌지만 일본식 화장과는 다른 점이 있었다. 우리나라에서는 화장 후 유골을 매장하거나 뿌리는 데 빈해 일본은 일정한 참배 장소에 납골을 한다. 석탑묘를 만드는 문화가 있던 일본은 메이지 30년(1897) '전염병예방법' 제정 이후 화장이 급속도로 늘었다. 하지만 본래 가지고 있던 고유 사상의 영향으로 화장 후 참배 묘지에 납골을 하는 문화로 변화했다.

문화와 허례허식이 차츰 늘어났습니다. 이에 1969년 정부는 대통령 고시로 「가정의례준칙」을 제정하여 허례허식을 규제하고 간소화를 도모하였습니다. 하지만 3일장 엄수, 단체명의 신문 부고 금지 등 당시의 국민정서와 다소 맞지 않는 부분이 있어 정착은 요원했습니다. 이에 2차례의 개정을 거듭하여 마침내 2008년 10월 14일 「건전가정의례준칙」으로 개정되었고, 현재의 상장례 기준이 되었습니다.

과거에는 신분에 따라 3~7개월로 상례 기간이 길었지만 서민들은 상황에 따라 융통성 있게 기간을 늘이거나 줄일 수 있었습니다. 하지만 현대에 와서는 삼일장으로 획일화되었습니다. 때문에 현대에는 애도와 추모의 마음을 표현하며 가족들의 상실감을 치유해가는 절차들은 많이 생략되었습니다. 대신 빨리 시신을 처리하고 발인하는 데 의식이 집중되고 있습니다.

2) 복상과 추모 방식 및 조문 형식의 변화

수의의 역사와 삼베 수의의 유래

오늘날 수의의 유래는 습의(襲衣)입니다. 시신을 목욕시키고 처음 옷을 입히는 예식을 습(襲)이라고 하는데 이때 사용한 옷이 습의입니다. 고인의 평상복과 사회적 신분과 지위, 성별 등이 표시되는 옷이 사용되었습니다. 따라서 왕은 곤룡포를, 관료는 관

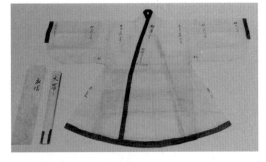

〈심의본〉

복을, 선비는 심의(深衣: 천 원권의 모델 퇴계 이황이 입고 계신 유학자의 예복)를, 서민은 평상복을 습의로 사용하였습니다.

과거 수의와 현재 수의의 가장 큰 차이점은 평상복을 사용하느냐 새 옷을 사용하느냐입니다. 조선 시대 사람들은 평상시 옷 중 가장 좋은 옷을 수의로 사용했습니다. 평소에 입던 옷이 가장 편안한 옷이기에 평상시 옷 중 가장 좋은 것을 제일 안쪽에 입히고, 관복 등 사회적인 옷이나 자손들이 바치는 새 옷은 겉에 입혀드렸습니다. 왕이 평소 입던 옷은 곤룡포였는데 수의 역시 안쪽에는 곤룡포를, 바깥옷은 면복(冕服: 제왕의 예복)을 입혀드린 것이 좋은 예입니다. 사대부가의 남

성은 속에는 평소 입던 심의를, 겉에는 단령(團領: 사극에서 흔히 보이는 평상시의 관복)을 입었습니다. 여성은 속에는 평상복을, 겉에는 원삼과 장옷(長衣: 가장 겉에 입는 두루마기, 조선 후기 여성의 외출 시에 얼굴 가리개로도 사용됨)을 입었습니다. 원삼은 본래 내명부 여성의 예복으로 서민들은 혼례 때만 입을 수 있도록 허락된 옷입니다. 현재도 원삼은 전통혼례복으로 사용되고 있습니다. 하지만 오늘날에는 제복을 쓰는 장성분들 외에는 평상복, 예복은 사용하지 않고 새로 만든 삼베 옷을 수의로 사용합니다.

수의의 소재는 가장 귀한 옷감인 다양한 비단 종류가 주로 사용되었습니다. 또한 시신을 보호하기 위해 솜을 넣은 옷이 선호되었습니다. 색 역시 분홍, 적색, 자색, 감람색, 청색 등이 다채롭게 사용되었습니다. 평소 입으시던 편한 옷과 직책을 수행할 때의 예복 중 가장 의미 있고 화려한 옷을 입혀서 보내드리고자 한 것입니다.

하지만 1925년 일제 강점기에 발간된 『조선재봉전서』라는 책을 보면, 수의의 급격한 변화를 살펴볼 수 있습니다. 사용되는 옷감들이 비단류에서 고운 삼베로 바뀌었고 종류도 단순해졌습니다. 색상은 남자는 백색, 옥색, 연한 분홍 등이 사용되었고, 여자는 분홍, 옥색, 남색, 자주, 흑색, 백색 등이 다양하게 사용되었습니다. 비용이 많이 드는 비단보다는 저렴한 삼베를 권장하고 옷의 가짓수를 많이 줄인 것이 인상적입니다.

1985년 문화재관리국 문화재연구소에서는 사회 전반 계층의 문화를 조사하여 『한국민속종합조사보고서』를 간행했습니다. 이 자료에 의하면, 그때까지도 많은 지역에서 평상복을 입던 문화가 남아 있음을 발견할 수 있습니다. 예를 들면, 속에는 평상복이나 새 옷을 입히고, 겉옷은 시집 올 때 입었던 원삼이나 나삼(얇은 망사 비단으로 만든 적삼, 혼례 때 신부가 활옷을 벗으면 입는다) 등을 사용하는 것입니다. 주로 결혼 시 해 왔던 옷을 환갑 등에 입고 마지막으로 수의로 착용했습니다. 사용하는 색은 지역에 따라 흰색만을 쓰기도 하고, 만들어두었던 혼례복을 그대로 사용하여 다양한 색이 쓰이기도 했습니다.

정리하자면, 조선 시대까지의 수의는 안에는 평상복, 겉에는 가장 좋은 예복을 입혀드리고 따로 새 수의를 장만하지 않는 경우가 많았습니다. 옷감은 베나 비단 등이 주로 사용되었습니다. 하지만 간혹 죄인의 경우 삼베로 수의를 입히기도 했습니다(과거 죄수복은 가장 싼 재질인 삼베로 만들었기에 삼베옷은 가난한 자의 옷이나 죄수복을 상징했습니다. 그래서 부모를 잃은 자식은 스스로를 죄인이라 여겨 삼베로 상복을 지어 입는 것입니다).

일제강점기 이후 반포된 「의례준칙」과 황국신민화의 영향으로 습의는 수의 (壽衣)라는 이름으로 바뀌고 새로 장만해야 하는 옷이 되었습니다. 현재 수의는 삼베로 표준화되고 일부 고가의 삼베 제품이 유행하면서 삼베 수의는 비싼 옷이 라는 인식이 자리 잡게 되었습니다.

3) 수의

과거 부장된 옷들과 기록을 통해 살펴보자면 조선 시대까지도 비단 수의나 평상시 입던 옷 중 가장 좋은 옷, 또는 예복이나 제복 등이 수의로 사용되었습니다. 간혹 가난한 집 등에서 삼베 수의를 사용하긴 했지만 보통 삼베옷은 수의보 다는 상복으로 사용되었습니다.

4) 상복

흰색과 검은색 상복의 의미 해석

『삼국지』「동이전」부여, 고구려 등의 사료를 보면 우리 민족은 전통적으로 흰색을 상복으로 사용하였습니다. 유교에서도 흰색은 상례에 사용하였고 검은색 은 제례, 회갑 등의 길례(吉禮)에 길복(吉服)으로 사용하였습니다.[3] 옷감으로 삼베 를 사용한 것은 오래되었지만 상례에서는 가공하지 않은 굵고 거친 삼베를 주로 사용합니다. 부모 잃은 죄인임을 표현하고자 함입니다.

---

3) 동양의 음양오행 사상에 의하면, 백색은 오행 중 금(金), 의미로는 광명에 배속되고 검은색 은 오행의 수(水), 의미로는 명계(저승)에 배속된다. 그런데 검은색은 수(水), 명계 생명의 끝이면서 새로운 시작을 의미하기에 지혜(智), 생명의 시작을 의미하기도 한다. 즉, 검은색은 흉과 길을 모두 포함하고 있는 근원이자 바탕의 색인 것이다.

〈부인의 수의, 양반의 심의 수의〉

빈소 제단의 변화

이승에서의 '이 생'을 잘 마치고 저승에서의 '저 생'을 잘 시작하시도록 돕고자 함이 상례의 기본 정신입니다. 그러한 마음가짐을 잘 표현하면서 조문객과의 관계도 잘 배려하려 하는 장소가 바로 빈소입니다.

현재 상례는 유교식, 불교식, 기독교식, 천주교식, 원불교식 등 종교에 따라 조금씩 다릅니다. 하지만 아직까지 많은 이들이 사용하는 것은 유교식입니다. 그 이유는 가장 오랫동안 사용되어온 방식이기 때문일 것입니다.

유교가 이 땅에 전래된 시기는 정확하진 않지만, 고구려 소수림왕 2년(372년)에 국립대학 격인 태학을 세운 것을 보아 훨씬 이전에 전래된 것으로 추측됩니다. 기록에 의하면, 유교와 불교 전래 이전에 이 땅에는 현묘지도(玄妙之道), 풍류(風流), 신교(神敎) 등으로 불리는 전통 사상들이 있었다고 합니다. 하지만 상·장·제례에서는 불교와 유교의 의식이 많이 사용되었습니다. 조선 중기 이후로는 성리학이 발전하면서 『주자가례』의 예법에 불교와 토속신앙 등이 섞여 전통 상장례의 기본이 마련되었는데 그것이 오늘날까지 전해오고 있습니다.

하지만 구한말 서구화와 일제강점기의 영향으로 빈소의 모양도 크게 바뀌기 시작합니다. 일본은 일찍 서구화를 하고 문물 개방에 힘써 근대에 동양 삼국 중 가장 발전하게 되었습니다. 국력의 발달은 제국주의적 성향을 만나면서 주변국들에 더 큰 영향을 끼치게 되었는데, 특히 일본은 우리나라의 황국신민화에 많은 열을 올렸습니다. 때문에 우리의 역사와 문화에 많은 강제성을 보였는데, 현재의 장례문화와 빈소 역시 그런 아픈 역사의 흔적이 남아 있습니다. 즉, 오늘날의 장례문화와 빈소는 유교의 예법에 일본의 예식이 덧붙여진 모습입니다.

본래 유교식 빈소는 영혼의 안식과 가족의 슬픔을 표현하기 적절하도록 구성되어 있습니다. 더불어 동학과 갑오개혁을 겪으며 등장한 만민평등 사상의 영향으로 서민들도 사대부와 일부 왕실의 예를 쓸 수 있게 되었습니다. 따라서 본 책에서는 유교식 왕실례와 사대부례를 기준으로 살펴보겠습니다.

빈소에는 '모란 병풍'과 '일월오악도 병풍'을 칩니다. 모란은 이승과 저승을 초월해 왕권과 부귀를 상징합니다. '모란 병풍'은 '일월오악도 병풍'처럼 왕실에서만 사용할 수 있었던 물건이지만 상례에서만큼은 왕이 아닌 자들에게도 허락되었습니다. 마치 내명부들만 입는 원삼을 일반 서민들도 혼례 때만은 입을 수 있도록 허락했던 것과 같은 예입니다.

빈소의 북쪽에 시신과 유품을 모신 영상을 마련하는데, 가족들은 그곳에서 아침저녁으로 곡하며 서로를 조문하는 의식을 가졌습니다. 중간에 휘장 또는 병풍을 치고 공간을 분리하는데, 분리된 바깥 공간에는 혼백상자(신주 대체용)를 담은 영좌(혼백을 앉히는 작은 의자)를 배치합니다. 그리고 그 앞에 포, 과일, 술 등을 올린 전(奠)을 차려놓고 촛대와 분향 도구를 갖춰놓습니다. 빈객이 오면 상주들은 그곳에서 빈객을 맞이하고 조문을 받습니다.

하지만 1934년 조선총독부에서 제정한 「의례준칙」의 결과로 화장과 공동묘지가 권장되었고, 장례 기간뿐 아니라 예식 또한 시신을 처리하는 것에만 중점이 맞춰져 대폭 간소화되었습니다. 또한 지방마다 고유한 양식들도 일률적으로 획일화되었습니다. 해방 후에도 「의례준칙」은 그대로 이어졌고 여러 차례에 걸쳐 「가정의례준칙」으로 급하게 개정되었습니다. 그 결과 의미를 알 수 없게 변화한 절차들이 현재까지 이어지고 있습니다. 게다가 1973년부터는 의례식장업과 대여업이 공식적으로 허가되면서 전문적인 장례식장이 등장하였고 1993년부터는 신고제로 바뀌면서 사실상 자율화가 되었습니다. 이후 병원 영안실이 장례식장으로 인정되면서 전국 병원 영안실은 장례식장화가 되었고 호텔식 장례식장도 폭발적으로 증가했습니다. 새로운 장소의 형성은 새로운 문화와 양식을 필요로 했고, 이때 벤치마킹된 것이 서양과 일본의 장례 산업입니다. 특히 같은 동양인 일본의 장례문화는 비슷한 색채가 많다는 이유로 더욱 적극적으로 도입되었습니다. 대표적인 예가 빈소를 생화로 장식하고 국화를 바치는 것입니다. 더불어 장례 산업의 상업화가 가속화되면서 빈소는 더 많은 생화와 조화로 장식되고 있습니다.

본래 우리의 전통문화에는 생화를 꺾어 장식하거나 바치는 예가 없었습니다. 그럼 먼저 우리 전통의 장식 문화를 잠시 살펴보겠습니다.

예로부터 종이는 문(文)의 상징이자 하늘과 인간을 연결하는 좋은 도구로 여겨졌습니다. 부적을 태워 하늘로 올리는 것도, 신주를 대신하는 지방을 종이에 쓰는 것도 그러한 이유입니다. 당연히 관혼상제의 모든 의식과 사람의 마지막 길을 가는 상여에 우리 조상들은 종이 꽃이나 음식 꽃으로 장식을 하였습니다. 이것이 바로 상화(床花)란 것입니다.

상화는 종이로 만든 지화가 가장 많지만 의
미와 어울림에 따라 다양한 재료가 활용되었습
니다. 새내기 엄마들은 떡을 조물조물 빚어 돌
상 위에 예쁜 꽃을 만들어 올렸습니다. 혼례식
때 신부 엄마는 대추나 건오징어 등을 꽃으로
만들어 시댁에 보낼 폐백을 장식했습니다. 회갑

〈감로왕도〉

등의 잔치에는 음식마다 예쁜 종이 꽃이나 고운 색의 떡으로 만든 꽃을 올려 화
려한 분위기를 돋웠습니다. 상을 당하면 고운 색지로 부귀를 상징하는 모란꽃을
접어 상여를 장식하고 꾸몄습니다. 마지막으로, 제례에는 '모란 병풍'을 쳐놓고
종이로 만든 지화(紙花)들을 화병에 꽂아 주변을 장식하였습니다.

이처럼 종이, 밀랍, 떡, 음식 등으로 만든 탁상 장식용 꽃을 상화라고 합니다.
우리 민족은 예로부터 동방예의지국이라 하여 예에 밝고, 살아 있는 것을 좋아하
는 어짊(仁)으로 유명했습니다. 공자조차도 난세의 춘추시대에 지쳐 동방으로 돌
아가고 싶다고 한탄했다는 일화가 유명합니다. 이처럼 살아 있는 생명을 소중히
여기는 민족성을 가졌기에, 장식이 필요한 때에도 생화를 상에 올려 생명이 사그
라지는 모습을 감상하는 일은 없었습니다. 살아 있는 잡초 한 포기에서도 아름다
움을 감상하고 벌레 한 마리에서도 의미를 찾아내는 신사임당의 모습은 우리 민족
성을 잘 보여준다고 할 것입니다. 또 상황과 형편에 따라 색 한지나 밀가루 떡, 밀
랍 등을 사용했기에 경제적으로도 큰 낭비가 없었고, 폐기 후 자연으로 되돌리는
데도 큰 문제가 없었습니다.

반면 서양은 메소포타미아 시절부터 장례식에 꽃을 바쳤을 정도로 장례식과
헌화는 빼놓을 수 없는 관계입니다. 유럽에서 흰 백합은 오랫동안 장례식에 사용
되었고, 기독교 문화에서도 장례식에 헌화를 행했습니다. 특히 서양의 장례식은
관 뚜껑을 열어 시신의 얼굴을 예쁘게 화장해 공개하고, 어떤 나라에서는 발인
전 조문객들이 시신의 이마에 입맞춤을 하기도 합니다. 게다가 서양에서 죽음을
의미하는 색은 검정색이기 때문에 빈소와 참여한 사람들은 검은색으로 가득합니
다. 그런 환경에서는 향이 강하고 검은색과 잘 어울리는 장식물이 필요합니다.
가장 향이 강하고 검은색과 잘 어울리는 꽃이 흰 백합이나 흰 국화라고 합니다.

우리나라에 대중적으로 퍼진 '흰 국화를 헌화하는 문화'는 서구화가 빨리 된

일본의 제도를 받아들였기 때문이라는 설이 유력합니다. 본래 국화는 불교와 유교문화에서 모두 좋아하는 꽃이고 한·중·일 삼국이 모두 즐기는 꽃이었습니다. 우리나라에서는 이미 삼국시대부터 불보살의 법의(法衣)나 불화 등에 국화당초문을 즐겨 사용하였고, 유교에서는 선비의 절개를 상징하는 사군자의 하나로 여겼습니다. 국화는 벌과 나비를 부르지 않고, 서리 속에서도 꽃을 피우는 절개가 있는 꽃입니다. 이 때문에 오랜 시간 많은 사람들이 국화를 그려왔고, 그래서 국화는 우리 민족에게 품격 있고 친숙한 꽃으로 여겨졌습니다. 그러한 우리의 국화 사랑은 일본에까지 전해졌습니다. 백제의 진사왕은 5종(청·황·적·백·흑)의 국화 종자를 일본에 보냈는데 그것이 일본에 국화가 전래된 유래입니다. 그렇게 전해진 국화는 천황가의 꽃이 되어 오랫동안 일본인들의 사랑을 받았습니다.

제2차 세계대전 막바지에 미군부의 위촉을 받아 일본에 관한 문화인류학적 연구를 진행한 루스 베네딕트란 연구자가 있습니다. 그녀는 연구 결과로 『국화와 칼』(1946년)이라는 대작을 내놓았는데, 70여 년이 지난 지금까지도 일본의 정체성을 가장 잘 드러낸 역작으로 유명합니다. 일본에 한 번도 가보지 않았지만 최고의 답을 내놓았다는 루스의 눈에 일본의 상징은 국화와 칼로 보였습니다. 그 정도로 일본인의 국화 사랑은 유별났습니다. 오늘날까지도 국화는 일본의 황실 문장이자 나라꽃이 되어 군경의 상징과 훈장, 여권 등 일본을 대표하는 모양으로 두루 사용되고 있습니다.

서양 문물을 적극적으로 받아들인 일본은 러일전쟁, 세계대전 등의 다양한 형태로 서양의 문물과 접하면서 여러 경로를 통해 검은 상복과 헌화 문화를 수용하게 되었습니다. 그 과정에서 유럽의 흰 백합은 흰 국화가 되었고, 일제강점기를 비롯한 다양한 일본과의 교류를 통해 그러한 장례문화는 우리나라에도 영향을 미쳤습니다. 우리 문화에는 본래 국화에 대한 좋은 인식이 있었기에 큰 거부감 없이 수용되어 오늘날 국화로 꾸민 빈소와 국화를 헌화하는 문화가 자리 잡게 되었습니다. 하지만 한 번 쓰고 버리는 국화의 비용 문제나 자연으로 되돌려 보내는 방식 등의 문제가 많아 대안이 필요하다는 목소리가 다양하게 나오고 있는 실정입니다.

상복의 변화

동서양은 문화적으로 반대되는 측면이 여러모로 많은데 색의 사용 역시 그러합니다. 우리 문화는 길(吉)한 일에는 검정색을 사용하고 흉한 일에는 흰색을 사용했습니다. 검은색은 근본, 바탕, 지혜, 고향, 생명의 시작을 의미하고, 흰색은 정의, 결단, 광명, 정결을 의미합니다. 그래서 길한 제사나 왕의 즉위식, 혼례식, 궁중의 잔치 등에는 임금과 신하 모두 검은 예복을 입었습니다. 한편 상례, 전쟁중 항복, 석고대죄 등의 흉사를 겪는 사람이나 죄수와 염색이 어려운 극빈자들은 흰옷을 입었습니다. 중국 역시 길례에는 검은 옷을 사용했고, 상례에는 흰옷을 사용했습니다. 일본 또한 전통 결혼식 때 남자들은 검은 옷을 입는데, 검은 옷은 고귀함을 상징하기 때문입니다. 이렇듯 동양 삼국은 공통적으로 검은색 옷을 길복으로, 하얀색 옷을 흉복으로 인식하였습니다. 동양에서 오랫동안 유행한 도교와 유교에서 검은색을 근본의 색으로 여기며 존숭했기 때문입니다.

한편 서양에서는 하얀색을 순결의 색으로 여겨 대사제, 신관, 결혼하는 신부 등이 많이 입었습니다. 반면 검은색은 어둠과 죽음의 의미로 인식하여 장례식, 카톨릭의 사제복 등에 사용하였습니다.

이렇듯 동양과 서양의 색에 대한 인식은 매우 상반되었는데, 그렇다면 어떤 유래로 오늘날 우리는 검은 상복을 입게 된 것일까요?

중국의 옛 역사서인 『수서』에는 "(부여에서는) 초상을 치르면서 남녀 모두 순백의 옷을 입고 부인은 베로 만든 얼굴 가리개를 착용하며 반지나 패물을 착용하지 않는다"는 내용이 보입니다. 아주 오래전부터 백색 상복을 입어왔음을 알수 있는 내용입니다. 삼국시대 이후로 유교가 들어오면서 백색 상복의 전통은 더욱 굳어져갔습니다. 그리고 그 전통은 근대까지 이어졌습니다. 그러면 상복이나 머리에 부착하는 상장의 유래는 어떻게 될 것일까요?

1934년 조선총독부의 「의례준칙」 이후 수차례의 「가정의례준칙」 개정에 따라 상복의 모습은 조금씩 변화하여 지금의 모습과 같아지게 되었습니다. 1961년 고시된 「표준의례」의 상복 규정에 의하면 "남자는 평상복에 마포 두건을 쓴다. 여자는 평상복에 마포대(麻布帶)를 두른다"라는 내용이 보입니다. 이어 1999년 반포된 「건전가정의례준칙」과 1973년 「가정의례준칙」은 남성과 여성의 상장을 다음과 같이 규정하고 있습니다.

상복은 따로 마련하지 아니하되, 한복일 경우에는 백색 복장, 양복일 경우에는 흑색 복장으로 하고, 가슴에 상장을 달거나 두건을 쓴다. 다만, 부득이한 경우에는 평상복으로 할 수 있다. 여성의 상복은 따로 마련하지 아니하고, 한복일 경우에는 백색 또는 흑색 복장으로, 양복일 경우에는 흑색 복장으로 하되, 왼쪽 흉부에 상장이나 흰 꽃을 단다.

양복은 서양식 옷차림이기 때문에 서양의 장례문화에 맞는 검정색 양복으로 규정하되, 전통적인 상례의 색인 하얀색으로 표시하게 한 것으로 보입니다. 오늘날에는 국제화의 영향으로 문화의 교류 속도가 빨라졌습니다. 더불어 기독교 신자들의 수도 꾸준히 늘어 기독교식 장례문화도 큰 영향을 주었습니다. 더불어 일본의 상업적 장례문화 역시 많은 영향을 끼쳐 검은 상복이 점차 대중화되고 있는 추세입니다.

분향의 의미

요즘은 분향 대신 헌화를 하는 경우가 많아졌습니다. 덕분에 헌화를 해놓고도 다시 분향을 하고 재배하는 일도 많아졌습니다. 헌화와 분향의 본래 의미를 정확히 알지 못하면 헌화를 하고도 분향을 위한 도구들을 보면 '혹 분향을 빼놓는 게 결례가 될까' 하는 의혹이 들기 때문입니다. 그렇다면 헌화가 대신하게 된 분향의 원래 의미는 무엇이었을까요?

우선 유교식 빈소 차림의 의미부터 살펴보겠습니다.

유교 예법에서 공간의 배치는 오행의 조화를 형상하여 놓습니다. 상례에서 올리는 전(奠: 아직 제사 형식을 갖추지 않고 올리는 제사)과 제례의 상차림을 예로 살펴보겠습니다.

동양 상수학에서 1·6은 물(수), 2·7은 불(화), 3·8은 나무(목), 4·9는 쇠(금), 5·10은 흙(토)을 의미합니다. 1, 2, 3, 4는 생수(生數)라 해서 근본이 되는 수이고, 6, 7, 8, 9, 10은 흙인 5를 만나 완성된 수(成數)로 봅니다. 따라서 제사상에는 근본수인 1, 2, 3, 4, 5를 고루 갖추어 음양오행이 원만하고 균형 있게 조화된 하나의 소우주를 구성합니다. 구체적으로 살펴보면 다음과 같습니다.

상례와 제례에서는 술 또는 차나 현주(玄酒: 술의 근원, 즉 물)를 올려 물의 1수를 갖춥니다.

좌우에 촛불을 켜서 불의 2수를 갖추고, 나무로 만든 향을 3개 꽂아 나무의 3수를 갖춥니다. 촛대와 술잔과 향로로 쇠의 4수를 갖춥니다. 향을 꽂고 강신을 행하는 향로에 모래[모사(茅沙)]를 넣어 흙의 5수를 갖춥니다.

이렇게 오행이 조화된 제사상에 오행의 결실인 곡식, 과일, 고기 등을 차리고 하늘로 돌아간 혼을 부릅니다. 향의 내음으로 혼을 부르고, 술을 모래에 조금 부어 땅으로 돌아간 백을 부르는데, 이것을 제례에서 강신례(降神禮)라 합니다. 곧 분향은 조문객이 조문을 위해 하늘로 돌아간 고인의 혼을 부르는 것을 상징하는 행위입니다.

그리고 국화를 바치는 헌화 역시 망자를 추모하기 위해 묵념하면서 올리는 조문의 표현입니다. 즉, 헌화나 분향 모두 망자를 추모하며 행하는 조문의 행위란 점에서 동일합니다. 따라서 이미 헌화를 했다면 다시 분향할 필요는 없습니다.

예식에 사용하는 택일의 의미

원래 장사 기일 등 예법에 사용할 날짜는 '길일(吉日)'을 찾는 것이 근본이었습니다. 왕실에서는 천문과 역법을 근거로 길일을 잡았습니다. 왕에 해당하는 별과 주변 별자리들의 관계를 따져보고 그것을 다시 명리학과 역법에 대응시켜 가장 길한 날을 찾았습니다. 양반가에서는 명리학과 역법을 근거로 길일을 잡았고, 일반 서민들은 상황에 맞게 날을 잡았습니다. 특히 상례에서는 안정수인 3[천지인(天地人)이 갖춰진 수]과 그것이 3번 중첩된 완성수 9, 생명과 죽음을 관장하는 칠성수 7을 많이 사용합니다. 그것이 죽음과 관련된 의식에 잘 맞는 수이기 때문입니다. 하지만 그렇다고 2, 4, 5, 6, 8, 10 등의 수를 사용하면 안 되는 것은 아닙니다. 실제로 왕실의 소렴은 승하 후 3일째에 했지만, 민간에서는 사후 2일째에 소렴을 행하고 4일째에 성복을 했습니다. 또한 근래까지도 농촌에서는 4일장, 6일장, 12일장을 행하는 집들을 심심찮게 볼 수 있었습니다.

동양에서 수를 보는 의미를 간략하게 살펴보자면 다음과 같습니다. 1은 음의 근원수이자 양이 드러난 수이고, 2는 양의 근원수이자 음이 드러난 수이며, 3은 천지인 삼재가 온전히 갖춰진 수입니다. 4는 기운이 안정된 사방의 수이고, 5는 중용과 완성의 기운인 토(土)의 수이며, 6은 생명을 낳고 정화시키는 수이고, 7은 생명, 문(文), 무(武), 권세, 복록, 운명, 죽음 등을 주관하는 칠성을 상징하는 수입니다. 8은 사방과 사위(네 모퉁이)가 갖춰진 공간적으로 안정된 수이며, 10은 완성 후 새로운 차원으로 도약하는 피안의 수입니다.

여기서는 이렇게 간단히 정리했지만, 실제로 예법에 응용하는 수는 관련자들의 명리(命理), 예식의 성질, 기타 환경적인 문제 등이 복잡하게 얽혀 있습니다. 그렇다 보니 그냥 무난하게 사용할 수 있는 수는 3, 7, 9 정도가 되는 것입니다. 예를 들면 이삿날을 정할 때 가족의 본명궁과 현재의 집 및 이사할 곳의 방위 등을 모두 고려하여 날을 잡는데, 만약 그런 지식이 부족하다면 무난하게 '손 없는 날'로 잡는 것과 같은 이치입니다. 예식의 날짜 또한 복잡하게 따져보는 것이 여의치 않으면 3, 7, 9 정도의 수로 예식의 수를 잡게 되는 것입니다. 거기에 조선 후기 남존여비 사상이 강해지면서 여자의 수인 음수는 비천하고 불길하다는 관념이 더해졌습니다. 때문에 오늘날 소위 '짝숫날은 길하지 않다'라는 속설들이 생겨나게 되었습니다. 하지만 예전에는 갑을병정 등에 해당하는 간지(干支)로 날을 잡았기에 예를 행하는 날이 짝숫날이냐, 홀숫날이냐 하는 것은 그다지 신경 쓰지 않았습니다. 예를 들면, 과거 삼우제는 재우제 이후 천간에 을(乙), 병(丁), 기(己), 신(辛), 계(癸)가 들어가는 날을 만나면 지냈습니다. 간지를 기준으로 잡은 날이기에 날짜는 짝수 일이 될 수도 있는 것입니다.

완장과 상장의 유래

1934년에 공포된 조선총독부의 「의례준칙」에는 '상복으로 기모노를 입을 때는 세로 1촌, 가로 2촌 5푼의 나비형 검은 천을 왼쪽 가슴에 부착함. 상복으로 양복을 입을 때는 폭 약 3촌의 검은 천을 왼팔에 감는다'라고 규정되어 있습니다.

본래 상복을 입는 오복제도는 고인과의 가깝고 먼 관계를 세세히 나누어 상복(喪服)과 부속품들의 세부적인 부분까지 차등을 두어 표현했습니다. 슬픔의 정도가 다름을 복식으로 표현한 것입니다. 하지만 「의례준칙」은 허례허식과 시신의 비위생적 관리 등의 이유를 들어 상기와 절차를 시신 처리 위주로 대폭 축소시켰습니다. 더불어 상복 역시 간소화하였기 때문에 굴건제복처럼 상주들 간의 위치와 관계를 표시할 대용품이 필요했습니다. 때문에 리본과 완장이 사용되기 시작했다는 설이 유력합니다.

하지만 오늘날처럼 완장에 새겨진 줄의 개수로 상주의 직계와 비속을 표시하기 시작한 것이 정확히 언제부터인지는 정설이 없습니다. 대체로 「의례준칙」 이후 시행된 완장 문화가 장례식장이 공식화되면서 상주를 구분해야 할 필요성 때문에 현재처럼 되었다는 설이 있습니다.

또 다른 단서로는 완장을 착용하는 방향을 들 수 있습니다. 전통 상례에서는 성복(成服)을 하기 전에 단(袒)이란 것을 하는데 한쪽 소매를 꿰지 않고 입는 것입니다. 너무 황망하여 소매를 제대로 꿰어 입을 정신도 없음을 표현하는 행동입니다. 이때 부친상에는 왼쪽 소매를 꿰지 않고 모친상에는 오른쪽 소매를 꿰지 않습니다. 한편 완장도 부친상에는 왼쪽에 모친상에는 오른쪽 소매에 답니다. 예로부터 누가 상주인지, 또 어떤 종류의 상인지를 소매로 표시해온 전통이 있다 보니, 당 시대의 완장 문화 및 왼팔에 검은 천을 두르라는 「의례준칙」의 내용이 합해진 듯 보입니다.

〈상장의 표시〉
남자들은 완장을 함.

두 줄: 아들, 사위, 아들이 없으면 장손
한 줄: 기혼인 복인
줄 없음: 미혼인 복인(주로 손자들)
* 복인의 범위: 부(父)계 8촌, 모(母)계 4촌까지

여자들은 리본을 함.
남자(부친, 남편 등)가 상을 당했을 경우 좌측 머리에 리본을 꽂음.
여자(모친, 자매 등) 상을 당했을 경우 우측 머리에 리본을 꽂음·

상주의 위치

죽음을 다루는 일은 음(陰)인 땅의 지도(地道)에 속하는 일입니다. 지도는 오른쪽(서쪽)을 높여 상석(上席)으로 칩니다. 때문에 남자 상주는 오른쪽(서쪽)에 서고, 여자 상주는 왼쪽(동쪽)에 서게 됩니다. 여기서 '오른쪽(서쪽)'은 영정을 기준으로 합니다. 영정은 상석인 북쪽에 모시기에 영정 입장에서 오른쪽은 서쪽이 되는 것입니다. 이 위치는 살아 있는 사람들의 예식에서는 반대로 바뀌어 동쪽이 상석이 됩니다.

2. 상례의 절차와 의미

　18단계의 의식은 다음과 같습니다. 각 항에 대한 풀이는 순차적으로 하겠습니다.

1일 차	① 초종– ② 습	2일 차	③ 소렴	3일 차	④ 대렴	4~5일 차	⑤ 조(弔)– ⑥ 문상
31~90일	⑦ 치장(治葬)– ⑧ 천구(遷柩)– ⑨ 발인– ⑩ 급묘(及墓)– ⑪ 반곡(反哭)						
90일 이후	⑫ 우제(虞祭)– ⑬ 졸곡(卒哭)– ⑭ 부제(祔祭)– ⑮ 소상(小祥)– ⑯ 대상(大祥)– ⑰ 담제(禫祭)– ⑱ 길제(吉祭)						

　18단계의 의식은 다시 세부적인 절차들로 나뉘어 예서를 보는 이가 소소한 부분까지 따라 할 수 있도록 구성되어 있습니다. 상례는 삶에서 죽음을 잘 승화시켜 산 자들과의 연결을 끊고 신으로 격상시키는 의식입니다. 따라서 관혼상제 중 가장 복잡한 절차와 많은 비중을 차지하고 있습니다.

---

4) 신주(神主): 고인의 혼을 의지하게 하고자 만든 위패.
5) 『사례편람(四禮便覽)』, 『사의(士儀)』, 『가례증해(家禮增解)』를 참고하였음.

┃ 고례와 현대의 상례 기간별 절차 비교

	1일 차	2일 차	3일 차	4일 차	5일	31~90일	약 90일 이후
고례	초종, 습	소렴	대렴	성복 조문	조문	치장, 천구 발인, 매장, 반곡	초우제, 재우제, 삼우제, 졸곡, 부제, 소상, 대상, 담제, 길제
현재	초종, 수시 (收屍)	입관	발인		삼우제		

(1) 1일 차

고례: 초종(初終) → 습(襲)

현재: 초종(初終) → 수시(收屍)

첫 번째 의식 / 초종(初終)

막 숨을 거두신 시점을 말합니다. 이후 진행되는 9가지 절차에 대해서 알아보겠습니다.

1) **천거정침(遷居正寢)**: 병이 위중해지면 평소에 거하며 일을 보던 정침으로 옮기는 것을 말합니다.

예전 사회는 신분제 사회였습니다. 특히 왕, 귀족, 양반 등 직위와 계급이 세습되는 계층은 유언이 매우 중요했습니다. 때문에 임종이 다가오면 왕은 신하들과 정사를 보던 정전으로 옮기고, 양반 관료들은 평소 거처하며 손님과 내왕하던 곳으로 옮겼습니다. 그 이하 사람들은 평소에 거처하던 방으로 옮겼습니다. 유학자들은 바르게 죽는 것을 특히 중요시했기에 평상시 본분을 다하던 곳에서 천수를 마치고자 한 것입니다.

동양의 방위를 쓰는 법에 모든 생명과 도를 주관하는 근본을 음(陰)으로 보고 음은 곧 생명의 근본인 물(水)의 기운이라 여겼는데, 방위로는 바로 북(北)방입니다. 따라서 대부분의 경우 북방은 상석이 됩니다. 과거에 왕이 북쪽에서 남쪽을 바라보며 조회를 받는 것이 이런 이유입니다. 집주인이 임종을 맞이할 때도 상석이자 생사를 주관하는 방위인 북방에 침상을 놓는데, 동쪽의 생기(生氣)를 받고 회복하기 바라는 마음에서 머리는 동쪽으로 둡니다.

더불어 안팎을 정돈하고 병자의 안정을 위해 주변을 조용히 합니다. 문병 온 사람들이 슬퍼하며 울거나 병자를 붙잡고 흔드는 것을 좋지 않게 여기는데, 병자가 놀라거나 동요하면 편안히 천수를 마치지 못한다고 믿었기 때문입니다.

병자의 유언을 여쭙고 나면 숨이 끊어지시는지 기다립니다. 예전에는 죽음을 확인할 정밀한 방법이 부족했기에 네 사람이 사방에 둘러 앉아 손발을 붙잡고 코에 솜을 갖다 대어 숨을 확인하였습니다. 솜을 사용하는 이유는 작은 호흡에도 쉽게 흔들리기 때문입니다.

가족의 병이 심해지면 상례에 치를 도구와 비품을 준비합니다.

고례(古禮)의 준비 품목:

• 병자에게 입힐 새옷, 숨 끊어짐을 확인할 새 솜, 대렴에 사용할 이불

• 수의로 입힐 옷옷(평상시 입던 옷을 사용한다)

  −관인은 관복, 사족은 심의(유학자들이 입던 옷)

  −부인은 예복인 원삼이나 장옷

• 설치에 사용할 각사, 발을 묶을 때 쓸 궤(几)

• 기타 관을 만들 때 사용하는 부품들(은못 8개나 쇠못 20개, 송진 1근 정도, 소나무재 1되 정도, 재를 반죽할 술, 관을 봉합할 진옷, 관 속에 바를 검정 비단 12~19자나 백지 7~8장, 관의 네 모서리에 붙일 녹색 비단 1~2자, 칠성판

---

2) 기절내곡(旣絶乃哭): 운명하시면 곡을 합니다.

운명하시면 이불로 덮고 남녀 모두 곡을 합니다. 초종부터 졸곡까지는 무시곡(無時哭)이라 하여 시도때도 없이 곡하고, 서로 교대하며 곡하여 곡소리가 끊기지 않게 합니다. 곡을 하는 절차를 통해 슬픈 감정과 얽힌 마음을 풀어내고, 마음을 표현함으로써 혼령을 애도합니다.

이때 상주는 엉엉 울되 곡을 길게 늘여서 하지 않습니다. 이는 슬픔이 지나쳐 기운이 다한 탓에 소리를 늘이지 못하는 상태를 표현하는 것이라 합니다. 형제들은 부친상에 '애고(哀孤) 애고' 하고, 모친상에 '아이고(哀而孤) 아이고' 하며 곡을 합니다. 기타 친인척이나 조문객들은 호상일 경우 '어이(於移) 어이' 하고 웁니다. 얼핏 보면 형식적으로 울음소리를 만들어내는 것 같지만, 곡을 하는 사람들이 지

치지 않고 계속 이어가게 하기 위해서 절도를 넣는 것입니다. 또 유교의 예법에서는 촌수에 따라, 남편이 있고 없음에 따라 등등 고인과의 관계에 따라 매우 복잡하게 곡소리를 구분하고 있습니다.

이는 유교가 봉건사회의 질서였기 때문입니다. 봉건적 신분제 사회에서는 관계의 친소와 신분에 따라 구별할 필요가 있었습니다. 하지만 현대는 신분제 사회가 아니기 때문에 유교식 예법 중 복잡한 구분 절차는 의미가 없습니다. 유학자들도 울음소리까지 엄격한 구별을 두는 게 이상했던지, 증자의 아들이 증자에게 그 이유를 묻기도 했습니다. 그러자 증자는 "길 가운데서 어린아이가 어미를 잃고 우는데 울음소리에 무슨 법도가 있겠느냐?"고 대답하기도 했다고 합니다. 증자의 말대로 예법은 본심이 담기는 것이 불분명한 형식보다 더 중요하다 하겠습니다.

3) 복(復): 복은 초혼 의식입니다. 말 그대로 떠난 혼을 불러들이는 의식을 말합니다.

사람에게는 물질의 정수가 모인 정(精)이 있어 육체를 이루고 영적인 신(神)이 있어 정신작용을 하는데, 육신의 기운은 백(魄)이라 하고 정신의 기운은 혼(魂)이라 합니다. 죽음이란 바로 혼과 백이 분리되는 사건을 말합니다. 그러므로 숨이 끊어져 혼이 떠나갈 때 고인이 평소 입던 옷을 들고 지붕 위로 뛰어 올라가 귀신의 방위인 북쪽을 향해 고인의 이름을 불러 혼을 불러들이고자 합니다. 백은 음(陰)이라 천천히 흩어지지만 혼은 양(陽)이라 빨리 하늘로 올라간다고 여겨 혼부터 부릅니다.

혼을 부르는 방법은, 직계가족이 아닌 사람이 왼손으로 망자의 옷깃을 잡고 오른손으로 옷의 허리춤을 잡고 지붕으로 올라갑니다(예법에서 양인 왼쪽을 더 귀하게 여기기에 왼손으로 옷깃을 잡는 것입니다). 건물 앞쪽 처마로부터 올라가 지붕 중앙에서 북쪽을 향해 섭니다. 양의 방향인 왼쪽으로 망자의 옷을 흔들며 "아무개(고인의 이름, 평상시 칭호, 관직명이나 주소를 붙여 부르기도 합니다) 돌아오라!"고 세 번 외칩니다. 끝나면 옷을 말아 내린 후 혼이 담겨 온 것처럼 하며 시신 위에 덮습니다. 덮은 옷은 목욕시킬 때 제거하고 염습 등에는 사용하지 않습니다. 사당이 있는 집에서는 복에 사용한 옷을 사당에 보관하기도 합니다. 고인이 여성이면 복도 여성이 합니다.

옛날 초나라 굴원이 지은 『초사』에 "혼이여 돌아오라. 그대의 육체를 떠나 어찌하여 사방을 떠도는가"라는 구절이 있는데 이미 초나라부터 그런 풍속이 있었다고 합니다.

숨이 끊어지면 곧 곡을 하지만, 복을 하러 올라가면 모두 곡을 멈춥니다. 혼이 돌아오려 하다가 사람들이 시끄럽게 곡을 하고 있으면 놀라서 들어가지 못할까 봐 그러는 것입니다.

4) 설치(楔齒), 철족(綴足)

복(復)이 끝난 이후부터는 죽은 자에 대한 일을 시작하여 시신을 수습합니다. 시신의 수습(收屍)은 남자는 남자 근친이, 여자는 여자 근친이 합니다. 우선 시신을 상 위로 옮기고 바르게 펴며 머리를 남쪽으로 둡니다. 산 사람은 머리를 남쪽으로 두고 죽은 사람(귀신)은 머리를 북쪽으로 두는데, 머리를 남쪽으로 두는 이유는 아직 살아계신 것처럼 여기는 마음 때문입니다. 때문에 가매장을 할 때까지 계속 머리를 남쪽에 둡니다. 그리고 '설치(楔齒)'와 '철족(綴足)'을 합니다. 설치란 작은 수저나 젓가락 등을 입에 넣어 닫히지 않도록 버텨놓는 것인데, 입에 쌀을 채우는 반함 의식 때 입이 닫히면 안 되기에 하는 것입니다. 철족은 평소 몸을 기댈 때 쓰던 궤나 상자 등에 발을 묶는 의식인데, 신을 신길 때 발이 비틀리면 안 되기 때문입니다.

조선 후기 실학파이자 예학자였던 성재 허전 선생은 이 과정을 다음처럼 설명하였습니다.

> 모시는 자는 상을 시신 앞에 설치하고, 상 위에 자리를 깐다. 베개를 놓고 그 위에 시신을 옮겨 반듯하게 위를 보고 눕히고, 옷과 솜 따위를 써서 여러 겹으로 말아 베개 위 좌우를 고정시켜서 머리와 얼굴이 기울어지지 않게 하고, 양 팔뚝은 가슴 위에 모으고, 양손은 배꼽 아래에다 손바닥을 아래로 향하게 하고, 어루만져서 편안하게 편 다음, 팔뚝 관절과 손목 및 양쪽 무릎은 명주 끈으로 묶어 굽혀지지 않게 한다. 어깨와 다리는 또한 신중하게 살펴서 매우 평평하고 바르게 하되, 연궤를 사용하여 발 아래를 묶어 비뚤어지지 않게 한다. 또 모름지기 수시로 살펴보고 후회가 없도록 해야 한다. 죽을 때 몸에 걸쳤던 옷은 벗기지 말라.

덮개로 시신을 덮고 찬장에 남겨진 포와 식해[6]를 평소 사용하던 그릇에 담아 시신의 동편(오른쪽 어깨쪽)에 올립니다. 사람이 죽으면 혼(얼)과 백(넋)으로 흩어지는데, 시간이 지나면 혼은 하늘로 돌아가 신(神)[7]이 되고 백은 땅으로 흩어져 귀(鬼)가 됩

---

6) 식해(食醢): 생선을 양념해 삭힌 젓갈류. 가자미식해, 홍어식해, 명태식해 등이 있다.
7) 동양학에서 말하는 신은 '정신'의 신과 비슷하다. 하나님과 같은 유일신은 '천제(天帝), 상제(上帝)'라 표현한다.

니다. 예법을 통해 조상신으로 승화되어 혼이 하늘로 돌아가기 전까지 고인의 혼백이 헤매는 것을 막고자 하는 마음으로 음식을 차립니다. 귀신은 음식의 기운에 의지한다고 믿기 때문입니다. 이에 집에 남아 있던 음식을 급히 꺼내 진설하는 것입니다.

본래 예법에서 정식으로 음식을 올리는 것은 염습을 한 뒤부터입니다. 하지만 조선시대 우리 선조들은 부모님께 잠시라도 음식이 끊기는 것을 차마 보지 못해서 복을 하고 나서부터 음식을 올렸습니다. 이처럼 간단한 음식을 올린 이후 병풍이나 장막을 설치하여 시신을 눕힌 곳을 가립니다.

5) 입상주(立喪主): 상주(喪主), 주부(主婦), 호상(護喪), 사서(司書), 사화(司貨)를 세웁니다.

상주(喪主)와 주부(主婦): 주인은 바깥의 일을 맡아 하고 주부는 집안의 일을 맡아 합니다. 집안의 가장을 주인(主人)이라 하고 안주인을 주부(主婦)라 하는데, 현대에는 주인을 상주(喪主)라 부릅니다. 상주와 주부는 고인의 혼이 신이 되어 제사를 받기 전까지 궤전(饋奠)을 바칩니다. 궤전이란 제사의 형식을 갖추지 않고 음식을 올리는 것을 말합니다.

〈상주를 맡는 원칙〉

① 남편의 상에는 장남이 상주, 부인이 주부가 됩니다. 삼우제가 지나면 큰며느리가 주부가 됩니다. 만약 장남이 없으면 승중(承重: 중책을 이어받는 것)하여 장손이나 차남이 상주가 되고 상주의 아내가 주부를 맡습니다.

② 아내의 상에는 남편이 상주가 되고 큰며느리가 주부가 됩니다.

③ 부모의 상에는 장남이 상주가 되고 큰며느리가 주부가 됩니다. 만약 장남과 큰며느리가 없으면 승중하여 장손과 손부가 상주와 주부를 맡습니다.

④ 자식의 상에는 아버지나 할아버지가 상주가 되고 어머니나 할머니가 주부가 됩니다.

⑤ 며느리나 손자며느리의 상에는 시아버지나 시조부가 상주가 되고 상주의 아내가 주부가 됩니다.

⑥ 원칙적으로 망자 가문의 가장이 상주가 되고 가장의 부인이 주부가 됩니다. 만약 맡을 이가 없으면 가장 가까운 촌수의 근친이 상주와 주부를 승중하게 됩니다. 그래도 사람이 없으면 이웃 사람에게 맡기는데, 그런 경우

라도 처가와 친정 사람에게는 상주나 주부를 맡기지 않습니다. 유교에서 시집 간 여성은 다른 가문의 제사를 받들어야 한다고 여겼기에 미안해서 맡기지 않는 것입니다.

> 호상: 상복을 입지 않는 집안 친척이나 예를 잘 알거나 경험이 있는 사람을 호상으로 정합니다. 호상은 슬픔에 빠진 상주를 대신하여 모든 상사를 주관하며 상주가 예법대로 행할 수 있도록 돕습니다.
> 사서(司書), 사화(司貨): 상복을 입지 않는 집안 자제나 상주의 친구 등으로 정합니다. 사서는 상례에 소용되는 물건과 재화의 출입을 기재하는 문서 담당이고, 사화는 친척이나 조문객들의 부의와 상례에 사용되는 재물을 총괄 관리합니다.

6) 내역복불식(乃易服不食): 옷을 갈아입고 먹지 않습니다.

처, 자식, 며느리들은 모두 모자와 장식품을 벗고 흰옷으로 갈아입으며 3일간 정식 식사를 하지 않습니다. 어른들이 권하면 죽이나 거칠고 소박한 음식 정도를 먹습니다.

7) 치관(治棺): 관을 만듭니다.

호상의 주관으로 관을 준비하기 시작합니다. 관은 고인의 몸에 직접 닿는 물품인 데다 유체를 보호하고 편안히 하는 역할을 합니다. 때문에 자재나 크기, 봉하는 재료 등에 신중을 기하고자 호상은 관을 준비하는 일부터 시작합니다. 관의 안쪽에는 검정 비단이나 백지를 붙이고 각 모서리에는 녹색 비단을 발랐습니다. 밑에는 찰기장 태운 재를 12cm 정도 높이로 깔고 종이로 덮은 후 칠성판을 올렸습니다. 관을 봉할 때도 석회를 넣고 송진을 사용했는데, 송진은 오래될수록 단단해져 물 등 외부의 침투를 막는 데 유리하다고 합니다.

8) 부고우친척요우(訃告于親戚僚友): 친척과 동료 및 친구들에게 부고를 보냅니다.

호상과 사서가 글을 써서 보냅니다. 만약 없으면 주인이 친척들에게 직접 부고하는데 동료나 친구에게는 부고하지 않습니다. 편지로 조문한 사람에게는 졸곡 뒤에 답장을 합니다.

전통 부고 서식

某之某親 以(某月某日)某病 不幸於某月某日某時棄世 傳人訃告
某年某月某日 護喪姓名 上(某位座前)[8]

[설명]
모(상주의 이름)의 모친(상주와의 관계: 부친-대인, 모친-대부인, 조부-왕대인, 조모
-왕대부인)
모가(아버지는 '관직명+본관+공', 어머니는 '봉작명+본관+씨', 본명은 쓰지 않습니다.)
<u>모 병(모월 모일 무슨 병/사고)</u>으로 모월 모일 모시에 세상을 버리셨기에 사람을 시켜
부고합니다.
모년 모월 모일에 호상 모가 아룁니다.

※ 모 병: 지병이면 숙환(宿患), 노환이면 노환(老患)이라 쓰고 병을 얻은 월일은 쓰지 않습
니다. 기타 급질이나 사고 등은 사유를 사실 그대로 쓰고 사고가 발생한 월일을 씁니다.

[예시]
◎ 예조판서 김철수의 부친인 좌의정 김학기가 지병을 얻어 3월 1일 미시에 운명한 것
을 호상 이영희가 알리는 경우
→ 禮判哲壽之大人 左議政慶州金公 以宿患 三月一日未時 棄世 傳人訃告
丁酉年三月一日 護喪 李永熙 上(某位座前)
→ 해석: 예판 철수의 부친 좌의정 경주 김공께서 지병으로 3월 1일 미시에 별세하셨
기로 사람을 보내 부고하나이다.
정유년 3월 1일 호상 이영희 배상

현대 부고 서식은 시대적 변화에 따라 융통성 있게 바꿔 사용하면 됩니다. 과
거와 달리 한자를 쓰지 않고 한글로 부고하는 경우가 많아진 것은 달라진 점 중
하나입니다.

---

8) 예서마다 某位座前을 넣거나 그냥 上으로 하거나 조금씩 다르다. 집안의 형식에 맞춰 쓰면
된다.

현대 부고 서식

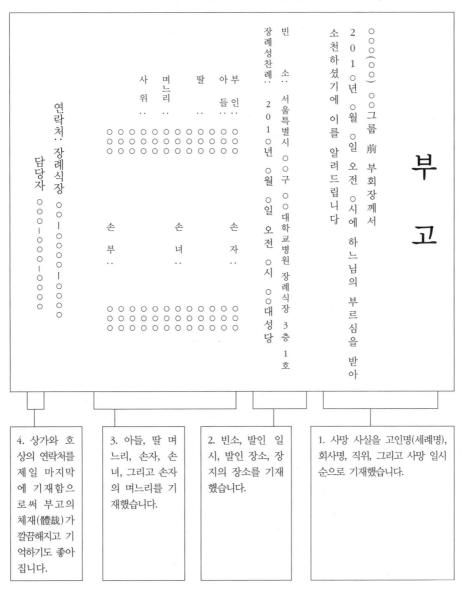

부 고

○○○(○○) ○○그룹 前 부회장께서
2010년 ○월 ○일 오전 ○시에 하느님의 부르심을 받아
소천하셨기에 이를 알려드립니다

장례성찬례.. 2010년 ○월 ○일 오전 ○시 ○○대성당
빈 소.. 서울특별시 ○○구 ○○대학교병원 장례식장 3층 1호

부 인.. ○○○○○○○○○
아 들..
딸..
며느리..
사 위..

손 자..
손 녀..
손 부..
○○○○○○○○○○

연락처.. 장례식장 ○○-○○○○-○○○○
담당자 ○○○-○○○○-○○○○

1. 사망 사실을 고인명(세례명), 회사명, 직위, 그리고 사망 일시 순으로 기재했습니다.

2. 빈소, 발인 일시, 발인 장소, 장지의 장소를 기재했습니다.

3. 아들, 딸 며느리, 손자, 손녀, 그리고 손자의 며느리를 기재했습니다.

4. 상가와 호상의 연락처를 제일 마지막에 기재함으로써 부고의 체재(體裁)가 깔끔해지고 기억하기도 좋아집니다.

현대 부고 서식

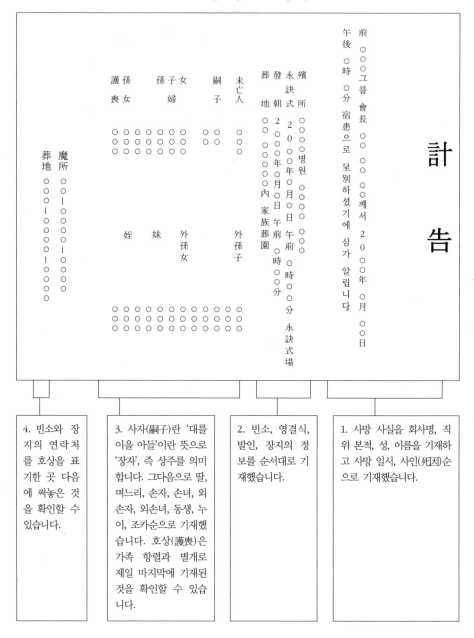

計告

前 ○○○그룹 會長 ○○ ○○ ○○께서 20○○년 ○月 ○○日 午後 ○時 ○分 宿患으로 呈別하셨기에 삼가 알립니다

殯所 ○○○○병원 ○○○
永訣式 20○○年 ○月 ○日 午前 ○時 ○○分
發朝 20○○年 ○月 ○日 午前 ○時 ○○分 永訣式場
葬地 ○○○○內 家族葬園

嗣子 ○○○
子婦 ○○○
女 ○○○ ○○○
孫子 ○○○ ○○○ ○○○
孫女 ○○○ ○○○ ○○○
護喪 ○○○ ○○○ ○○○

未亡人 ○○○
外孫子 ○○○○ ○○○○ ○○○○
外孫女 ○○○○ ○○○○ ○○○○
妹 ○○○○
姪 ○○○○

魔所 ○○○-○○○○-○○○○
葬地 ○○○-○○○○-○○○○

1. 사망 사실을 회사명, 직위 본적, 성, 이름을 기재하고 사망 일시, 사인(死因)순으로 기재했습니다.

2. 빈소, 영결식, 발인, 장지의 정보를 순서대로 기재했습니다.

3. 사자(嗣子)란 '대를 이을 아들'이란 뜻으로 '장자', 즉 상주를 의미합니다. 그다음으로 딸, 며느리, 손자, 손녀, 외손자, 외손녀, 동생, 누이, 조카순으로 기재했습니다. 호상(護喪)은 가족 항렬과 별개로 제일 마지막에 기재된 것을 확인할 수 있습니다.

4. 빈소와 장지의 연락처를 호상을 표기한 곳 다음에 써놓은 것을 확인할 수 있습니다.

2) 두 번째 의식 습(襲)

10가지 소절차: 굴감(掘坎), 진습의(陳襲衣), 목욕, 설빙(設氷), 습(襲), 설전(設奠), 위위(僞位), 반함(飯含), 치영좌설혼백(置靈座設魂魄), 입명정(立銘旌)

1) 굴감(掘坎): 집사가 휘장과 상을 설치하고 시신을 옮기며 구덩이를 팝니다.

시신이 있는 곳을 흰 베로 만든 휘장으로 가립니다. 아직 시신을 꾸미지 않았고 또 죽은 자는 어둠을 좋아하기에 치는 것입니다. 시신을 꾸민 소렴 때는 휘장을 걷습니다. 아직 완전히 돌아가셨다고 차마 인정하지 못하는 마음을 표현하고자 시신의 머리는 남쪽으로 둡니다. 시신을 상이나 돗자리 위로 옮긴 후 이불로 덮습니다. 이때 구석지고 깨끗한 곳에 구덩이를 파는데, 후에 시신을 목욕시키고 남은 물, 수건, 빗 등을 이곳에 묻기 위함입니다.

2) 진습의(陳襲衣): 염습에 사용할 옷을 진설합니다.

탁자 위에 진설하는 품목은 다음과 같습니다.
- 머리 싸개, 귀 막이 솜 2개, 얼굴 덮는 멱목, 손 싸는 악수, 유학자의 예복인 심의, 큰 허리띠, 신발, 솜이 들어 있는 긴 겉옷과 짧은 겉옷, 한삼, 바지, 버선, 발싸개, 과두(배와 허리를 싸는 비단)
  ※ 옷을 입히고 나서도 머리, 손 등을 싸서 감추는데, 사람들이 시신의 형상이 나온 것을 보고 놀라고 싫어할까 해서입니다.

목욕과 반함에 사용할 물건들도 진설합니다.

동전 혹은 구슬, 진주 등 3개, 씻은 쌀 2되를 주발에 담은 것, 빗 하나, 머릿수건 하나, 몸 닦을 수건 둘(상체와 하체에 하나씩 사용)

3) 목욕(沐浴): 목욕을 시킵니다.

데운 물을 가지고 들어오면 상주 이하는 모두 휘장 밖으로 나가 북향합니다. 상주는 왼쪽 소매를 빼서 어깨를 드러냅니다. 시종이 쌀뜨물로 머리를 감기고 빗질한 후 수건으로 말리고 묶습니다. 몸은 이불을 맞들어 나체가 보이지 않게 하여 얼굴, 상체, 하체의 순서로 씻기고 수건으로 닦습니다. 왕들은 향탕[9]으로 몸

---

9) 염습할 때 시체를 씻기 위하여 향나무를 넣어 달인 물.

을 닦아 향내가 나게 했다고 하는데, 조선에서 일반 사람들은 쑥이나 향나무 삶은 물 등을 사용했습니다.

만약 머리 감기와 몸 씻기를 못할 상황이라면 빗을 적셔 세 번 빗기고 수건을 적셔 세 번 닦는 상징적인 절차로 끝냅니다. 손발톱을 깎는데 머리를 빗을 때 빠진 머리카락과 함께 모아 주머니에 잘 넣어두었다가 차후 관에 넣어줍니다. 사용한 목욕물, 수건, 빗은 미리 파두었던 구덩이에 묻습니다. 반함하고 남은 쌀은 묽은 죽을 끓여 나무솥에 넣어 걸어두는데 이것을 중(重)이라 합니다. 혼령의 기운을 의지하게 하고자 하는 마음을 표현한 것으로 차후 혼백이나 신주를 만들게 되면 중은 정해진 장소에 묻습니다.

4) 설빙(設氷): 얼음을 넣습니다.

큰 소반에 얼음을 넣는데 얼음이 없으면 찬물을 넣습니다. 얼음이 담긴 소반 위에 상을 펴고 시신을 옮깁니다. 중춘(음력 2월)부터는 얼음을 넣고 가을이 되어 날이 서늘해지면 얼음은 쓰지 않습니다.

5) 습(襲): 습을 합니다.

습이란 목욕 후 옷을 다시 입히는 절차입니다. 휘장 밖에 상을 차리고 습의를 펼쳐놓습니다. 이때 입히는 것은 다음과 같습니다.

남자: 머리 싸개(掩), 복건, 망건, 멱목(얼굴 덮개), 귀마개, 손 싸개(악수), 심의(유학자의 예복), 도포, 비단 창의(평상시 옷), 솜을 넣은 명주 긴 저고리(포), 솜을 넣은 명주 짧은 저고리, 명주 속저고리(홑적삼), 솜 넣은 명주 바지, 명주 속옷 바지, 명주 허리 싸개(과두), 솜 넣은 명주 버선, 행전, 나막신

여자: 머리 싸개, 비단 여모(머리 덮개), 단의(검은색에 붉은 선을 두른 예복), 심의, 원삼, 두꺼운 비단 허리띠, 솜 넣은 비단 저고리 두세 벌(녹색: 밖에 입음, 황색: 안에 입음), 명주 속옷, 명주 치마 두 벌(푸른색: 밖에 입음, 붉은색: 안에 입음), 멱목 악수, 충이, 바지, 홑바지, 과두, 버선, 신

여섯 사람이 동시에 습을 진행합니다. 네 사람은 좌우에, 두 사람은 아래위로 나누어 섭니다. 입히는 순서는 벗길 때와 반대로 버선부터 하체, 상체 순서로 합니다. 옷깃은 오른쪽으로 여미고 옷고름은 반대로 묶습니다. 손을 악수로 싸고, 귓구멍에 솜(充耳)을 끼우고 망건을 씌우고 머리를 싼 후 멱목으로 얼굴을 덮고

묶습니다. 입힐 때는 속옷부터 겉옷까지 입는 순서대로 여러 벌의 옷을 겹쳐서 실로 살짝 시쳐놓은 후 한 번에 입히고 실을 뽑습니다. 이는 가급적 몸을 움직이지 않게 하고자 함입니다. 끝나면 습한 상에서 내려 방 가운데로 옮겨 모십니다.

6) 설전(設奠)

부모가 늙고 병들면 자식은 주변에 음식이 떨어지지 않도록 살피는데, 돌아가셨다 하여 하루아침에 음식을 끊는 것은 인정상 쉽지 않습니다. 또한 귀신은 기운을 가진 물질(음식)에 의지한다고 믿었습니다. 이에 매 절차가 끝날 때마다 새 음식을 올리고 계속 차려두는데 이것을 전(奠)이라 합니다. 아직 조상신으로 승화되지 못하였고, 신이 의지할 신체(神體)인 신주 또한 마련되지 않았기 때문에 제사의 형식은 갖추지 않습니다. 하지만 생시처럼 음식을 올리며 망자의 혼을 의지하게 하고 살아계실 때처럼 효를 다하지 않는다면 보내드리는 자식의 마음이 편안할 수 없습니다. 이에 약식으로 전을 올리는 것입니다. 때문에 제사의 형식을 갖추지 않고 바닥에 상을 차려 음식을 올립니다. 그리고 신이 받는 제사(祭)와 구별해서 전(奠)이라 표현합니다. 돌아가신 때부터 장사 지낼 때까지는 계속 전을 올립니다.

집사는 탁자에 포와 식해 등을 차려 시신의 동쪽으로 올라갑니다. 축은 손을 씻은 후 술을 따라 시신의 동쪽(오른쪽) 어깻죽지 즈음에 올린 다음 먼지와 파리 등을 피하고자 보로 덮어둡니다. 축은 보통 친척이 합니다.

7) 위위(偽位): 항렬과 장유의 순서대로 위치를 잡고 곡을 합니다.

주인 이하 사람들은 예법에 맞게 항렬과 장유의 순서대로 자리를 잡고 곡을 합니다.

8) 반함(飯含): 시신의 입에 쌀, 구슬 등을 채웁니다.

자식의 도리 중 중요한 것이 늙은 부모께 조석으로 음식을 올리며 봉양하는 것입니다. 돌아가셨다고 해서 차마 입이 비어 있게 할 수가 없어서 입에 무언가를 채우는데 이를 반함이라 합니다.

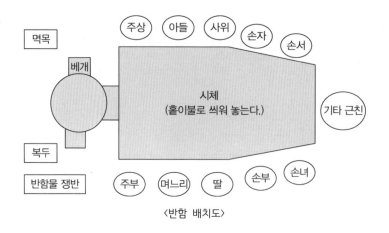

〈반함 배치도〉

상주는 왼쪽 소매를 빼서 오른쪽 허리춤에 끼운 후 머리 쪽의 멱목과 홑이불을 벗깁니다. 옛날의 복식은 소매가 길고 불편해서 그대로 반함을 하면 거치적거렸다고 합니다. 그래서 편리함을 위해 소매에서 팔을 빼는 것입니다.

도와주는 사람이 쌀이 담긴 주발에 수저를 꽂아서 시신의 서쪽(왼편)에 올려두면 주인은 베개를 치우고 수건으로 시신의 얼굴을 덮어 쌀이 얼굴로 떨어지는 것을 막습니다. 옛날에는 반함 의식에 손님들도 참여했다고 하는데, 꺼리거나 더럽게 여길까 봐 수건으로 시신의 얼굴을 덮고 입 부분만 동그랗게 구멍을 뚫어서 반함을 했다고 합니다.

입에 물려놓은 수저나 젓가락 등의 도구를 빼고 쌀을 떠서 오른쪽부터 3번 채우고 동전이나 진주 구슬을 1개 넣습니다. 왼쪽과 가운데도 같은 방식으로 채워 쌀을 9수저 떠 넣습니다. 반함이 끝나면 주인은 왼쪽 소매를 다시 껴 입고 자리로 돌아갑니다. 머리에 다시 복건을 씌우고 귀 막이를 하고 얼굴 덮개와 얼굴 싸개(멱목)를 묶고 신발을 신긴 후 두 신발의 끈을 묶어 발이 벌어지는 것을 방지합니다. 드디어 가장 겉에 입는 예복(심의)을 껴 입히고 큰 띠를 두르고 악수로 손을 싸맵니다. 마지막으로 이불을 덮고 전을 올립니다.

옛날 사람들은 이동 시의 충격과 해충, 쥐 등으로부터 시신을 보호하기 위해 옷과 이불로 두툼히 많이 싸는 것을 중요하게 생각했습니다. 그래서 목욕시키고 옷을 입히는 습을 할 때 3벌을 겹쳐 입히고, 소렴에는 지위 고하에 상관없이 19벌, 대렴에는 신분에 따라 30~100벌까지 겹쳐 입혔다는 기록이 있습니다. 따라서 친척과 친구들이 부조로 수의를 보내는 예가 있었습니다.

9) **치영좌설혼백(置靈座設魂魄):** 영좌를 설치하고 혼백을 만들며 명정을 만들어
세웁니다.

시신의 남쪽에 걸 수 있는 횃대를 세우고 수건으로 덮어
병풍처럼 만듭니다. 그 앞에 의자를 놓고, 의자 위에 방석을
놓고, 방석 위에 남은 의복을 올리고, 그 위에 흰 명주를 묶
어 만든 혼백을 넣은 상자를 올립니다. 의자 앞에는 탁자를
설치하고 향로, 향합, 술잔, 주전자, 술과 과일을 진설하는데
혼백은 전을 바칠 때 외에는 흰 명주 수건으로 덮어서 먼지
를 막습니다. 시종은 아침저녁으로 빗, 세숫물, 봉양 도구들

〈동심결〉

을 평상시처럼 진설합니다. 귀신이 의지하도록 항시 진설해놓는 전(奠)과 끼니때
에 맞춰 올리는 귀신의 식사(饋)를 올릴 때만 상자를 열고 혼백을 세워 의자에
기대어둡니다. 다른 때에는 혼백을 상자에 넣어 뉘여놓습니다.

혼백은 영혼을 깃들게 하여 안치시키는 신주 대용품인데, 고례(古禮)에 어떻게
만들었는지는 자세히 전해지지 않습니다. 보통 흰 비단을 겹겹이 접고 묶어서 만
드는데, 조선 후기에는 동심결(同心結)처럼 꿰어 묶어서 그 위로 머리와 사지 등
을 만들어 사람 형상과 비슷하게 만들기도 했습니다. 이미 조선 후기부터 초상화
를 그려 혼백 뒤에 놓았다는 기록이 있는데, 오늘날 영정 사진을 놓는 것과 비슷
했다고 보면 됩니다.

옷 시렁(椸)

교의(交倚)

10) 입명정(立銘旌): 명정을 만들어 세웁니다.

죽은 영혼은 당황하여 자기가 누군지 분별하지 못할 수 있기에 이름과 지위 등을 적은 깃발을 세워 헤매는 것을 방지합니다. 그것이 바로 명정입니다. 즉, '이곳에 있는 널이 누구의 널이다'라는 표식입니다. 널이란 시신이 관 안에 있을 때를 이르는 표현입니다. 시신이 목욕, 습 등을 위해 상 위에 있을 때는 '시(尸)'라고 쓰고 관 안에 있을 때 '널 구(柩)'라고 씁니다. 명정은 붉은 비단에 '모관모공지구(某官某公之柩: 무슨 관리 누구 공의 널)'이라 써서 대나무 깃대에 매어 영좌의 오른쪽(동쪽)에 기대어놓습니다. 만약 관직이 없다면 살아 있을 때의 칭호대로 쓰는데 '처사' 등으로 쓰거나 그것도 없으면 '학생'이라고 씁니다. 양반 계층의 깃대는 7자(약 210cm), 정은 3자(90cm) 정도를 씁니다. 부인은 '모봉모관모씨지구(某封某官某氏之柩)'라고 씁니다. '모봉'은 예전에 있었던 내명부의 봉작을 말하고, '모관'은 성씨의 본관을 말합니다. 예전의 여자들은 남편의 관직에 따라 내명부의 봉작을 받았기에 남편이 관직이 없으면 봉작도 없습니다. 봉작이 없는 부인은 '유인(孺人) 모씨 부인'이라고만 씁니다.

(2) 2일 차

세 번째 의식 소렴(小殮): 소렴부터는 2일째입니다.

9가지 소절차: 진소렴의금(陳小殮衣衾), 괄발이마(括髮以麻), 금의(衾衣), 천습전(遷襲奠), 수소렴(遂小殮), 빙시곡벽(憑尸哭擗), 단괄발(袒括髮), 내전(乃奠), 곡진애불절성(哭盡哀不絶聲)

1) 진소렴의금(陳小殮衣衾): 소렴할 옷과 질과 대를 펼쳐놓는다.

습을 한 다음 날, 즉 이틀째의 일입니다. 옛날에는 습과 염을 함께 하지 않았는데 현대에는 같은 날에 합니다. 습은 목욕시키고 옷을 입혀 이불로 덮는 것이고, 염(殮)이란 시신을 옷과 이불로 싸는 것을 말합니다. 습을 할 때는 옷 여러 벌을 꿰어서 한 번에 입히지만, 염을 하는 옷은 입히지 않고 감싸고, 덮고, 깔기만 합니다. 이것이 습과 염의 다른 점입니다. 그런데 옷과 이불의 수에 많고 적은 차이가 있어서 대렴과 소렴이란 이름의 차이가 생겼습니다.

집사는 소렴할 옷과 이불을 방에 폅니다. 고대에는 존귀를 따지지 않고 19벌을 사용했습니다. 하도 많아서 서쪽부터 남쪽, 동쪽으로 돌려가며 진설해도 옷과 이불이 남을 정도였다고 합니다. 때문에 가난하거나 객사한 경우에는 예를 다 갖추기가 어려웠습니다. 그래서 조선 중기, 우계(牛溪) 성혼(成渾: 1535~1598) 선생 같은 분은 자신을 염할 때가 되면 "명주를 쓰지 말고 베로 옷을 입히고 종이 이불로 염을 하라"며 스스로 검약의 모범을 보이기도 했습니다.

옛날에는 수의로 명주 등의 비단을 많이 썼고, 솜을 넣거나 옷가지의 수를 많이 하여 최대한 시신의 몸을 겹겹이 쌌습니다. 그렇게까지 하는 이유는 시신을 보호하고자 해서입니다. 과거에는 신분에 따라 3~9개월까지 장이 길었습니다. 날이 긴 만큼 시신이 계속 썩어가기에 옷과 솜이불을 두툼하게 채운 후 염포로 바짝 묶으면 속에서 육신이 썩어도 형체를 보존할 수 있었습니다. 두툼한 염포가 해충과 쥐들의 침입을 막아주고, 외부의 충격으로부터 보호해주기 때문입니다. 더불어 썩어가는 모습과 냄새 등을 감추어 사람들이 혐오하는 느낌을 갖지 않도록 할 수 있었습니다. 따라서 평상시에 사용하던 예복, 제복, 관복, 평상복 등과 친척, 지인들이 보내주는 수의를 사용하여 많은 옷을 습과 염에 사용하였습니다. 이러한 이유로 모시나 얇은 삼베 등은 수의나 염에 사용하지 않았고, 여름일지라도 솜옷과 솜이불을 사용했습니다. 하지만 오늘날에는 시신을 실온에 장기간 두는 경우는 거의 없으므로 솜옷, 비단옷, 솜이불 등을 사용할 필요는 없습니다.

또 습을 할 때는 옷을 겹쳐서 입혀드리는데, 이때 가장 좋은 옷을 겉쪽에 입혀드립니다. 하지만 소렴 때부터는 시신을 반듯하게 하는 것이 목적이기에 입히지 않고 묶거나 덮어드리기만 합니다. 따라서 좋은 옷을 시신과 가까운 제일 안쪽에 둡니다. 반면 대렴은 보호하는 의미가 강하며 전체적으로 싸는 형태이므로 좋은 옷을 가장 바깥쪽에 둡니다.

염은 옷을 위주로 하기에 소렴 때는 신분 고하를 막론하고 19벌의 옷을 사용했습니다. 9라는 수는 새로운 시작인 '0' 바로 직전의 수입니다. 곧 9는 완전하게 채웠음을 의미합니다. 옷들은 아래에도 깔고 위에도 덮는데 수가 매우 많기 때문에 최종적으로 염포로 묶습니다.

이 절차 역시 끝나면 전을 올립니다.(※ 이후로도 한 절차가 끝날 때마다 전을 올립니다.)

2) 괄발이마(括髮以麻): 복 머리를 합니다.

삼베 끈으로 상투를 틀어 묶습니다. 여자는 삼베 끈으로 북상투(아무렇게나 올려 틀은 상투) 머리를 합니다.

〈괄발이마〉

3) 금의(衾衣): 염할 포와 옷을 폅니다.

소렴할 상을 펴고 자리와 요를 서쪽에 깔고 염할 때 사용할 포와 이불과 옷을 깔아서 들고 시신 남쪽에 둡니다. 소렴할 옷과 이불 등을 펼쳐서 겹겹이 깔아놓고 준비하는 단계입니다.

먼저 가로매(가로로 된 염포) 셋을 아래에 펴서 몸을 둘러 서로 묶을 준비를 하고, 세로매(세로로 펴는 긴 염포) 하나를 위에 펴서 머리를 덮고 발에 이를 수 있도록 준비합니다. 그 위에 이불을 깔고 제복이나 상의 등을 깝니다. 이때 좋은 옷은 뒤에 펴서 안쪽(시신 쪽)으로 가게 두는데, 하의를 상체 쪽에 두지 않도록 주의합니다.

4) 천습전(遷襲奠): 전을 당으로 옮깁니다.

아직 살아계신 듯 모시는 단계이므로 혼백이 의지하라고 차려놓은 전(奠)은 시신이 있는 방 밖으로 나가지 않는 것이 원칙입니다. 하지만 염을 할 때는 방해가 될 수 있으므로 잠시 물려놓습니다. 현대에는 빈소와 별도로 염습 공간이 마련되어 있어 이러한 것을 고려할 필요가 없어졌습니다.

5) 수소렴(遂小殮): 마침내 소렴을 합니다.

손을 씻고 남녀가 함께 부축하여 조심스레 시신을 들어 소렴상 위에 펼쳐놓은 염포와 이불과 옷 위로 옮깁니다. 베개를 빼낸 후 명주를 펴고 옷을 겹쳐 머리에 굅니다. 겹친 옷들을 말아서 두 어깨의 빈 곳을 채우고, 또 옷들을 말아 양다리 사이에 끼웁니다. 이는 하체가 상체에 비해 가늘고 작으므로 옷을 말아 양다리 사이에 끼워 상체와 가지런하게 맞추는 것입니다. 전체적으로 빈 곳 없이 반듯하고 모나게 모양을 맞추어 묶을 때 몸이 상하지 않게 한 후 나머지 옷으로 시신을 덮는데 왼쪽으로 여밉니다.

습할 때까지는 오른쪽으로 옷섶을 여몄으나 소렴부터는 살아 있을 때와 반대쪽인 왼쪽으로 옷섶을 여미는 것이 특징입니다. 또한 소렴부터는 매듭을 끝내버리고 고를 만들지 않습니다. 다시 풀 일이 없기 때문입니다. 이는 죽음을 완전히 인정한다는 의미가 있습니다.

이후 이불로 싸고 밑에 깔아두었던 가로와 세로의 긴 염포(끝이 세 가닥씩 나뉘어 있다)를 정해진 방식으로 여미어갑니다. 염포의 세 가닥 중 두 가닥은 여미고 마지막 셋째 가닥은 중앙에서 묶는데 새끼 꼬듯 비틀어서 꽂기만 합니다. 만약 시신이 안에서 움직이면 고는 스스로 풀리는데, 아직도 살아나기를 바라는 효자의 마음을 담는 의미입니다. 염을 다 마치면 이불로 덮습니다.

6) 빙시곡벽(憑尸哭擗)

염이 끝나면 주인과 주부는 시신에 기대어 곡을 하고 가슴을 칩니다. 자식은 부모의 시신에 기대어 곡을 합니다. 부모가 자식에게, 남편이 처에게, 그리고 형제에게는 붙잡고 곡했고, 며느리는 시부모의 옷깃을 받들고 곡하며 시아버지는 며느리를 어루만지며 곡했다고 합니다.

7) 단괄발(袒括髮)

곡이 끝나면 별실에 들어가 옷과 머리를 바꾸는 변복(變服)을 합니다. 상주는 한쪽 소매를 빼어 입는데 이것을 단(袒)이라 합니다. 아버지의 상에는 양을 상징하는 왼쪽의 팔을 끼우지 않고, 어머니의 상에는 음을 상징하는 오른쪽 팔을 끼우지 않습니다. 너무 황망해서 옷도 제대로 입을 틈이 없는 죄의식과 슬픔을 상징합니다. 초종 때 풀었던 머리를 삼베로 싸매어 묶고 하얀 상중 머리 두건을 씁니다. 형제나 사촌 등 촌수가 먼 사람들과 여자들도 각자의 예법에 맞는 형태로 옷과 머리에 상중임을 표시합니다. 삼씨가 붙은 '터드레'라고 하는 수질(首絰)과 허리띠 요질(腰絰)을 두릅니다.

8) 내전(乃奠)

환복(換服: 옷 갈아입기)이 끝나면 시신을 당 가운데로 다시 모셔놓고 전(奠)을 올립니다.

9) 곡진애불절성(哭盡哀不絕聲)

주인 이하는 곡을 하여 슬픔을 다합니다. 서로 돌아가며 곡을 하여 곡소리가 끊이지 않게 합니다.

(3) 3일 차

네 번째 의식 대렴(大斂): 3일째

5가지 소절차: 진대렴의금(陳大斂衣衾), 내대렴(乃大斂), 내설전(乃設奠), 각귀상차(各歸喪次), 지대곡자(止代哭者)

1) 진대렴의금(陳大斂衣衾)

혹여 살아나실까 기대하는 마음을 표현하는 것으로 돌아가신 지 3일을 기다렸다가 대렴을 합니다. 사흘째에도 살아나지 못하면 더 이상 살아날 가능성이 없다고 보아 사흘째에 예를 행했습니다. 과거에는 의료기술이 발달하지 않아 사망 판정이 정확치 않았습니다. 그래서 미미하게 숨이 붙어 있는 분을 돌아가셨다고 착각하고 있다가 상례 진행 중에 되살아나는 경우가 드물게 있었다고 합니다. 실제로 조간자라는 사람이 10일 만에 소생했다고 하는 기록도 있습니다. 또한 예전의 상례는 복잡하고 준비할 물품도 많았으며, 교통이 발달하지 않아 친인척들이 도착하는 데도 많은 시간이 걸렸습니다. 그래서 상례에 사용하는 기물 등의 준비가 덜 끝났다면 사흘을 넘겨 대렴을 하는 것도 무방하다고 여겼습니다. 현대에도 장례를 치를 때 해외에 나가 있는 가족, 친지들의 도착 시간을 고려하여 장례 기간을 조정하는 경우가 있습니다. 즉, 예의 형식보다 근본 정신이 더 중요하기에 반드시 삼일장을 치르지 않더라도 예법에 어긋난다고 할 수는 없습니다.

집사는 대렴에 사용할 옷과 이불을 진설합니다. 소렴은 천자로부터 서인까지 모두 똑같이 19벌이었지만 대렴은 신분에 따라 다릅니다. 왕은 100벌, 대부는 50벌, 사(士)는 30벌을 사용했습니다.

옷의 수가 이처럼 많다 보니 솜이불도 한 채로는 다 덮을 수가 없었습니다. 즉 아래에 깔고, 위에는 덮어야 해서 2채나 필요했습니다. 그리고 그 모두를 싸야 하는 염포도 클 수밖에 없었습니다. 그래서 대렴할 때 쓰는 염포는 세로로 까는 것이 셋, 가로로 까는 것이 다섯 장이나 되었습니다.

전을 올릴 도구를 진설하고, 관을 들고 들어가 당 가운데에서 조금 서쪽에 둡니다. 집사는 영좌와 전(奠: 소렴에 사용한)을 옆으로 옮기고 대렴에 사용할 도구를 동쪽 벽 아래에 차례대로 구분해 진열해놓습니다.

끝나면 일꾼들은 영구를 들고 들어가 시신을 상의 서쪽에 놓고 받침대 두 개로 받쳐놓습니다. 모시는 자들은 관 속에 찰기장을 태운 재를 깔아 평평히 고르고, 그 위에 두꺼운 백지를 깔고, 다시 칠성판을 내리고, 그 위에 색깔 있는 비단 요와 사방에 비단으로 가선을 두른 자리를 한 장 깝니다.

이불을 관 가운데에 넣고, 그 가장자리는 밖으로 빼내놓습니다. 가로매 2폭 반을 찢어서 다섯 가닥으로 만들어 깔아 추후 몸체를 싸 묶는 데 대비합니다. 끝을 세 가닥으로 나눈 세로매를 그 위에 펴서 머리와 발을 덮는 데 대비합니다. 그 위에 이불을 펴고 단령(團服: 일종의 관복, 신랑이 혼례 때도 입었습니다)을 펴고, 산의(散依: 여러 옷가지들)를 폅니다(뒤집거나 거꾸로 놓아도 되는데 반듯하기만 하면 됩니다). 좋은 옷들이 바깥으로 가도록 밑에 깝니다.

시신에서 나온 체액이나 분비물 등이 관에 차는 것을 막기 위해 관의 제일 아래에는 재를 깔고 그 위에 분비물 등이 밑으로 빠질 수 있도록 구멍이 뚫린 나무판을 얹습니다. 이 나무판을 칠성판이라 하는데, 선조들은 나무판에 뚫은 구멍에도 상징과 의미를 새겨 넣었습니다. 칠성판의 일곱 구멍은 북두칠성을 상징한 것입니다. 늘 변하는 하늘의 별자리 중 항시 변하지 않는 북극성을 옛 사람들은 천제(天帝: 하느님)가 사는 자미궁으로 여겼습니다. 그리고 북극성을 중심으로 돌며 주위의 28수를 주관하고 모든 별들을 통제하는 것이 북두칠성입니다. 그래서 옛 사람들은 북두칠성을 천제가 타고 다니는 수레라 부르기도 했습니다. 또한 우리 민족은 오랫동안 북두칠성을 영혼의 고향으로 믿어왔습니다. 그래서 가야, 고구려, 신라의 고분 천장이나 관 덮개에서는 심심찮게 북두칠성과 남두육성[10]이 발견됩니다. 어둡고

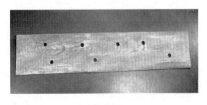

〈칠성판〉

---

10) 여름철 남쪽 하늘에서 관찰되는 6개의 별자리. 모양이 북두칠성과 닮아 남두육성(南斗六

한정된 시기에만 보이는 남두육성은 한·중·일 중 유난히 우리나라에서 더 중시됐는데 생명을 관장한다고 믿었기 때문입니다. 그리고 남두육성의 주관으로 태어난 존재의 수명, 관록, 학문, 재운, 죽음을 주관하는 것이 바로 북두칠성이었습니다. 특히 한민족은 칠성에서 왔다는 믿음이 강해 죽은 후에는 꼭 저 하늘의 칠성으로 되돌아가고자 하였습니다. 그래서 사람이 죽으면 북두칠성이 새겨진 판을 넣어 영혼의 고향인 북두칠성으로 무사히 돌아가기를 염원하는 것입니다. 즉 칠성판은 산자들이 영혼에게 선물하는 사후 세계의 이정표이자 지도였습니다.

2) 내대렴(乃大斂)

시종은 자손, 부녀들과 모두 손 씻고 머리를 가리고 염포를 묶어서 함께 시신을 들어 관 속에 넣습니다. 생전에 모아두었던 빠진 치아와 머리카락, 목욕 절차 때 모아둔 빠진 머리카락, 그리고 손발톱 모아놓은 것들을 오낭에 넣어 관 사방 모서리에 넣습니다. 옛날에는 평소 머리를 빗거나 손발톱을 자르고 나온 것들을 일생 모아두는 풍습이 있었습니다. 부모에게 받은 몸의 일부이기에 함부로 버리지 않았던 것입니다. 오낭은 다섯 개의 주머니인데, 네 개에 각각 '좌수, 우수, 좌족, 우족'이라 써서 좌우의 손발톱을 구분해 넣습니다. 나머지 한 개에는 머리카락을 넣습니다.

남은 빈자리들은 옷을 말아서 실하게 채워 넣는데 관이 움직여도 시신이 흔들리지 않도록 하기 위함입니다. 끝나면 밖으로 빼두었던 이불 끝을 거두어 발→머리 → 왼쪽 → 오른쪽의 순서로 덮은 후, 관 가운데가 평평하도록 가득 채워 시신이 움직이지 않게 하고 천금(天衾: 이불)을 덮습니다.

주인과 주부는 곡을 하고 부인은 장막 안으로 들어갑니다. 그리고 장인을 시켜 덮개를 덮고 못을 박습니다. 관의 머리 쪽에 '上' 자를 쓰고 관의 아래 부분부터 5~6곳을 단단히 묶어 관을 들 수 있는 줄을 만듭니다.

사용했던 상을 치우고 구의(柩衣: 출관할 때 관 위에 덮는 누런 베)를 덮습니다. 명정을 가져와 널의 동쪽에 세워 귀신이 어둠에서 편안히 있을 수 있도록 합니다.

星)으로 불린다. 서양 궁수자리의 일부이며, 동양에서는 28수 중 두수(斗宿)에 해당한다. 장수(長壽)의 별자리로 알려져 있다. 남두육성신은 인자한 모습에 흰 옷을 입고 있다고 한다. 남두육성에 빌어 수명을 연장했다는 설화들이 종종 보인다.

후대에는 관에 명정을 덮기도 했습니다. 옮겨놨던 영좌를 예전 장소에 설치하고 부인 두 사람이 지키게 합니다. 머리빗 등 봉양하는 도구들은 살아 있을 때와 같이 진설해둡니다.

대렴이 끝나면 빈(殯)을 하기도 합니다. 빈이란 일종의 가매장인데 신분에 따라 기일이 달랐습니다. 천자는 7일 후 빈을 하고 7개월 후에 장사를 지내고, 제후는 5일 후 빈하고 5개월이 지나 장사 지내며, 대부·사·서인은 3일이 지나 빈을 하고 3개월 후에 장사 지냈습니다. 왕이나 귀족들은 능이나 묘를 만드는 데 많은 준비 기간이 필요했고, 일반인들 역시 장지를 마련하고 여러 가지 준비를 하는 데 시간이 필요했습니다. 수공업이 많았기에 상구를 제작하고 운송하는 데 많은 시간이 걸렸기 때문입니다. 그래서 제대로 예를 갖추려고 하면 3일 만에 상구를 준비하여 장례를 치르고 장지까지 도착하는 것은 불가능했습니다. 이러한 까닭에 장사 지내는 시간이 오래 걸렸고, 때문에 시신을 그냥 방치할 수가 없어 가매장을 한 것입니다. 세속의 풍장, 초빈 등의 빈장은 육탈 후 뼈만 추려 묻지만 유교식 빈장은 입관한 그대로 매장했습니다. 가매장을 하는 방법은 지역, 풍토, 계절, 기후 등에 따라 다양합니다. 『가례』에서는 서쪽 계단 위에 관 뚜껑을 고정하는 나비장[11]이 보일 만큼만 묻은 후, 벽돌을 쌓고 흙을 바르고 나무로 덮고 휘장을 쳤다고 합니다. 그리고 관 옆에 냄새가 강한 볶은 기장과 생선포를 두어 개미나 하루살이들이 그쪽으로 향하도록 하였습니다.

※ 대렴을 마친 관은 영구(靈柩)라 칭합니다.

3) 내설전(乃設奠)

옛 사람들은 늘 차려놓는 음식상인 전(奠)에 영혼이 의지한다고 믿었습니다. 실제로 음식에 영혼이 깃든다는 의미보다는 일종의 상징으로 이해해야 합니다. 부모를 생각하며 음식상을 올리는 자식의 마음속에 돌아가신 분은 살아계시기 때문입니다. 오늘날에도 영정 앞에 제단을 마련하고 항상 꽃이나 간단한 주과포를 차려두는 것은 여기서 비롯된 풍속입니다. 대렴 후 전을 새로 올리는데 이것이 마지막 전입니다. 이후부터는 더 이상 전을 올리지 않습니다.

---

11) 널을 이을 때 쓰는 대표적인 접합 방법. 두 장의 널 사이에 나비 모양의 나무쪽을 끼워서 잇는다.

빈(殯)을 할 때 시신의 머리는 아직 남쪽을 향해 두는데(산 자는 머리를 남쪽에 두고, 죽은 자는 북쪽으로 둡니다) 역시 같은 맥락입니다. 정식으로 신주가 만들어지고 영혼이 신으로 승화되기 전이므로 아직까지는 살아계신 듯 모시는 것입니다. 이 때부터는 돗자리를 까는데, 돗자리는 귀신과 더 가까운 물건이라 주로 제사 때 사용합니다. 점점 산 자들의 세계에서 멀어지고 귀신의 세계와 가까워지고 있음을 상징하는 것입니다. 이러한 의식을 통해 산 자들은 얼마 전까지 얼굴을 마주했던 가족의 죽음을 받아들이고 점점 조상신으로 인식하게 됩니다. 또한 고인의 흩어진 혼백이 빨리 안정하고 가야 할 곳으로 잘 돌아가서 올바른 조상신으로 존재하기를 염원합니다.

4) 각귀상차(各歸喪次): 주인 이하는 각자의 상차(장례 기간 중 거주하는 공간)로 돌아갑니다.

유교는 봉건사회의 신분질서와 혈연을 중심으로 한 종법제도를 기본으로 합니다. 따라서 각 사람들의 관계와 위치를 세밀히 구별하고 그에 따라 복식과 행동과 위치가 달라집니다.

참최복(부친상을 당했을 경우 3년간 입는 상복을 참최복이라 하고, 아들, 며느리, 딸이 입습니다)을 입은 자들은 중문 밖에 허름한 여막을 짓고 상차를 마련하여 3년간 거적을 깔고 흙덩이나 짚자리를 베고 잤습니다. 머리와 허리의 질(삼베와 함께 왼새끼로 꼰 둥근 테)을 벗지 않고 근심하는 모습으로 남들과 함께 앉지 않고, 어머니를 뵐 때가 아니라면 중문 밖에 있을 뿐, 중문 안으로 들어가지 않습니다.

재최복(모친상을 당했을 경우 3년간 상복을 입는 것을 재최복이라 하고 아들, 며느리, 딸이 입습니다)을 입은 자들은 돗자리를 깔고 잡니다.

대공(9개월 상복, 4촌 형제자매) 이하는 빈을 끝내면 거처로 돌아가는데 석 달 후에나 안채의 침소로 들어갈 수 있었습니다. 즉, 자기 집으로 돌아가 석 달간은 바깥채에서 생활하다가 석 달이 지나야 부인이 있는 안채에도 들어갈 수 있었습니다. 옛날에는 부부가 각각 바깥채와 안채에서 나눠 살다가 밤에만 남편이 안채에 들어가 잤습니다.

5) 지대곡자(止代哭者)

대곡은 교대로 곡하여 곡이 끊어지지 않게 하던 것을 말하는데, 이때부터 대

곡을 멈춥니다. 아침 저녁에만 곡을 하거나 생각나면 곡을 합니다.

(4) 4일 차 이후

다섯 번째 의식 성복(成服): 4일째, 상복을 입습니다.

5가지 소절차: 입취위조곡상조(入就位朝哭相弔), 오복설명(五服說明), 조석곡전(朝夕哭奠), 곡무시(哭無時), 삭일조전설찬(朔日朝奠設饌)

1) **입취위조곡상조(入就位朝哭相弔)**: 들어가 자기 위치에서 조곡을 하고 서로 조문한다.

4일째 되는 날 다섯 가지 상복을 입을 범위에 속하는 자[오복(五服)]들은 괄발(삼베 끈으로 대충 튼 상투), 문복(免服: 재최복 이하 사람들이 관을 벗고 머리를 묶는 것), 복상투(삼베 끈으로 대충 쪽진 머리) 등을 제거하고 자신에게 맞는 상복을 입습니다. 상주는 상장 지팡이를 짚습니다.

주인이 영좌가 모셔진 당의 문을 열면 다시 당의 제 위치로 나아가 자리하고 상주는 친지와 빈객들에게 세 번 절한 후 영좌가 있는 당 위로 나아가 곡을 합니다. 복을 입어야 하는 친지들은 따라 곡을 합니다.

아침곡(조곡)이 끝나면 가족끼리 서로 조문을 합니다. 항렬이 낮은 자손들이 윗 남성 항렬분들께 나아가 마주보고 꿇어앉아 곡하고, 다시 윗 여성 항렬분들께 나아가 마주보고 꿇어앉아 곡하며 서로에게 조문합니다. 여상주들은 윗 여성 항렬분들께 먼저 조문하고 윗 남성 항렬분들께 조문합니다.

오늘날에는 장례 기간이 짧은 관계로 임종 즉시 상복으로 갈아입습니다. 남자는 상하 검정 양복을 입고, 여자는 흰색이나 검정색 치마저고리를 입습니다. 2일 차 입관이 끝난 후 남자는 완장을 차고, 여자는 머리에 흰색 리본을 꽂는 것이 현대 장례의 모습입니다.

2) **오복설명(五服說明)**

초종부터 4일째 성복 이전까지는 역복(易服)이라 하여 장신구 등을 제거하고 하얀 옷을 입고 머리를 풉니다. 3년 동안 부모가 키우고 가르쳐주신 은혜를 생각하며 소박한 근본의 모습으로 돌아갑니다. 그래서 대렴 이후 바로 성복하지 않고 하루를 더 기다려서 성복을 합니다. 살아나시기를 바라는 마음을 하루를 더 기다리며 표현하는 것입니다. 예전에는 대렴 이후 4일째서야 상복으로 갈아입었지만, 현대는 삼일장으로 모든 절차가 끝나므로 첫날부터 성복을 합니다. 여기서 잠시 상복의 유래와 의미에 대해 알아보겠습니다.

약 4,070여 년 전, 하나라 이전에는 평상시나 상중이나 하얀 옷(백포의)에 하얀 관(백포관)을 쓰고 다녔습니다. 그러다 하나라 이후에는 상중에만 백포관과 백포의를 착용하였습니다. 상복은 슬픈 마음을 겉으로 드러내고자 입는 것입니다.

죽음은 가깝고 먼 관계에 따라 슬픔의 정도가 다를 수밖에 없습니다. 부모의 죽음과 먼 친척의 죽음이 같을 수는 없는 것입니다. 이처럼 슬픔의 깊이가 다르기에 그것을 표현하는 용모의 꾸밈에도 다름이 생겼습니다.

유교식 상례에서는 5등급의 옷과 2종류의 지팡이로 슬픔의 정도를 표현했습니다. 혈연적, 의리적(양자로 입적된 의리)으로 가까울수록 더 열악한 죄인의 형상을 표현하고, 멀어질수록 작은 죄인의 모습을 갖춥니다. 하지만 인간관계는 여러 특수성과 변수가 있기 때문에 실질적으로 관계의 가깝고 먼 정도를 딱 5등급으로 표현해낼 수는 없습니다. 그래서 혈연적, 의리적 명분에 따라 5종류의 상복을 다시 정복(正服: 그대로 입는 것), 종복(從服: 배우자 등의 복을 따라 입는 것), 가복(加服: 원래 복보다 더 중하게 입는 것), 의복(義服: 복을 입을 관계는 아니나 의리상 입는 복), 강복(降服: 원래의 복보다 낮춰 입는 것)으로 나누고 지팡이(상장)를 짚고 안 짚고로 나누어 더 많은 친소 관계를 표현하였습니다. 때문에 친소 관계에 따라 올바른 상복을 정하는 것은 예송논쟁과 같은 사화(士禍)를 일으킬 정도로 매우 복잡한 일이었습니다.

본 책에서는 5등급의 정복(正服: 가감하거나 배우자를 따라가거나 의리상 행하는 것이 아닌 원래 의미대로의 상복)만을 살펴보겠습니다. 또한 대공복 이하부터는 좋은 삼베로 지어 평상시 쓰는 옷감과 크게 다르지 않으므로, 여기서는 부모상에 입는 참최와 재최의 특징만을 자세히 살펴보겠습니다.

① 참최(斬衰) 3년복: 부친상에 아들, 딸, 며느리가 입음

아버지는 하늘입니다. 하늘이 무너졌으니 가장 큰 죄인의 모습을 하고 가장 큰 슬픔을 표현합니다. 가공하지 않은 가장 굵은 생포로 옷의 아랫

단은 꿰매지 않고 솔기를 노출하여 너덜너덜하게 만듭니다. 차마 꿰매 입을 정신도 없다는 황망함을 의미합니다. 색은 누렇다 못해 거무스레한데 마음이 쪼개질 듯 아파서 형용이 검고 창백해졌음을 표현하는 것입니다. 또한 의도적으로 삼베 조각들을 앞뒤에 덕지덕지 달아 걸인의 옷차림처럼 꾸며 죄책감을 드러냅니다. 그리고 몸도 가누지 못할 정도로 슬프니 지팡이(喪杖)를 짚습니다. 지팡이는 본래 작위를 표시하는 물건으로도 쓰였는데, 상중에는 상주임

굴건
두건

과거 주상은 두건 위에 굴건을 얹어 구분하였다.

을 표시합니다. 남자는 검은 대나무 상장을 짚고 여자는 지팡이를 짚지 않습니다. 또한, 상을 당한 자식은 죄인이니 새끼로 꼰 줄을 머리와 허리에 묶습니다. 머리에 두르는 새끼줄은 수질(首絰)이라 하고 허리에 두르는 것은 요질(腰絰)이라고 합니다. 이때 씨가 붙어 있는 삼으로 왼새끼를 꼬아서 낳아주신 아버지를 생각합니다. 수질 위에는 두건을 하여 머리를 감추는데 상주는 두건 위에 굴건을 덧붙여 가장 큰 죄인(喪主)임을 표시합니다.

마지막으로 3개월간 씻지 않고, 3일간 먹지 않으며, 잠을 잘 때도 수질과 요대를 벗지 않습니다.

※ 상장 지팡이를 대나무로 만드는 까닭은? 아버지는 자식의 하늘이니 대나무의 둥근 것으로 하늘을 표현하였습니다. 또 대나무는 안팎에 마디가 있는데, 자식들의 마음에도 안팎으로 애통함이 있음을 형상하였습니다. 또 대나무는 사계절 내내 변하지 않으니 아버지를 위한 애통함이 사계절 내내 변하지 않음을 의미합니다. 높이는 심장에 맞추는데 진심을 다하고 있음을 나타냅니다.

② 재최(齊衰) 3년복: 모친상에 아들, 딸, 며느리가 입음

어머니는 땅인데 땅이 무너진 슬픔을 표현합니다. 참최보다는 조금 덜 거친 생포로 만드는데 단을 꿰매고 삼베 조각을 너덜너덜 붙이며 오동나무 지팡이를 짚습니다. 아버지가 돌아가신 후 어머니 상을 당하면 3년을

입지만, 아버지 생존 중 어머니 상을 당하면 재최복은 1년만 입으며 상장을 짚습니다. 살아계신 아버지 앞에서 어머니의 상복을 3년씩이나 입고 있는 것은 아버지에 대해 불편한 마음이 들기에 1년만 입습니다. 대신 나머지 기간에는 심상(心喪)을 합니다. 심상 기간에는 묵최(墨衰)라는 검은 상복을 입습니다. 평소 입는 심의(유학자의 일상 예복)에 흑립과 검은 허리띠를 한 옷입니다. 배우자 상에도 재최복을 1년만 입습니다.

※ 재최부장기(齊衰不杖期) 1년복: 재최복을 입되 지팡이를 짚지 않습니다. (형제, 손자, 조카)

③ 대공(大功) 9개월복: 고인의 2촌 존속과 3촌 비속과 그 배우자
④ 소공(小功) 5개월복: 고인의 3촌 존속과 4촌 비속, 4촌 형제자매와 그 배우자
⑤ 시마(緦麻) 3개월복: 고인의 8촌 이내 존비속, 기타 애도하는 모든 사람

3) 조석곡전(朝夕哭奠)

곡을 그치고 나서 전을 올리는데 아침과 저녁으로 행합니다. 음양이 교차하는 시기에 부모를 생각한다는 것을 상징합니다. 시종이 세숫물과 빗 등을 영전 상에 진설하고 혼백을 받들어 영좌에 내놓은 후 전(奠: 제사 지낼 때가 아닌데 제사 지내는 것, 혼백은 형체가 없어 생기가 있는 전에 의지하기에 항시 차려놓습니다)을 올립니다.

음식은 '식해(육장), 초 → 과일·채소 → 술 → 단술'순으로 올립니다.

고기포, 해(식해나 젓갈류) 축은 손을 씻고 분향하고 술을 따릅니다. 옛날에 포나 육장은 상시 갖춰두고 먹던 일상 음식이었기에 올리는 것입니다. 없으면 다른 음식을 올려도 괜찮습니다. 만약 날이 더워 상할 듯하면 차와 술, 과일 등만 남기고 한식경 후에 치웁니다. 형제와 친척들이 망자를 위해 좋은 음식 등을 가져오면 같이 올리고, 제철 음식 중 좋은 것이 생기면 올립니다. 또 삼년상이 끝날 때까지 초하루(朔)와 보름(望)에 별도로 전을 올립니다. 초하루 전은 조금 더 융성하게 차리는데 육고기, 생선, 국수, 밥, 국 한 그릇씩을 올립니다.

축관이 분향, 헌작하면 주인 이하는 재배하고 곡으로 슬픔을 다합니다.

4일째가 되면 식사 시간에는 따로 상식(上食: 혼백에게 올리는 끼니)을 올립니다. 전은 항상 차려놓고 치우지 않지만 상식은 끼니때마다 올려드리고 내립니다. 상

식을 올릴 때 전에서 올렸던 술만 치운 후 새 술을 따라드립니다. 시저접(수저와 젓가락을 올려놓는 그릇)을 탁자 북쪽에 놓고, 고기, 생선, 면, 떡, 밥과 국을 올리는데 생시처럼 국은 오른쪽에 밥은 왼쪽에[좌반우갱(佐飯右羹)] 놓습니다. 반찬을 진설한 후 술을 올립니다. 수저를 꽂고 젓가락을 바로 놓은 후, 잠시 뒤에 숭늉(熟水)을 올리고 또 잠시 뒤에 치웁니다. 상갓집에서 3일간은 끼니를 끊고 아궁이에 불을 피우지 않지만, 4일째부터는 불을 때고 식사를 시작합니다. 아직 영좌에 모셔진 혼백을 살아계신 듯 대하는 마음으로 지내기에 끼니때가 되면 영좌의 혼백께 끼니를 먼저 올리고 식구들이 식사를 하는 것입니다.

4) 곡무시(哭無時)

상을 당한 사람은 늘 부모의 혼백이 계신 영좌를 곁에서 모시며 아직 살아계신 듯 행동하기 때문에 시신이 놓인 널 앞에서 재배하는 예가 없습니다. 그래서 상중의 제례에는 참신(參神)을 의미하는 절도 없습니다. 또한 부모가 자식의 절을 받을 때는 의관을 정제하고 바르게 앉아야 하는데, 이미 빈장(殯葬)을 해서 누워 계시므로 더더욱 절을 하지 않습니다. 산 자는 앉아서 절을 받고, 죽은 자는 누워서 재배를 받는 것이 예입니다. 때문에 효자의 마음은 비록 돌아가셨지만 아직 귀신의 예로 대하고자 하지 않는 것입니다. 이러한 의미에서 아직 자식은 절을 하지 않습니다.

정해진 시간 없이 무시로 곡하는 것은 3가지가 있습니다.

첫 번째, 초상 이후 빈(殯)하기 전까지 곡소리가 끊어지지 않도록 무시로 곡합니다.

두 번째, 빈(殯)을 하고 난 이후부터 졸곡 이전까지 조석곡을 하는 시기에 그리운 마음이 올라오면 여막에서 무시로 곡합니다.

세 번째, 연제(煉臍)를 지낸 후 조석곡도 하지 않지만 그래도 그리워지면 여막에서 무시로 곡합니다.

졸곡 이후부터 연제를 지내기 전까지는 일정한 때에만 곡을 하여 오직 조석곡만 합니다. 하지만 아침이든 저녁이든 슬픔을 느끼면 언제든지 상차에서 곡할 수 있습니다.

여섯 번째 의식 조(弔)

2가지 소절차: 전(奠), 부(賻)

1) 전(奠)

조문할 때는 모두 흰옷을 입고 갑니다. 상사(喪事)는 흰 것을 위주로 쓰는데, 흰 것은 꾸밈없는 소박한 본바탕의 색입니다. 본래 온 곳으로 되돌아가므로 본바탕의 색을 쓰는 것입니다. 반면 길사(吉事: 제례, 혼례, 환갑 등)에는 검은색을 위주로 합니다. 일반적으로 우리가 상식이라 짐작해온 바와 반대의 개념입니다. 일례로, 사극에서 국상이 나면 온 백성이 하얀 옷을 입고, 즉위식을 하면 모든 신료들이 검은 옷을 입고 있는 것을 볼 수 있습니다.

복두와 삼, 허리띠는 모두 흰 생견(生絹: 삶지 않은 명주)으로 만든 것으로 갈아입고 갑니다. 옷을 갈아입는 것은 죽은 이를 애도하는 마음을 겉으로 표현하는 행위입니다.

전제에는 향, 차, 초, 술, 과일을 씁니다.

2) 부(賻)

조문은 조상(弔喪)과 문상(問喪)을 합한 말입니다. 죽은 이와 친분이 있어 영전에 직접 애도를 표하는 것을 조상이라 하고, 산 자와 친분이 있어 산 자에게 위로하는 것을 조위(弔慰: 조상하고 위로한다)라 합니다. 그리고 상주에게 슬픔을 위문하는 것을 문상(問喪)이라 합니다.

예법에 따르면, 죽은 이와 서로 알던 관계라면 영전에 직접 조상하지만 고인과 직접 친분이 없었다면 영전에 직접 조상하지 못했습니다. 또 예전에는 애도를 표하거나 부의를 할 때 글로 남겨 전했는데, 오늘날 부의를 하면서 봉투에 이름, 애도 문장, 부의 내역 등을 쓰는 것과 비슷합니다. 산 사람을 아는 자는 산 사람에게 애도하는 조사(弔辭)를 전하고, 죽은 사람을 아는 자는 죽은 자에게 상사(傷辭)를 전했습니다. 상사를 올리고 간 경우, 자손들은 그 글을 상 위에 올렸다가 한데 모아 태우거나 남기곤 했습니다.

예전에는 상주와 친분은 있지만 고인을 모르거나 여성의 상이면 상주에게만 문상했습니다. 기본은 산 사람을 알면 산 사람에게 조문하고, 고인을 아는 자는 고인에게 상사를 하는 것입니다. 과거에는 가까운 지인을 조상할 때 제문 등의 글을 전상(奠床)에 올려서 애도하기도 했습니다. 상사(傷辭)란 애도하는 말 뿐만 아니라 글을 지어 영좌에 올리고 곡하는 것 등을 포함합니다. 옛날에는 고인이나 상주와의 관계에 따라 이처럼 복잡하게 구분해서 예를 행했지만, 오늘날은 세세히 따지지 않고 영전에 직접 조상하고 문상합니다.

조문에도 원칙이 있는데, 복중(상복을 입는 기간)에 있는 사람은 남의 상가에 가서 곡만 할 뿐 조문은 하지 않습니다. 애도하고 슬퍼하는 마음은 오로지 한곳에 다해야 하기 때문입니다.

조문을 할 때는 상례에 보탬이 되는 물품 등을 보내어 상사를 돕고 함께하고자 하는 마음을 표합니다. 오늘날에는 부의만을 하지만 과거에는 봉(賵), 부(賻), 수(襚)의 세 종류가 있었습니다. 봉(賵)은 거마(車馬)를 보내는 것이고, 부(賻)는 재화를 보내는 것이며, 수(襚)는 옷과 이불을 보내는 것이었습니다. 그중 부의(賻儀)란 재화로 보태고 돕는다는 뜻으로 돈이나 비단을 보내는데 표지에 반드시 그 내용을 글로 적어 보냈습니다.

조문을 하는 순서는 다음과 같았습니다. 빈객과 주인이 모두 관직에 있으면 오늘날의 명함에 해당하는 문장(文狀: 나무나 종이에 이름을 쓴 것)을 갖추어 통지했습니다.

상가에서 이름을 통지받으면 불을 켜고 자리를 펴서 모두 곡을 하며 기다렸습니다.

① 호상이 빈객을 맞이해 오면 빈객은 읍하면서 이렇게 말합니다.

"모(某)께서 돌아가셨다는 말을 듣고 놀람과 측은함을 이기지 못하겠습니다. 감히 들어가 술을 따라 올리고 위로하는 뜻을 펴고자 청합니다."

② 호상이 빈객을 영좌 앞으로 인도하면 곡하고 재배한 후 분향합니다. 차나 술을 올리며 잠시 부복했다가 일어납니다.

③ 호상이 곡하는 사람을 멈추게 하면 축(祝: 축문이나 예식을 읽어주는 사람, 일종의 예식 안내자)이 빈객이 준비해 온 제물이나 전(奠) 올린 목록이나 부의 품목 등을 빈객의 오른쪽에서 읽고 마치면 일어납니다.

④ 빈객과 주인이 모두 함께 곡을 하며 슬픔을 다하고, 빈객은 영좌를 향해 재배합니다.

⑤ 상주가 곡을 하며 빈객 앞에 나가 서향하고 이마를 땅에 대고 재배하면 빈객도 동향하여 곡을 하며 답배하고 다음과 같이 말합니다.

"뜻하지 않은 흉변으로 모친모관께서 갑자기 돌아가셨으니 엎드려 생각하온대 슬픔과 사모함을 어찌 감당하시겠습니까?"

⑥ 이 말에 주인은 답변합니다.

"저의 죄가 너무 무거워 화가 모친(某親)께 이어졌습니다. 엎드려 술을 따라 올려주시고 오셔서 위로해주시니 슬픈 감회를 이기지 못하겠습니다" 라 답하고 또 재배한다.

빈객은 답배하고 서로를 향해 곡으로 슬픔을 다합니다.

⑦ 빈객이 먼저 곡을 그치고 주인을 위로하며 말합니다.

"명의 길고 짧음은 수가 있으니 애통해하신들 어찌겠습니까? 원컨대 효성스런 생각을 억누르시고 뜻을 굽히시어 예제를 따르십시오."

⑧ 빈객은 읍한 후 나가고 주인은 곡하며 제자리로 들어갑니다.

⑨ 호상은 청사까지 전송하여 차와 탕을 대접하고 물러나고 주인 이하는 곡을 그칩니다.

* 조문과 곡: 조(弔)란 산 사람을 위해 하는 것이고 곡(哭)은 죽은 이를 위해 하는 것입니다. 상주와 고인을 모두 알면 조문하고 곡하며, 고인만 알고 상주를 알지 못하면 곡하되 조문하지 않고, 상주만 알면 조문하되 곡은 하지 않습니다.

절하는 예: 하늘에 두 개의 해가 없듯, 한곳에 두 명의 주인은 없습니다. 마찬 가지로 상을 당해서 두 명의 상주가 조문을 받는 예는 없기에 오직 상주만이 이 마를 조아리며 재배하고 나머지 사람들은 곡을 합니다.

일곱 번째 의식 문상(聞喪)

3가지 소절차: 시문친상곡(始聞親喪哭), 역복(易服), 분상(奔喪)

문상(聞喪)은 멀리서 부고를 듣고 예를 행하는 것이고 분상(奔喪)은 부고를 듣 고 장사 지내러 가는 것을 말합니다.

1) **시문친상곡(始聞親喪哭)**: 부모의 상을 들으면 곡으로 알리러 온 사자에게 답 합니다. 또 곡으로 슬픔을 다하며 돌아가신 까닭을 묻습니다.

2) **역복(易服)**

베를 찢어서 상투 앞에 매는 사각건을 만들어 씁니다. 흰 베적삼을 입고 새끼 로 꼰 띠를 매며 삼으로 만든 신을 신습니다. 옷을 다 갈아입으면 그대로 길을 떠납니다. 하루에 100리를 가는데 밤에는 이동하지 않습니다. 아무리 슬퍼도 몸 을 해치는 일은 부모께서 걱정하실 일이므로 피해야 하기 때문입니다. 도중에 슬 픔이 밀려오면 곡을 하는데 시끄럽고 번화한 장소는 피합니다.

문에 들어가 관 앞에 이르면 재배하고 처음 초상을 당한 이처럼 옷을 입고서 머리를 풀고, 맨발을 하고, 한쪽 소매를 빼내어 입고, 영구 동쪽에서 서향하여 곡 을 합니다. 다시 옷을 갈아입을 때는 소렴 대렴 때와 같이 입다가 4일이 지나 날 이 차면 성복합니다. 집안사람들과 서로 조문하고 빈객이 오면 조문을 받습니다.

3) **분상(奔喪)**

만약 갈 수 없는 상황이면 성복하고 훗날 갑니다. 의자 하나를 설치하여 시구 (屍柩)를 대신하고 전후좌우에 예제의 법식대로 자리를 마련한 후 의식대로 곡을 합니다. 다만 전(奠)은 올리지 않습니다. 상을 들은 지 4일 만에 성복을 합니다.

분상하는 자는 화려하고 성대한 옷을 벗고 채비가 갖춰지는 대로 길을 떠납 니다. 돌아가는 길에서도 아침저녁으로 자리를 만들어 전을 올립니다. 집에 도착하면 초종 때처럼 괄발 등은 하지 않는데, 이미 성복한 사람은 다시 머리를 풀거나 한쪽 어깨를 내놓지 않습니다. 가족들과 서로 조문하고 의식대로 빈객에게 절합니다. 만약 이미 장사를 지냈다면 먼저 묘소로 가서 곡하고 절을 합니다.

(5) 31일 차~90일

여덟 번째 의식 치장(治葬)

11가지 소절차: 사후토(祠后土), 천광(穿壙), 회격(灰隔), 각지석(刻誌石), 조명기(造明器), 하장(下帳), 포(苞), 소(筲), 대여(大轝), 삽(翣), 작주(作主)

1) 사후토(祠后土): 후토신(后土神: 토지신)에게 제사 지냅니다.

석 달 만에 장사를 치르는데 기일 전에 장사 지낼 만한 땅을 택합니다. 이때 '석 달'은 반드시 만 석 달을 채우라는 것이 아닙니다. 본래 고례인『예기』「왕제(王制)」에서는 장사까지의 기간을 천자는 7개월, 제후는 5개월, 사대부는 3개월로 정하고 있었습니다. 하지만 송나라 때『주자가례』에 의해 모두 3개월 장으로 정리되었습니다. 조선은 건국 초기에『주자가례』를 따라 3개월 장을 권장했지만 긴 시간만큼 비용과 인력에 많은 무리가 뒤따랐습니다. 이에 조선 초기『국조오례의』에서 대부는 삼월장(三月葬), 선비(士)는 유월장(踰月葬: 달을 넘겨 지내는 장)으로 정하였습니다. 하지만 조선 사회는 대부와 선비의 구분이 명확치 않았기에 삼월장과 유월장은 상황에 따라 혼용되어 사용되다가 조선 후기에는 유월장으로 굳어지게 되었습니다. 삼월장은 돌아가신 달을 제외하고 3개월을 세는 것입니다. 즉, 돌아가신 달로부터 3개월 후에 택일하여 장사를 지내게 됩니다. 반면 유월장은 돌아가신 달을 포함하여 3개월 만에 장사 지내는 것입니다. 이때 3개월은 만 90일을 세는 것이 아니라 그냥 달을 세는 것입니다. 마치 몇 월에 태어났든 다음해 설날이 지나면 모두가 똑같이 한 살을 더 먹는 식의 나이 계산법과 같습니다. 돌아가신 달을 포함해서 3개월 만에 장사 일을 잡기에, 결국 돌아가신 다음 달 정도가 장사 일이 됩니다. 때문에 '달을 넘겼다'는 의미에서 '유월장(踰月葬)'이라 합니다. 삼월장이든 유월장이든 구체적인 장사 일자는 간지를 따져보아 길일이라 판단되는 날로 택일합니다.

즉, 조선 후기의 삼월장이란 곧 유월장을 말하는 것으로, 각자의 상황에 따라 만 1~3개월 후에 장사를 지내게 됩니다. 교통이 불편하던 시절, 먼 곳에서 부음을 들은 조문객들을 배려하고 장사에 필요한 물품과 묘소를 준비하기 위한 시간 확보를 위해 장사 기일을 여유 있게 잡았다고 생각하면 되겠습니다.

이러한 방식으로 각자의 상황에 맞는 장사 일이 정해지면 그날 묘역을 만들고 후토신에게 제사를 지냅니다.

① 주인은 아침 곡을 하고 나서 집사자를 거느리고 정해둔 땅으로 가 땅의 네 모퉁이를 파서 묘역을 만들고 혈을 엽니다. 네 모퉁이를 파낸 흙은 바깥으로 내어놓고, 중앙을 판 흙은 남쪽으로 내놓습니다.

② 네 모퉁이에 각각 푯말 하나씩을 세우는데, 남쪽 문에 해당하는 곳에는 푯말 두 개를 세웁니다.

③ 먼 친척이나 빈객 한 사람을 택해 후토신에게 고하게 합니다.

④ 먼저 축관은 집사자를 이끌고 중간 푯말의 왼쪽으로 남향하여 신위를 설치합니다.

⑤ 잔, 주전자, 술, 과일, 포, 육장을 진설하고 손 씻을 대야와 수건을 두 개씩 동남쪽에 놓습니다. 동쪽의 대야에서는 고하는 사람이 손을 씻고, 서쪽 대야에서는 집사자가 손을 씻습니다.

⑥ 고하는 자(먼 친척이나 빈객이 합니다)는 길복(吉服: 곧 제례복)을 입고 신위 앞에 북향하고, 집사는 뒤에 있다가 함께 두 번 절하고 술을 신위 앞에 따라 올린 후 잠시 엎드렸다가 물러나 섭니다.

⑦ 축관은 고하는 사람의 왼쪽에서 동향으로 꿇어앉은 후 대신 고하는 글을 읽습니다.

> * 고례에는 후토신에게 제사를 지낸다고 나오지만, 조선 후기 『증보사례편람』에서는 '후토신에게 제사 지내는 일은 천자만 할 수 있는 일이니 사족(士)이 후토신에게 제사 지내는 것이 참담하다' 고 지적하였습니다. 그런 이유로 후토신을 토지신으로 고쳐 읽는 곳도 있습니다.

▌축문

> 年號幾年歲次干支幾月干支朔幾日干支 某官姓名 敢昭告于 土地之神
>
> 今爲某官姓名 營建宅兆 神其保佑 俾無後艱 謹以淸酌脯醢 祗薦于神 尙饗
>
> 모년 모월 모일 모관 모씨 아무개는 후토신(토지신)께 감히 고합니다.
>
> 이제 모관 모씨 아무개를 위해 묘역을 조성하오니
>
> 신께서는 보우하시어 훗날 어려움이 없게 해주시옵소서.
>
> 삼가 맑은 술과 포와 육장을 공경히 신께 올리오니 흠향하소서.

⑧ 고하는 사람이 두 번 절하면, 축관과 집사도 재배하고 모두 걷어서 물러
나옵니다.

⑨ 주인이 집으로 돌아오면 영좌 앞에서 곡하고 재배합니다.

2) 천광(穿壙): 마침내 광을 판다.

바로 파 내려가 광을 만들고 빠른 시일 안에 하관하는 것이 좋습니다. 땅은
좁고 깊게 파야 하는데, 땅을 좁게 파면 무너지지 않고 깊으면 도굴이 어렵기 때
문입니다.

〈윤도〉

〈금정기〉

① 집사는 일꾼을 거느리고 산에 올라가 조역(兆域: 점쳐 택한 구역) 안쪽을 평
평하게 다듬고 부토를 치웁니다. 산의 모양을 손상하지 말고 주변의 나무
와 나무뿌리를 모조리 제거합니다.

② 혈로 잡은 곳을 평평히 고른 다음 금정기(金井機: 구덩이의 길이와 너비를 재기

위한 틀)를 놓고 혈심(穴心)을 표시한 곳에 대윤도(大輪圖: 방위를 잡을 때 쓴다)를 놓고 방위와 좌향을 살핍니다.

③ 금정기의 위아래로 정중앙을 표시한 곳에 가는 줄을 묶어 대윤도의 좌향선과 표시해둔 혈심을 맞춥니다.

④ 네 귀퉁이에 말뚝을 단단히 박은 후 그대로 혈심척(穴心尺)에 맞추어 밑으로 파내려갑니다.

⑤ 광을 다 파면 광의 안팎을 쓸고 밖에는 금정기의 사방으로 멍석을 깔고 덮개를 덮어둡니다.

⑥ 사방에 작은 도랑을 만들어 빗물을 막고 밤에는 사람들이 지킵니다.

* 대윤도: 동양철학에 의존해 우주의 삼라만상, 사주팔자, 풍수지리(무덤 자리나 집터)를 정할 때 풍수가(風水家)나 지관(地官)이 방위 결정의 필수적인 기구로 사용하게 되면서 역(易)과 방위를 연결시켜 나타낸 것으로 조선에서는 윤도(輪圖), 중국에서는 나경(羅經)이라 부릅니다.
* 금정기: 광중을 팔 때 광중의 넓이를 정하기 위해 오리나무로 만든 정자형(井字形)의 나무틀을 말합니다. 이는 광중의 크기를 지나치게 넓게 파지 못하게 하고, 또한 반듯하게 틀에 맞게 파도록 하기 위해 사용합니다. 다른 이름으로 '개금정(開金井)', '금정틀'이라고도 합니다.

3) 회격(灰隔)

다양한 설이 있지만 조선 후기의 학자 이의조 선생이 지은 『가례증해』의 설에 따르면 회격의 절차는 다음과 같습니다.

* 광을 파는 일이 끝나면 광 밑바닥에 숯가루를 깔기도 하는데 숯가루는 흙을 기름지게 하여 나무뿌리를 불러들일 뿐이므로 쓰지 않는 것이 좋습니다.

① 광을 다 파면 석회와 고운 모래와 황토를 골고루 섞어 그 위에 펴서 2~3자(60~90cm) 두께로 단단히 다지고 회를 격리하는 얇은 판을 써서 곽의 형상처럼 회격(灰隔: 관과 구덩이 사이를 석회로 메우는 것)을 합니다.

② 석회와 모래, 황토를 섞어 물에 풀어 광 속에 넣고 공이로 찧으며 층층이 쌓아 관보다 1치쯤 높게 합니다.

③ 얇은 판을 위로 뽑아 올리고 다시 석회 등을 넣고 다져서 벽과 평평해지면 그칩니다.

석회는 모래와 섞이면 단단해지고, 황토와 섞이면 차져서 오래되면 돌처럼 단단해집니다. 도적뿐 아니라 벌레나 개미 등도 막을 수 있습니다. 회격을 하는 이유는 고인의 피부에 흙이나 벌레, 나무뿌리 등이 닿지 않게 보호하기 위함입니다.

4) 각지석(刻誌石): 지석을 새깁니다.

⟨지석⟩

돌조각 두 개를 쓰는데, 하나에는 '모관모공지묘(某官某公之墓)'라 새기고 벼슬이 없으면 자(字)를 써서 모씨 누구라 새깁니다. 다른 하나에는 '벼슬, 성씨, 자, 이름, 살던 곳, 아버지, 어머니, 태어난 날짜, 벼슬 내용, 죽은 날, 장사 지낸 날과 장소, 처, 아들 소개, 딸 소개' 등을 새깁니다.

장사 지내는 날 두 돌의 글자 쓴 면을 서로 마주 보게 하여 쇠줄로 묶고, 광 앞 가까운 곳 3~4자(90~120cm가량)에 묻습니다.

┃ 지개식(誌蓋式, 덮개석 서식)

> 관직이 있을 때: 某官 某公 諱 某之墓
> 관직이 없을 때: 某君 某甫(아무개)之墓
> 남편이 살아 있고 봉작이 있는 부인: 某官姓名(남편 벼슬명과 성명) 某封(봉작명) 某氏之墓
> 남편이 살아 있고 봉작이 없는 부인: 某官姓名(남편 벼슬명과 성명) 妻 某氏之墓
> 남편이 관직이 없고 살아 있는 부인: 某君 某甫(남편 자와 성명) 妻 某氏之墓
> 관직에 있던 남편이 죽은 부인: 某官 某公 諱 某封(봉작명) 某氏之墓
> 남편이 관직이 없고 죽은 부인: 某君 某甫(남편 자와 성명) 妻 某氏之墓

▌지개식(誌蓋式, 덮개석 서식)

某官 某公 諱某 字某

원문	예시 내용
某官 某公 諱某 字某 某州 某縣人	예판 전주이공의 휘(고인의 생전 성명)는 혜이고 자는 자운 한성부 사람이다.
考 諱某 某官	부친은 휘는 운기이시니 좌의정을 지내셨고
母 某氏 某封	모친은 김해 김씨로 정경부인에 봉작되셨다.
某年月日生	을미생 계사월 진사일에 태어나시어
( )	(지낸 벼슬과 옮긴 직위를 모두 씁니다.)
某年月日終	정유년 신해월 갑자일에 고종명하시고
某年月日	임인년 을유월 병진일에
葬于某鄕某里某處	대전시 유성구 회덕군 진잠면에 장사 지내었다.
娶某氏某人之女	하동 정씨 하동 현감의 여식에게 장가들었다.
子男某 某官	아들 건회는 예조시랑이었고 　　　정회는 호조판서였으며
女適某官某人	여식은 중추지사 김일권에게 시집갔다.

＊부인은 남자의 지석을 기본으로 하되, 나이 얼마에 모씨에게 시집갔고 남편의 무슨 벼슬로 인해 봉호를 받았음을 기록하고, 없으면 쓰지 않았습니다.

5) 조명기(造明器): 광에 넣을 명기를 만든다.

나무를 깎아 수리, 말, 하인, 시녀가 각각 봉양하는 물건을 가지고 있는 모습을 작게 만듭니다. 평상시의 생활을 형상하되 작게 만듭니다.『국조오례의』에 의하면, 4품 이상은 30가지, 5품 이하는 20가지, 서인은 15가지를 넣었다고 합니다. 하지만 주자는 명기 사용을 탐탁지 않게 여겼습니다. 이유는 명기가 썩고 난 빈 자리에 뱀 등이 꼬이기 때문이라고 합니다. 때문에 조선시대 선비들도 명기는 잘 사용하지 않았습니다.

〈목인형 명기〉(국립민속박물관 소장,
중요민속자료 제264호)

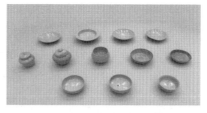

〈은진 송씨 묘역 출토품〉(대전시립박물관 소장)

6) 하장(下帳)

홀, 복두, 신발 등 몸 위에 착용하는 물건을 상복(上服)이라 하고, 평상, 천막, 깔개, 돗자리 등 몸 아래에 쓰는 물건을 하장(下帳)이라 합니다. 하장 역시 평상시의 모습을 형상하여 작게 만들었습니다.

7) 포(苞)

대나무 가리개 하나에 전(奠)으로 쓰고 남은 포 등의 음식을 쌉니다.

8) 소(筲)

원래는 대나무 그릇 5개에 오곡(벼, 기장, 피, 보리, 콩)을 담았지만 조선시대부터는 작은 옹기에 씻은 오곡을 5되씩 담았습니다. 벌레를 끌어들이거나 들어가지 못하게 하고자 옹기를 쓰기 시작했습니다. 또한 자기 그릇 3개에 술, 젓갈, 식해를 담는 의식도 있었으나 역시 벌레를 끌어들이기에 잘 쓰지 않았습니다.

9) 대여(大轝)

상여를 만듭니다. 조선시대에는 마을에서 공동으로 상엿집을 만들고 상구를 보관하며 사용하였습니다. 현대에는 영구차를 사용합니다.

10) 삽(翣)

나무로 테를 짜서 부채처럼 만들고 가선에 구름 모양을 그리고 가운데에 상징을 그려 넣는데 모두 세 종류가 있습니다.
  ① **보삽(黼翣)**: 백색과 흑색의 도끼 모양인 보(黼)를 그립니다. 도끼는 왕권, 통수권을 상징합니다. 곤룡포 등에 도끼 문양을 그려 넣었습니다.
  ② **불삽(黻翣)**: 흑색과 청색의 기(己) 자를 사방에 맞대어 아(亞) 자를 만든 모양. 간지에서 기(己)는 중용의 자리인 토(土)를 의미합니다. 토는 사방과 사계절의 중간에 간여하여 올바른 변화를 유도하고 중화(中和)를 이루게 하는 매개 역할을 합니다. 생수(生數)인 1, 2, 3, 4도 5인 토의 덕을 통해 6, 7, 8, 9, 10의 성수(成數)가 된다고 보는 것이 바로 동양의 수리학입니다. 모든 것의 중심이자 중용을 상징하는 토를 의미하는 글자는 곧 '자기, 몸(己)'을 의미하기도 하는데 이것을 사방에 배치시켜 아(亞)를 만들면 곧 제

왕의 상징이 됩니다. 그래서 왕의 제복에는 아(亞) 문양을 새겨 넣는 것입니다.

③ **화삽(畵翣)**: 구름 모양을 그려놓아서 운삽(雲翣)이라 부르기도 합니다.

본래 보삽, 불삽은 왕만이 쓸 수 있었고 그 이하는 운삽만을 사용했지만 점차 모두 다 사용하게 되었습니다. 옛 풍속을 보면 귀신이나 재액 등을 쫓을 때 '어명(御命)'이라 써 붙이기도 했는데, 유교에서 왕은 천명의 대행자이자 내성외왕(內聖外王: 내적으로는 성인, 외적으로는 왕)으로 여겨지며 현실적으로도 백성들의 생사여탈권을 쥔 강력한 권한의 행사자였습니다. 따라서 왕과 관련된 것을 보이면 왕 아래의 귀신들은 두려워하고 복종하리라 믿었습니다. 마찬가지로 왕권을 상징하는 보삽과 불삽을 앞뒤로 진열함으로써 죽은 영혼을 하늘로 무사히 인도하고 잡귀로부터 보호해달라는 염원을 담았던 것입니다. 세 가지 삽(翣)은 모두 부채처럼 만드는데, 부채는 바람을 일으킵니다. 바람은 구름을 모읍니다. 구름은 신령스러움, 풍요로움, 피안의 세계, 하늘과 땅의 교통 등을 상징합니다. 사람이 죽으면 육신의 기운인 넋은 땅으로 가고 정신의 기운인 혼은 하늘로 올라간다고 믿었는데 고인의 혼이 하늘로 잘 돌아가기를 기원하는 의미를 담은 것입니다.

상여를 화려하게 장식하고, 상여의 좌우를 삽(翣)으로 가로막듯이 호위하는 것은 상여가 길을 지날 때 사람들이 상여를 꺼리거나 혐오하지 않게 하기 위함이었습니다.

11) 작주(作主): 신주를 만든다.

신주는 밤나무로 만드는데 시, 월, 일, 진에서 운행의 원리를 취합니다.

받침은 사방 4치로 사시(4계절)를 형상화하고, 높이는 12치로 12개월을 형상화하며, 너비는 30푼으로 30일의 날수를 형상화하고, 두께는 12푼으로 12시진을 형상화합니다. 위쪽 5푼을 깎아 머리를 둥글게 하여 하늘을 형상하고 모난 받침은 땅을 형상합니다. 이처럼 완전한 조화를 형상화한 곳에 신주를 모심으로써 고인의 영혼이 평화로운 안식에 들어갈 수 있기를 기원합니다. 더불어 신주가 들어갈 신주독(櫝)을 만듭니다. 신주독은 추후 감실에 봉안하여 사당에 모십니다. 영좌의 동남쪽에 탁자를 놓고 글씨를 잘 쓰는 사람이 서향하여 씁니다.

▌신주 서식

앞판: 故 某官 府君神主

(全式과 前式 모두 같음)

옆에 제사를 주관한 사람의 이름을 씁니다.(孝子 아무개 奉祠)

뒷판: 故 某官 封諡 某公 諱某 字某 神主

故 ：부친은 顯考, 모친은 顯妣, 조부는 顯祖考, 조모는 顯祖妣

某官: 남자는 관직을 쓰고 사후 추촌된 관직이 있으면 씁니다. 없으면 學生을 씁니다.

부인은 봉작명을 쓰고, 사후 봉작명이 있으면 쓰며, 없으면 孺人을 씁니다.

封諡: 사후 추존된 시호, 없으면 쓰지 않습니다.

某公: 성씨의 본관을 씁니다.

諱 ：생전의 이름을 씁니다.

某字: 예전엔 관례를 치르면 다 자(字)를 받았는데, 없으면 쓰지 않습니다.

아홉 번째 의식 천구(遷柩)

8가지 소절차: 조전이천구고(朝奠以遷柩告), 봉구조우조(奉柩朝于祖), 천우청사(遷于廳事), 내대곡(乃代哭), 존부(尊賻), 진기(陳器), 조전(祖奠), 견전(遣奠)

1) 조전이천구고(朝奠以遷柩告): 아침 전을 올리고 널 옮김을 고함.

발인 하루 전날, 아침 전을 올릴 때 영구를 옮길 것을 아룁니다. 찬을 차려 전을 올리고 술을 올린 후 북향하여 꿇어앉아 고합니다.

〈고사(古祠)〉

이제 길일이 되어 영구를 옮기려고 감히 아룁니다.

부복했다가 일어납니다. 주인 이하는 곡하고 재배합니다.

2) 조조(朝祖): 영구를 모시고 사당의 조상을 뵌다.

집안에 어른이 계시면 아랫사람은 외출 시 가는 곳을 고하고, 돌아오면 뵙고 인사드려 걱정을 끼치지 않는 것이 자식 된 도리입니다. 이제 널 속의 육신이 집을 떠나 장지로 가야 하니 조상들의 신주가 있는 사당에 마지막 인사를 올리는 것이 도리입니다. 이에 자손들이 돌아가신 분께서 도리를 다 행하고 떠나실 수 있도록 영구를 사당으로 모셔 조상들 신위에 인사를 올리게 해드립니다.

① 널을 옮길 일꾼들이 들어오면 부인은 물러나 피하고, 주인과 여러 상주들은 지팡이를 들고 서서 살핍니다.

② 축은 상자에 혼백을 모시고 앞서서 사당으로 갑니다.

　집사는 제수와 신주를 모실 의자(交倚), 그리고 탁자를 받들고 따릅니다.

　그다음을 명정이 따릅니다.

　명정 다음에 널이 가고 주인 이하는 따라가며 곡을 합니다.

　남자는 오른쪽, 여자는 왼쪽으로 가고, 복이 무거운 사람부터 순서대로 따라갑니다.

　여자들은 모두 머리 가리개를 합니다.

③ 사당 앞에 이르면 집사가 사당의 양 기둥 사이에 자리를 깔고, 일꾼들은 그 위에 북쪽을 머리로 하여 영구를 놓습니다.

　(계속 살아계신 듯 예를 행하고 머리를 남쪽으로 두다가 이때 북쪽으로 향하게 하는데, 이것은 죽은 자로 대우해서가 아니라 고인의 시신이 사당에 머리를 조아려 효심을 표현하는 예를 취하게 해드리는 것입니다.)

　부인들은 머리 가리개를 벗습니다.

④ 축이 집사를 거느리고 영구의 서쪽에 영좌와 전을 동향해서 차리고 동쪽에 명정을 세웁니다.

　(신의 방위는 서쪽입니다. 동쪽은 신의 자리가 아니기에 널의 서쪽에 혼백이 있는 영좌를 둡니다.)

　(전은 고인의 혼백이 의지하는 것으로 한시라도 없앨 수가 없는 것입니다. 그래서 영구를 따라온 것입니다. 상주는 고인을 대신해 사당에 인사 올리는 예를 할 수 없고, 그렇다고 죽어서 하직 인사를 드리는 고인이 사당에 음식을 올리는 도리는 없기 때문에 사당에는 따로 전을 차리지 않습니다. 마찬가지 이유로 사당에는 분향이나 재배를 하지 않습니다.)

　(전을 올릴 때 세숫물, 빗 등을 올려놨던 영상은 다시 설치하지 않습니다. 이미 침소를 떠나 장지로 가기 위해 나왔으므로 다시는 봉양의 예를 쓰지 않습니다.)

⑤ 주인 이하는 자신의 자리로 가서 곡으로 슬픔을 다하고 그칩니다.

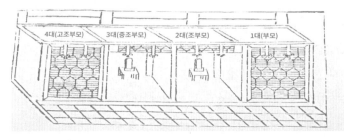

4대(고조부모)　3대(증조부모)　2대(조부모)　1대(부모)

〈사당 내부 구조〉

*만약 집이 좁거나 다른 이유로 영구를 들고 갈 상황이 안 되면 혼백과 전과 명정만이라도 사당 앞에 가서 인사드립니다. 전과 의자와 탁자가 앞서 가고, 명정은 그다음에 가며, 혼백은 그 다음에 갑니다.

3) **천우청사(遷于廳事)**: 대청으로 옮깁니다.

〈고사문〉

청조조(請朝祖) 조묘에 배알하기를 청하나이다.

① 집사는 대청에 휘장을 치고, 일꾼이 들어오면 부인은 물러가 피합니다.

② 축은 혼백을 모시고 영구를 인도하여 오른쪽으로 돌아갑니다.

③ 대청에 도착하면 집사는 자리를 깔고, 일꾼들은 자리 위에 머리를 남쪽으로 하여 영구를 놓고 나갑니다.

④ 축은 영좌와 전을 영구 앞에 남향으로 진설하고 영구의 동쪽에 명정을 세웁니다.

*만약 대청이 없거나 다른 상황이 있으면 영구를 예전에 있던 정침으로 되돌리되 영상은 치웁니다. 점점 산 자들의 공간과 멀어지는 것을 의미하는 것입니다. 따라서 이후로 다시는 봉양하는 예를 쓰지 않습니다.

4) **내대곡(乃代哭)**: 이어서 곡을 하다.

염하기 전처럼 돌아가면서 대신 곡하여 곡소리가 끊이지 않게 합니다. 기력이 쇠한 상주를 보호하기 위해 복인들이 교대로 돌아가며 곡을 합니다.

5) **전부(奠賻)**: 전을 올리고 부의하다.

친척과 손님들이 전에 술을 올리고 부의하는데, 초상의 의례 때와 같이 합니다.

6) 진기(陳器): 기물을 진설하다.

방상시를 제일 앞에 두는데 광부(狂夫: 미친 사내)로
하고 관복을 도사같이 입고 창과 방패를 듭니다.

중국 고대의 제왕이자 한의학의 교과서인 『황제
내경』으로 유명한 황제 헌원에게는 누에의 신으로
모셔진 누조란 왕비가 있었습니다. 그런데 어느 날
누조가 길을 가다가 죽었기에 길의 신으로 모셔지게
되었습니다. 누조가 속했던 황제 헌원족은 곰을 토템

〈방상시〉

으로 삼고 숭배했기에 누조를 지키는 곰의 모습은 후대로 오면서 귀신을 물리치
는 신의 기원이 되었습니다. 이것이 방상시의 유래입니다. 중국 주나라 때는 방
상시(方相氏)라는 정식 관직을 두었는데, 집안의 역귀를 물리치거나 상여를 따라
가 무덤의 잡귀들을 쫓아내는 일을 맡았습니다. 그 모습은 곰 가죽을 뒤집어쓰고
네 개의 황금 눈을 달며 무(武)를 상징하는 검은색 저고리에 문(文)을 상징하는
붉은색 치마를 입었습니다. 방상시의 역할을 맡은 사람은 창과 방패를 들고 상여
의 맨 앞에서 길가의 잡귀를 쫓아내고, 묘소에 도착하면 구덩이에 들어가 창으로
네 귀퉁이를 치면서 사방의 도깨비들을 몰아내는 시늉을 합니다. 기물이 나가는
순서는 다음과 같습니다.

> 방상시 → 지석 → 명정(받침을 없애고 들고 간다) → 명기 → 영거(靈車: 혼백과 향불
> 을 모신다) → 교의(혼백 상자를 놓을 의자)와 탁자(좌우로 나뉘어 간다) → 공포(功布) →
> 상여 → 상여 좌우 옆에 삽선(翣扇: 불삽, 운삽, 부삽) → 만사(輓詞: 있으면 명정처럼 꾸
> 며 명정 앞에 둔다)

등불을 준비하여 밤길에 대비하고, 대문 안팎에 장막을 설치하며, 장례의 제
수와 기물들을 준비합니다. 호상은 장부를 들고 일일이 점검하고 거듭 챙겨서 다
급한 일이 생기지 않도록 대비합니다. 사람과 말들도 일일히 점검하고 음식과 꼴
을 먹인 후 기다립니다.

※ 공포(功布): 명정과 함께 깃발처럼 세우는데, 축이 영구를 인도할 때 이것을 들
고 일꾼들을 지휘합니다. 앞에서 향하는 방향을 긴 상여의 뒤쪽에 알려주거나
하관 후 명정을 깔기 전에 관 위의 흙을 닦는 용도로 쓰입니다. 길이 낮거나

높거나 기울거나 망가진 곳이 있으면 공포를 내리거나 올리거나 좌우로 절도 있게 기울여 상여를 멘 사람들이 알도록 합니다. 예를 들어 내리막길이면 공포를 내리고 오르막길이 나타나면 공포를 올립니다. 길이 기울어지거나 망가진 길을 만나면 공포를 좌우로 기울입니다.

〈공포(功布)〉

7) **조전(祖奠)**: 도로의 신에게 전을 올립니다.

신시(오후 3~5시)에 조전을 차립니다.

축은 술을 따르고 나서 북향하여 무릎을 꿇고 고합니다.

▌ 고사문

> 永遷之禮 靈辰不留 今奉柩車 式遵祖道
> 영원히 옮겨가시는 예에 좋은 날은 머물러 있지 않으니
> 이제 영구 수레를 받드오니 첫길 떠나는 의식을 준행하고자 하나이다.

부복하였다가 일어나 조석전의 의식대로 행합니다.

※ 조전(祖奠)의 유래

고대에 공공(共工)이란 물과 홍수의 신이 있었습니다. 그는 토지신인 후토신의 아버지이기도 했습니다. 그에겐 수(脩)라는 또 다른 아들이 있었는데 워낙 유랑하기를 좋아해서 배와 수레가 다니고 발걸음이 닿는 곳이라면 가지 않은 곳이 없었습니다. 훗날 사람들이 그를 조신[祖神: 조는 곧 갈 조(徂)와 같다. 곧 도로신, 행로신이다]으로 삼았습니다. 조전은 먼길을 떠나는 이를 전송하면서 도로신에게 무사태평을 기원하는 제사를 말합니다.

8) **견전(遣奠)**: 상여를 보내는 전을 올립니다.

※ 조전을 걷고 바로 견전(遣奠: 발인 전, 보내드리는 예로 올리는 전)을 차립니다.

이튿날 영구를 상여로 옮깁니다.

① 상여를 메는 일꾼은 상여를 남향으로 들여놓습니다.

② 집사는 아침 전(朝奠)을 걷습니다.

③ 축은 북향하여 무릎을 꿇고 아룁니다.

고사문

今遷柩 就舉敢告
이제 영구를 옮기오니 수레에 오르시기를 감히 고하나이다.

④ 영좌를 옮겨 옆에 놓은 후, 일꾼들은 영구를 옮겨 상여에 싣습니다.

⑤ 큰 동아줄로 매우 단단하게 묶습니다.

⑥ 주인은 영구를 따라 곡을 하며 내려와 상여에 실리는 것을 살피고 부인은 장막에서 곡합니다.

⑦ 상여에 다 실으면 축은 집사를 거느리고 영구 앞에 남향으로 영좌를 옮겨 놓습니다.

⑧ 축은 상자에 혼백을 받들어 의자(交椅) 위에 모십니다.

⑨ 견전(遣奠)을 차립니다. 찬품은 다른 전과 같으나 포가 있습니다. 부인은 견전에 참여하지 않습니다.

⑩ 축은 북향하여 무릎을 꿇고 아뢰고, 주인 이하는 곡하고 두 번 절합니다.

고사문

既駕 往即幽宅 載陳遣禮 永訣終天
이미 영여(靈輿)에 오르셨으니 가시면 곧 영면하실 유택(幽宅: 묘지)이옵니다.
영구 수레에 모시고 떠나보내는 예를 거행하오니 영원토록 이별이옵니다.

⑪ 축이 혼백을 받들어 수레 위에 올린 후 분향하고 혼백을 봉안합니다.

⑫ 수레 앞의 창을 닫고, 그 앞에 향을 사르며 향로 좌우에 촛대를 둡니다.

⑬ 견전례가 끝나면 집사는 포를 거두어 보자기에 싸서 들고 가는 상 위에 놓습니다.

⑭ 그대로 견전의 상을 치웁니다.

⑮ 아침 식사 시간이 돌아오면 아침상식을 올립니다.

열 번째 의식 발인(發靷)

1) 구행(柩行): 널이 출발함

영구가 떠납니다. 가는 길에는 지름길로 가지 않으며 진창길을 피하지 않습니다. 구차히 빠른 길을 택하지 않고 수고로움을 꺼리지 않습니다. 상여 안에서 시신의 머리는 남쪽을 향하는데, 상여의 앞쪽을 향하게 합니다. 묘소에 들어가서야 머리를 북쪽으로 향하게 합니다. 살아계신 존장을 모시듯 하고자 하는 효자의 마음을 표현하는 것입니다.

① 일꾼들이 마주 들고 나가면 집을 지키는 사람들은 곡을 하며 두 번 절하며 하직 인사를 합니다.

② 방상시 등이 앞에서 인도하고 기물은 벌여놓았던 순서대로 따라갑니다.

③ 주인 이하 복이 무거운 순서대로 곡을 하면서 따라갑니다. 뒤에 존장이 따르고, 복(服) 없는 친척이 따르고 빈객이 따릅니다.

④ 친척과 빈객은 혹 먼저 묘소에 가서 기다리거나 성 밖에서 곡하고 절한 후 작별하고 돌아갑니다. 친한 친척과 빈객이 성 밖 길가에 장막을 치거나 음식을 준비하여 조문하고자 하면 영구는 멈추고 친척이나 빈객은 전을 올리고 하직 인사를 합니다[노제(路祭)].

⑤ 묘소가 멀면 머물 때마다 영구 앞에 영좌를 설치하고 아침저녁으로 곡을 하며 전을 올립니다. 끼니때가 되면 상식을 올리고 밤이 되면 주인과 상주들은 영구 옆에서 자고, 친척들이 함께 지킵니다.

열한 번째 의식 급묘(及墓)

7가지 소절차: 내폄(乃窆), 사후토(祀后土), 장명기(藏明器), 하지석(下誌石), 제주(題主), 봉신주승거(奉神主升車), 성분(成墳)

1) 내폄(乃窆): 하관한다.

① 영구가 도착하기 전에 집사자가 먼저 도착해 영악(靈幄: 신주를 임시로 모시기 위한 장막)을 준비합니다. 묘도(墓道: 광으로 들어가는 길)의 서쪽에 남향으로 영좌를 놓을 의자(交椅)와 탁자를 놓아 영악을 설치합니다.

병풍과 장막을 설치하고 자리를 펴고, 친척과 손님의 막차를 설치한 후 영구가 도착하기를 기다립니다. 막차는 영악의 앞쪽으로 10여 보쯤에 두는데, 남자는 동쪽, 여자는 서쪽에 둡니다.

② 방상시가 도착하면 광으로 들어가 창으로 광의 사방 모퉁이를 쳐서 도깨비(망량)를 몰아냅니다.

③ 명기 등이 도착하면 광의 동남쪽에 진열하는데 북쪽을 상석으로 합니다.

④ 영거(靈車: 혼백과 향로를 실은 수레)가 도착하면 축이 혼백을 받들어 영악으로 가고, 신주 상자는 혼백 뒤에 둡니다.

⑤ 영좌 앞 탁자에 술, 과일, 포, 식해로 전을 차리고 물러납니다.

⑥ 집사는 광의 남쪽에 자리를 깝니다. 널을 실은 영구가 도착하면 땅에 관을 내리고 장식을 없앤 후 상여에서 내려 자리 위로 올립니다. 이때부터 머리는 북쪽으로 두며 돌아가신 분으로 대우합니다. 유택(幽宅: 묘소, 황천)으로 들어가야 하기 때문에 명계(冥界)가 있는 북쪽으로 머리를 향하게 모십니다. 만약 전체적인 방위가 남향하지 않았다면 앞쪽을 남으로 여기고 뒤쪽을 북쪽이라 여깁니다.

⑦ 집사자는 명정을 가져와 장대를 제거하고 영구 위에 올려놓습니다.

⑧ 주인과 모든 장부들은 광의 동쪽에 서서 서향합니다. 주부와 모든 부녀들은 광의 서쪽 장막 안에서 동향합니다. 시신의 머리가 이미 북쪽을 향했으므로 모든 경우에서 북쪽이 상석이 됩니다.

⑨ 관 앞에서 주인이 빈객들에게 절하면 빈객들은 답배하며 작별하고 돌아갑니다.

⑩ 이에 하관합니다. 혹 비가 오더라도 중지하지 않습니다. 가장 세심히 살펴야 하니 기울어지거나 떨어지거나 흔들리게 해서는 안 됩니다. 주인과 형제들은 곡을 그치고 친히 가서 세심히 살핍니다.

⑪ 다 내린 후 구의(柩衣: 관을 덮는 베로 만든 이불), 명정을 다시 정돈해서 평평하고 바르게 폅니다.

⑫ 주인은 폐백을 올리는데 현훈(玄纁: 검은 비단과 붉은 비단)을 사용합니다. 현훈을 관의 동쪽에 놓고 재배한 뒤 이마를 조아리면 모두 곡을 합니다.

⑬ 폐백을 드렸으니 주인은 재배하고 자리에 있는 사람들은 재배하지 않고 곡을 합니다.

⑭ 덮개를 덮고 석회를 채운 후 흙을 채우고 다집니다.

※ 만약 부모가 함께 상이 나면 어떻게 하는가?

공자 말하길 "장사는 가벼운 상을 먼저 하고 무거운 상을 뒤에 하며, 전은 무거운 상에 먼저 차리고 가벼운 상을 뒤에 차리는 것이 예이다"라고 하였습니다. 부모를 같은 날 장사 지낸다면 하관은 어머니 쪽부터 합니다. 장사라는 것은 정을 떼는 일이므로 가벼운 상을 먼저 하는 것이고, 제사는 정을 펼치는 일이므로 무거운 상을 먼저 하는 것입니다.

※ 현훈(玄纁): 현훈이란 관 위에 올려두는 검은 비단과 분홍 비단을 말합니다. 현(玄)은 음이고 훈(纁)은 양이므로 검은 비단 묶음(玄)은 오른쪽에 두고 분홍 비단 묶음(纁)은 왼쪽에 둡니다. 옛날에는 왕과 귀족들만이 상장제례 등의 예법을 사용할 수 있었습니다. 그래서 고례는 왕실의 예를 중심으로 합니다[송대 이후로 사족(士)을 중심으로 예법이 개편되었습니다].

옛날에는 나라의 큰 인물이 수를 다해 장지로 출발하면 왕이 재상을 시켜 현훈 묶음을 전하는 예가 있었습니다. 임금이 주시는 것은 소중한 물건이므로 상주는 현훈을 고인을 전송하는 폐백으로 삼아 함께 묻었습니다. 시간이 흘러 왕이 비단 현훈을 하사하는 예는 사라졌지만, 현훈을 폐백으로 함께 묻는 예식은 전통으로 남아 오늘날까지 이어지고 있습니다. 조선 후기까지도 현훈을 군주의 하사품처럼 '귀함'을 상징하는 폐백으로 여겼는데, 오늘날에는 산신령께 바치는 폐백으로 이해하기도 합니다.

현(玄)은 거무스르한 색으로 검으면서도 녹색이 어슴프레 섞인 색입니다. 현(玄)을 근본의 색이라고도 합니다. 예를 들면, 땅은 음(陰)으로 그 작용은 물(水)로 상징됩니다. 물은 가장 낮은 곳으로 흘러 마침내 바닷물이 됩니다. 그리고 가장 깊은 바다는 검은색입니다. 하지만 현(玄)은 양(陽)인 하늘의 색이기도 합니다. 광대한 밤하늘, 우주의 색은 검습니다. 원래 음과 양이란 하나의 태극이 보여주는 동전의 양면일 뿐이기 때문에 근원으로 돌아가면 본질은 하나입니다. 그래서 근본의 색인 검은색 비단을 숭상하는 방향에 놓고 그에 상대되는 기운을 상징하는 분홍 비단을 반대 방향에 놓습니다.

방위법에 대해서도 살펴보자면, 왼쪽은 양의 방향이고 오른쪽은 음의 방향입니다. 따라서 땅(地道)은 음(陰)이기에 오른쪽을 숭상합니다. 땅의 입장에서 관 위의 현훈을 보면 검은 비단(玄)은 오른쪽(陰)에, 분홍 비단은 왼쪽(陽)에 있게 됩니다. 반면 하늘(天道)은 성질이 양(陽)이기에 왼쪽을 숭상합니다. 하늘의 입장에서 관 위의 현훈을 보면 검은 비단이 왼쪽(陽)에, 분홍 비단이 오른쪽(陰)에 있게 됩니다.

2) 사후토(祀后土): 후토신께 제사 지낸다.

묘소의 왼쪽에서 후토신에게 제사를 지냅니다. 이때 분향은 하지 않고 술만 따릅니다.

┃축문

> 今爲某官封諡窆玆幽宅 神其保佑 俾無後艱 謹以淸酌脯醢 祗礪于神 尙饗
> 이제 모관 모(시호나 휘를 쓴다)를 이 유택에 하관하오니
> 신께서는 보우하시어 훗날 어려움이 없게 해주시옵소서.
> 삼가 맑은 술과 포와 육장을 공경히 신께 올리오니 흠향하소서.

3) 장명기(藏明器): 명기를 정리해 넣는다.

가지고 온 명기 등을 정리해 넣습니다. 명기가 없으면 생략합니다. 사후(死後)에도 쓰시라고 작게 만든 일상 도구들을 함께 넣어주는 것이 바로 명기입니다. 박물관 등에 가보면 명기로 넣은 작은 그릇, 작은 물건 등을 흔히 볼 수 있습니다. 하지만 주자가 명기를 사용하지 않았기 때문에 『주자가례』 연구가 활발해진 조선 중기 이후부터는 사용하지 않는 경우도 많았습니다.

4) 하지석(下誌石): 지석을 내린다.

지석은 오랜 세월 뒤에도 묘 주인을 알리기 위한 것입니다. 때문에 지석은 광

에서 위로 2~3자(60~90cm가량) 위쯤 되는 곳에 있어야 합니다. 그래야 훗날 잘 못 삽질을 해도 지석을 보고 중지할 수 있기 때문입니다.

지석 위를 흙으로 채우고 견고하게 다집니다.

5) **제주(題主)**: 나무 신주에 쓴다. 제주제(題主祭)를 지낸다.

① 집사는 영좌의 동남쪽에 서향으로 탁자를 놓고, 붓, 벼루, 먹, 물을 올려두고 탁자 맞은편에 대야와 수건을 준비합니다.

② 주인은 탁자 앞에 북향해 서고, 축은 손 씻고 나무 신주를 꺼내 받침을 빼어 탁자에 뉘입니다.

③ 글 잘 쓰는 사람은 손을 씻고 서향으로 꿇어앉아 함 가운데 글을 쓰고, 그 다음에 분면(粉面)에 씁니다.

④ 다 쓰면 축은 신주를 합체하여 받침에 세운 후 신주독 안에 안치합니다.

⑤ 신주독을 의자(交椅) 위에 모신 후, 혼백 상자를 그 뒤에 둡니다.

⑥ 분향하고 술을 따른 다음 주인의 오른편에서 무릎 꿇고 축을 읽은 후, 축문은 가슴에 품고 자리로 돌아갑니다(제사 후 축문은 불사르는 것이 일반적이나 제주제에서 사용한 축문은 집으로 가져와 우제 후에 불사릅니다).

※ 축을 읽을 때 주인의 호칭은 다음과 같이 구분합니다:

(졸곡까지) 고자(孤子): 모친 생존하고 부친 별세 시

애자(哀子): 부친 생존하고 모친 별세 시

고애자(孤哀子): 부모 모두 별세 시

고손(孤孫): 조부와 부친이 안 계시고 조모는 살아계실 때, 손자가 주상일 때

고애손(孤哀孫): 부친이 돌아가셨는데 조부, 조모 별세 시 손자가 주상일 때

(부제 이후) 통칭하여 자식은 효자(孝子), 손자는 효손(孝孫)으로 칭한다.

(부제 이후) 통칭하여 효자(孝子)로 칭합니다.

▌축문

維年號幾年 歲次干支 某月干支朔 某日干支

哀子某 敢昭告于 顯考 某官封諡府君 形體窆窆 神返室堂

神主旣成 伏惟尊靈 舍舊從新 是憑是依

유 몇 년, 세차 간지, 모월 간지 모일 간지

애자 아무개는 감히 현고 모관모봉시부군께 밝게 고하나이다.

형체는 광중으로 돌아가시었으나 신령은 집으로 돌아오소서.

신주가 이미 완성되었사오니 엎드려 바라옵건대

존령께옵서는 옛것을 버리고 새것을 좇으시어 여기에 기대고 의지하소서.

(여기서는 조선 중기에 두루 사용된 『주자가례』의 제주제 축문을 사용하였음.)

* 흙을 평평하게 다지는 동안 한편에서는 신주를 만듭니다. 신주가 다 만들어지면 혼을 의지시키기 위해 제를 지내는데 제주제(題主祭)라고도 하고 평토제(平土祭)라고도 합니다. 비록 제(祭)라는 말은 썼지만 아직 참신례(參神禮)와 강신례(降神禮) 등의 제사 형식이 갖춰지지 않아 정식 제사라 하지는 않습니다. 신으로 승화시켜 올리는 정식 제사는 우제(虞祭: 장사 후 처음으로 지내는 제)부터입니다.

⑦ 주인은 재배하고 슬픔을 다하여 곡하고 그칩니다.

⑧ 축은 신주를 받들어 수레에 올립니다. 혼백은 광중에 묻어도 되나 안 묻었으면 혼백 상자에 넣어 신주 뒤에 놓습니다. 이때부터 고인의 영혼은 더 이상 혼백과 전(奠)이 아닌 신주에 의지한다고 믿습니다.

⑨ 집사는 영좌를 거두고 떠납니다. 자제 하나를 남겨 봉분 만들기를 살피게 하고, 주인 이하는 올 때처럼 끊어지지 않게 곡하며 뒤를 따릅니다.

> * 혼백과 전에 의지하던 고인의 혼을 신주에 의지하게 하였지만 아직 혼이 조상신으로 승화되지는 못한 상태라 어디로 흩어질지 모르는 불안함이 있습니다. 때문에 장례 당일에 우제(虞祭)를 지내어 혼을 안정시켜야 하기에 주인 등은 봉분 만들기를 보지 않고 서둘러 출발합니다.

⑩ 봉분의 높이는 4자이고 그 앞에 높이 4자쯤 되는 작은 돌비석을 세웁니다. 받침대의 높이는 약 1자 정도로 합니다.

> * 방상시는 돌아갈 때 상여가 왔던 길로 되돌아가지 않습니다. 방상시의 창에 물러난 잡귀와 도깨비들이 방상시 뒤를 따라가 주인에게 해코지하는 것을 막기 위해서입니다. 하지만 반혼하는 주인과 상주 등은 상여가 왔던 길로 되돌아갑니다. 그리고 뒤돌아보지 않고 앞만 보고 가는데, 이미 혼을 모셨기에 주검에는 더 이상 미련을 두지 않음을 표현하는 것입니다.

6) 봉신주승거(奉神主升車): 신주를 모시고 수레에 오른다.

신주를 수레에 모시고 반혼(返魂)을 합니다. 반혼이란 고인의 혼이 의지한 신주를 영거(靈車)에 모시고 집으로 돌아가는 것을 말합니다. 육신은 땅에 묻혔으나 혼은 평소 활동하시던 집으로 모시고 온다는 의미에서 반혼(返魂)이라고 합니다. 상주 등은 돌아가는 길에 곡이 끊어지지 않도록 하는데, 여상주, 친척, 손님은 동네 바깥에서 맞이하며 곡을 합니다. 집에 도착해 대문이 보이면 다 함께 곡을 합니다. 이 과정을 반곡(反哭)이라 합니다.

* 오늘날에는 반혼의 의미가 불교식과 혼용되어 49재로 대신하기도 합니다.

7) 성분(成墳): 봉분을 만든다.

자제 한 사람을 남겨 봉분 만들기를 살피게 합니다.

열두 번째 의식 반곡(反哭): 반곡제를 지낸다.

① 주인 이하는 영거를 모시고, 혼령이 아직도 묘소에 계시지 않을까 의심하는 듯이, 혼령을 기다리듯이 천천히 걸어가며 곡을 합니다.
② 여상주, 친척, 빈객들은 동네 밖에서부터 맞이하며 곡을 합니다.
   집에 이르러 대문이 보이면 곧 곡을 합니다.
③ 축이 신주를 받들고 들어가 원래 영좌가 있던 곳에 모십니다. 아울러 신주를 신주독에 넣고 혼백 상자를 꺼내 신주 뒤에 둡니다.
④ 주인 이하는 문에 이르면 곡을 하며 들어가 영좌가 모셔진 대청에서 곡을 하고, 주부는 평소 봉양을 받으시던 방에 들어가서 곡을 합니다(고인의 혼이 평소 계시던 곳으로 되돌아왔음을 상징하는 의식입니다).
⑤ 마침내 영좌 앞에서 곡을 합니다.
⑥ 조문객이 있으면 처음과 같이 절을 합니다.

(6) 90일 이후

열세 번째 의식 우제(虞祭). 장사 지낸 날, 낮에 우제를 지냅니다.

5가지 소절차: 초우(初虞), 매혼백(埋魂帛), 파조석전(罷朝夕奠), 재우(再虞), 삼우(三虞)

※ 우제는 장사 지내고 돌아온 날 낮에 지내는 제사입니다. 신주에 존영을 의지시켜 돌아왔지만 본래 영혼이란 기운만 있는 것이라서 이 세상에 가지 못하는 곳이 없습니다. 효자는 영혼이 방황할까 염려하여 세 번 제사를 지내 안정시키고

자 합니다. 장사 지낸 당일 낮부터 지내는데 처음 지내는 우제는 초우제(初虞祭), 다음 날 지내는 것은 재우제(再虞祭), 사흘째 지내는 우제를 삼우제(三虞祭)라 합니다. 장사를 치르기 전에는 전(奠)만 올리고 제사의 형식을 갖추지 않은 채 술만 따르고 진찬하고 재배하지만, 우제부터 비로소 제사의 예를 사용합니다. 때문에 우제 이후부터는 제(祭)라고 하고 길례(吉禮)가 됩니다. 하지만 아직 완전한 제례의 형식을 갖추지는 않아서 강림한 신에게 인사드리는 참신(參神)의 예가 없고, 축문을 읽을 때 아직 효자(孝子)라는 칭호를 쓰지 않습니다. 참신의 예는 귀신에게 드리는 예로 남자는 재배하고 여자는 사배합니다. 본래 산 자에게는 일배를 하고 귀신에게는 재배를 합니다. 그런데 남자는 양이라서 수가 1이고 여자는 음이기에 수가 2로 늘어나므로 여자는 재배를 두 번 반복하여 사배를 하게 되는 것입니다. 우제는 참신의 예가 없으므로 신주를 모시고 재배, 사배를 하지 않고 서서 곡을 합니다. 최근에는 3일 만에 장례가 모두 끝나므로 초우제와 재우제를 생략하고 삼우제만 올리는 경우도 많습니다.

1) 초우(初虞)

※ 우제는 반드시 장사 지낸 당일에 지내야 한다. 만약 집이 멀거나 다른 상황이 생겨 당일 돌아갈 수 없다면 중간에 머무는 곳에서라도 우제를 지냅니다.

※ 본래 예법은 천자와 공경대부 등 왕과 귀족들에게만 허락된 것이었습니다. 때문에 사족(士: 양반)과 서민들은 예제대로 따라 하지 못하는 부분이 많았습니다. 예를 들어 불삽, 보삽 등은 사서인(士庶人)이 사용할 수 없는 것입니다. 제례 역시 천자는 6대조, 왕 제후는 4대조, 대부는 2대, 사서인은 1대만을 제사 지낼 수 있었습니다. 하지만 송대 주자의 『주자가례』에 의해 양반도 사대봉사를 할 수 있는 근거가 마련되었습니다. 우리나라 역시 조선 중기까지 6품 이상은 3대, 7품 이하는 2대, 서인은 부모만을 제사 지낼 수 있었습니다. 하지만 조선 중기 이후 예학이 발달하면서 양반들을 위한 사례(士禮)가 발달하였고, 양반들의 실정에 맞게 응용한 예서들이 쏟아져 나왔습니다. 이에 18세기 이후로 사대봉사와 사당 등의 가묘 설치가 널리 보급되며 자리를 잡게 되었습니다. 하지만 양반과 중인, 양인, 상민들 간에는 차등적인 예제가 존재했습니다. 오늘날처럼 상례, 장례, 제례의 예제가

신분의 구별 없이 평등화, 대중화된 것은 갑오개혁 이후 신분 계급을 타파하려는 노력에 의해서입니다. 갑오개혁은 성공하지 못했지만 그 여파로 차츰 왕과 양반들의 예가 서민들에게도 보편화되기 시작하였습니다. 현재 우제는 3번을 지내는데 이것은 양반 사족의 예에 맞춘 것입니다.

① 주인 이하 모두 목욕합니다. 늦어져서 겨를이 없으면 생략하고 깨끗이 합니다(예전에 삼년상을 치르는 상주는 씻지 않았습니다. 그런데 제사를 지내야 하므로 이때 처음으로 씻는 것입니다. 하지만 머리는 감거나 빗지 않았습니다. 아직 황망하여 용모를 꾸미지 않는다는 것을 표현하는 것입니다).

② 집사는 기물을 진설하고 음식을 준비합니다.

③ 축이 신주를 영좌에서 내어 오면 주인 이하 참석자는 모두 들어가 곡을 합니다(복이 무거운 사람은 앞에 서고, 가벼운 사람은 뒤에 서며, 연세가 많은 존장은 앉습니다). (남자들은 동쪽에 여자들은 서쪽에 섭니다.)

④ 축은 곡을 그치게 하고 강신례를 행한 후 잠시 엎드렸다가 재배하고 자리로 돌아갑니다[강신례: 신을 강림하게 하는 예로서 분향 후 술을 따라 모사(茅沙: 띠풀 꽂은 모래) 그릇이나 땅에 세 번 나누어 붓습니다. 향을 살라 하늘로 돌아간 혼을 인도하고 술을 부어 땅으로 흩어진 넋을 불러냅니다. 이 예식을 통해 흩어졌던 혼백이 합쳐져 신주에 응한다고 믿었습니다].

⑤ 축이 음식을 올립니다.

⑥ 초헌(初獻):

　가) 잔 올리기

　　주인이 북향하여 주전자를 들면 집사는 영좌의 잔을 내립니다.

　　주인이 집사가 든 잔에 술을 따릅니다.

　　주인이 꿇어 앉으면 집사가 주인에게 잔을 드립니다.

　　주인이 잔을 받아 모사 그릇에 세 번 술을 따르고 엎드렸다가 일어납니다.

　　집사는 잔을 원래 자리에 올려둡니다.

　　(보통의 시제는 주인이 잔을 올리지만 우제에서는 주인이 술을 따르고 집사가 잔을 올립니다. 아직 주인이 아직 슬퍼서 스스로 잔을 올리지 못함을 상징합니다.)

나) 고축하기

축은 축판을 들고 주인의 오른쪽에 앉아 읽습니다.

┃축문

維 歲次 壬辰七月 辛亥朔 初八日 戊午 子 ○○

敢昭告于 顯考某官府君

日月不居 奄及初虞 夙興夜處 哀慕不寧

謹以淸酌 庶羞哀薦 尙 饗

유세차 무월모일 고자 아무개

아버지 모관 부군께 감히 밝게 고하나이다.

세월은 머물지 않아 벌써 초우가 되었나이다.

새벽부터 늦게까지 슬프고 사모하는 마음이 편치 아니하여

삼가 맑은 술과 여러 음식을 올려

슬피 협사(祫祀: 선조에게 합하는 의식)를 거행하오니 부디 흠향하소서.

다) 주인은 곡을 하며 재배하고 자리로 돌아가 곡을 그칩니다.

⑦ 아헌(亞獻): 의례는 초헌과 같고, 주부가 올립니다. 축은 읽지 않고 주부는 사배합니다.

⑧ 종헌(終獻): 친척이나 빈객 중 남자나 여자가 합니다. 예는 아헌과 같습니다(이때 여자는 주인의 여자 자손입니다).

⑨ 유식(侑食): 예전에는 신주 대신 아이를 올려 신을 강림케 했는데 이 아이를 시동(尸童)이라 합니다. 유식의 의식 때 시동이 밥을 세 수저 먹고 배부르다고 하면 축이 "아직 배부르지 않으십니다" 하며 권하고 주인은 절을 했습니다. 그러면 시동이 또 밥을 세 수저 먹고 또 배부르다고 하면 축이 또다시 권합니다. 시동이 또 밥을 세 수저 먹고 배부르다고 하면 축이 또다시 권했습니다. 이렇게 세 번을 반복하면 유식의 예가 완성된다고 하였습니다. 하지만 후대에는 시동을 올리지 않고 신주로 대신합니다.

가) 초우제의 유식은 집사가 제사상의 술잔을 가득 채우고 주부가 수저와 젓가락을 음식 위에 꽂거나 올린 후, 주인은 재배하고 주부는 사배합니다. 주인 이하는 모두 나가고 축은 문을 닫습니다[합문(闔門)]. 시동

이 밥을 아홉 수저 먹었을 시간을 기다립니다.

나) 축이 기침 소리를 세 번 내고 문을 열면 문을 열면(啓門) 주인 이하는 들어가서 자리합니다.

다) 집사는 갱(羹: 국)을 치우고 차(茶)로 바꾸는데 우리나라 풍속에서는 차 대신 현주(玄酒: 차와 술의 근본이 되는 '맑은 물', 정화수)를 올립니다.

라) 축은 주인의 오른쪽에서 서향하여 봉양의 예가 마쳤음을 알립니다.

마) 신주를 거두어 원래 자리로 모시고, 주인 이하는 곡하고 재배합니다.

2) 매혼백(埋魂帛): 축은 집사를 거느리고 외지고 깨끗한 땅에 혼백을 묻습니다.

3) 파조석전(罷朝夕奠)

조석곡은 하지만 조석전은 이후로 그칩니다[이제 혼령은 신주에 모셔져 제사를 받았으므로 더 이상 전(奠)에 의지하지 않습니다. 그러므로 전 올리는 의식을 그만둡니다].

4) 재우(再虞)

유일[柔日: 천간에 을(乙), 정(丁), 기(己), 신(辛), 계(癸)가 들어가는 날]을 만나면 재우제를 지냅니다.

예는 초우제와 같은데 축사를 '초우'에서 '재우'로 고치고 '협사'를 '우사(虞事)'로 바꿉니다.

5) 삼우(三虞)

재우제 이후 강일[剛日: 갑(甲), 병(丙), 무(戊), 경(庚), 임(壬)이 들어가는 날]을 만나면 삼우제를 지냅니다.

예는 재우제와 같은데 축사를 '재우'에서 '삼우'로, '우사(虞事)'에서 '성사(成事)'로 고칩니다.

유일은 짝수이고 강일은 홀수입니다. 졸곡부터는 길제(吉祭)의 시작이므로 삼우제와 졸곡은 양(陽)인 강일을 사용합니다.

열네 번째 의식 졸곡(卒哭): 슬프면 수시로 곡을 하는 무시곡(無時哭)를 그친다.

졸곡을 성사[成事: 길(吉)한 일인 제사의 예가 이루어짐]라고 표현합니다. 졸곡은 상중제례(喪中祭禮)를 길제(吉祭)로 바꾸는 일입니다. 때문에 졸곡부터 점차 길례(吉禮)가 되어갑니다. 즉, 졸곡은 우제보다는 길한 제사이지만 뒤에 있을 부제보다는 상중제례와 가깝습니다. 상중제례란 상을 치르는 마음이 아직 남아서 일상적인 제례와는 다른 것입니다.

옛날엔 초상 후 장례까지의 기일이 신분 귀천에 따라 달랐습니다. 하지만 서민들의 장례가 3개월인 점에 의거해 졸곡은 3개월 후에 지내게 됩니다. 현재는 3개월씩 장례를 치르는 집은 없으므로 10일 이전에 지냅니다. 졸곡 이후부터는 무시로 하는 곡을 하지 않아도 됩니다.

모든 의식은 우제와 동일합니다. 다만 현주(玄酒: 그날 처음 길은 맑은 물, 곧 정화수)를 담은 병 하나를 술병 서쪽에 더 놓습니다. 귀신은 음(陰)에 속하고 음은 곧 땅의 기운에 근본을 둡니다. 땅의 도리는 오른쪽을 높이기에 서쪽이 상석이 됩니다. 따라서 제사상을 차릴 때도 서쪽을 상석으로 여깁니다. 현주는 차와 술을 담기 전인 맑은 물인데 고대에 술을 담기 이전에는 물로 제사를 지냈습니다. 따라서 현주는 예의 근본을 잊지 않는 마음과 소박함을 상징합니다. 현주를 술병 서쪽에 놓아서 허례허식보다 근본적인 마음가짐과 예를 지키는 것이 더 소중함을 알게 하는 것입니다.

축사는 삼우제의 축문 중 '삼우'를 '졸곡'으로 고치고, '슬피 성사를 거행한다'를 '내일 조고 무관부군께 올려 부(祔)하겠사오니'로 바꾼다. 조고의 신주 곁에 모시겠다는 것은 종묘나 사당에 신주를 보관하는 방법 때문입니다. 시조의 신주를 가운데 두고 왼쪽 줄을 소(昭)라 하고 오른쪽 줄을 목(穆)이라 하는데 조손(祖孫)은 같은 소목에 자리합니다. 때문에 고인의 조고의 곁에 모시겠다고 하는 것입니다.

졸곡을 마치고 나면 조상신으로 승화시켜 모시기 때문에 이름을 휘(諱)합니다. 휘란 공경하여 함부로 이름을 부르지 않는 것이다. 즉, 신이 되셨기 때문에 함부로 생전의 이름을 부르지 않고 휘하는 것입니다.

예전에는 시집간 딸들이 부모의 상을 당하면 친정에 가 있다가 소성을 마치고 시댁으로 돌아갔는데 사정이 있으면 졸곡을 마치고 돌아가기도 했습니다. 이

때는 시부모를 위해 옷을 평복으로 갈아 입지만 비녀 끝을 꺾고 베로 머리를 묶어서 상중임을 표시하였다고 합니다.

열다섯 번째 의식 부제(祔祭): 졸곡 다음 날 사당에 신주를 합사한다

〈신주〉

〈사당 내부〉

졸곡 다음 날 사당에 새로운 신주를 모시기 위해 드리는 제사가 부제(祔祭)입니다.

사당에서 신주의 위치는 소목(昭穆)에 따릅니다. 사당 중심에 시조를 모시고 왼쪽 열에는 2대 4대조를 모시는데 소(昭)이고, 오른쪽 열에는 1대, 3대를 모시는데 목(穆)이라 합니다. 부제를 올려서 고인의 조부 신주는 윗 항렬로 옮겨지고 고인의 새 신주가 사당으로 들어가게 될 것을 고합니다. 며느리는 시할머니의 신주 곁에 합사됩니다. 만약 조부모가 없으면 고조부모 곁에 합사됩니다.

하지만 아직 삼년상이 끝나지 않았기 때문에 부제 이후 바로 신주를 사당에 모시지는 않습니다. 제사가 끝나면 신주는 다시 평소의 자리로 옮겼다가 삼년상이 끝난 후 새 신주를 사당에 모십니다.

부제는 사당의 신주를 관리하는 일이므로 주인이 아닌 고인의 조부를 이은 종자(宗子: 곧 적장자)가 주관합니다. 만약 종자와 멀리 살아서 상황이 여의치 못하면 종자는 사당에서 고하고 주인은 집에서 지방(紙榜: 종이 신주)으로 허위(虛位)를 만들어 제사합니다.

하지만 요즘은 사당에 4대의 신주를 모시지 않는 집이 더 많습니다. 사당이 없으면 생략하고 넘어갑니다.

① 의식 준비는 졸곡과 같습니다. 이때는 목욕하고 머리 감고 빗질하고 손톱

을 깎습니다.

② 졸곡의 제물을 거두고 사당에 진설하며, 날이 밝으면 주인 이하는 영좌 앞에서 곡을 합니다.

③ 사당에서 고인의 조고비(祖考妣: 조부모인데 돌아가신 분이므로 조고비라 씁니다) 신주를 모셔와 영좌에 모십니다. 중앙에 남향하여 두는데 서쪽이 상석입니다. 망자의 신위는 그 동남쪽에 서향하여 둡니다.

④ 신주독을 엽니다.

⑤ 자신의 위치에 맞게 차례대로 섭니다.

⑥ 참신례(參神禮): 모든 참여자는 재배하여 참신합니다. 참신은 인사드리는 예입니다.

⑦ 강신례(降神禮): 종자가 하는데 의식은 졸곡과 동일합니다.

⑧ 축은 찬을 올리는데 우제와 동일합니다.

⑨ 초헌: 우제와 동일한데, 종자가 행합니다. 상주가 종자가 아니라면 술을 따를 때(酌獻) 신위 앞에 먼저 나아갑니다.

⑩ 축문을 읽습니다. 모두 곡하지 않습니다. 고인의 항렬이 종자보다 낮으면 종자는 절하지 않습니다.

⑪ 아헌, 종헌: 상주가 종자라면 주부가 아헌을 하고, 상주가 종자가 아니면 상주가 아헌을 하고 종헌을 주부가 합니다. 의식은 졸곡과 같습니다.

⑫ 유식, 합문, 계문, 사신

⑬ 축은 신주를 받들고 각기 본래 있던 곳으로 모셔 놓습니다.

열여섯 번째 의식 소상(小祥)

2가지 소절차: 진연복(陳練服), 입우사당(入于祠堂)

상(祥)이란 길하고 상서롭다는 의미입니다. 초상 이후 윤달을 계산하지 않고 13개월 만에 지내는 제사가 소상입니다. 보통 만 1년 만에 지냅니다. 소상 이후부터는 초하루와 보름(삭망), 그리고 상식을 올릴 때 외에는 곡을 하지 않습니다. 주인과 주부는 이때부터 연복(練服: 소상부터 담제까지 입는 상복)으로 갈아입기에 연제(練祭)라고도 합니다. 연복은 고례에 황색으로 안을 대고 분홍색 가선을 둘렀다는 구절이 보입니다. 하지만 조선시대에도 이것을 다 고증하지 못하여 의논이 분분했습니다. 거친 참최복보다 조금 더 가공을 한 삼베를 쓰는 것으로 이해하는 경우가 많습니다.

1) 진연복(陳練服): 연복을 진설한다.

상복이 익히지 않은 삼베로 만들어졌다면, 연복은 익힌 삼베로 만들어 조금 더 부드러운 질감의 상복입니다.

① 하루 전 주인과 이하 사람들은 목욕하고 기물을 진설하며 음식을 마련합니다.

② 장부들과 부인들의 막차를 각각 별도의 장소에 설치하고 그 안에 연복(練服)을 둡니다.

남자는 머리의 수질(삼과 함께 꼰 새끼 머리테)을 벗고 여자는 허리의 요질을 벗습니다. 남자는 수질을 중하게 여기고 여자는 허리띠를 중하게 여기기 때문입니다. 복을 줄여갈 때는 중한 것부터 먼저 바꿉니다.

* 만약 가난하여 따로 연복을 준비할 수 없다면 입고 있던 상복을 바꾸지 않아도 무방합니다.

③ 기년복에 해당하는 사람들은 길복으로 바꿔 입습니다.

2) 입우사당(入于祠堂): 사당에 들어간다.

④ 날이 새면 새벽에 채소, 과일, 술, 찬을 친설하고, 축은 신주를 모셔 오며 주인 이하는 들어가 곡을 합니다.

⑤ 이에 막차로 가서 복을 바꾸어 입고 다시 들어가 곡을 합니다.

⑥ 강신: 졸곡과 같습니다.

⑦ 초헌, 아헌, 종헌: 졸곡과 같습니다. 축문 중 시기를 '소상'으로 고쳐 읽습니다.

⑧ 유식, 합문, 계문, 사신

⑨ 조석곡을 그칩니다.

⑩ 비로소 채소와 과일을 먹기 시작하며 평상시와 같은 밥을 먹습니다.

열일곱 번째 의식 대상(大祥)

2가지 소절차: 진담복(陳禫服), 입우사당(入于祠堂))

초상 이후 윤달을 계산하지 않고 만 25개월 만에 지내는데 보통 만 2년 만인 두 번째 기일에 지냅니다. 대상 전날에는 사당의 신주를 한 대씩 위로 올리는데 이를 체천(遞遷)이라 합니다.

〈담복〉

1) 진담복(陳禫服): 담복을 진설한다.

① 하루 전날 목욕하고 기물을 진설하며 음식을 준비합니다. 모두 소상처럼 합니다.

② 장막을 설치하고 담복을 진설합니다. 대상 때 주인과 주부는 담복을 입습니다. 담복은 검은 씨줄과 흰 날실로 짠 참색의 제복입니다. 복이 연복, 담복으로 바뀌면서 색이 점점 흰색을 벗어나는데, 슬픔이 줄어드는 것을 옷에다 표현한 것입니다.

③ 술과 과일을 차려서 사당에 옮기는 것을 아룁니다. 신주를 윗 항렬로 고쳐 쓰고 교체하여 서쪽으로 옮깁니다. 동쪽의 감실 하나를 비워 새 신주를 기다립니다.

2) 입우사당(入于祠堂): 사당에 들어간다.

④ 다음 날 행사하는데 모두 소상의 의식과 같게 합니다.

⑤ 축문만 '소상'을 '대상'으로 고치고 '상사(常事)'를 '상사(祥事)'라고칩니다. 마치면 축이 꿇어앉아 "사당으로 드시기를 청합니다" 하고 신주를 모시고 사당에 들어갑니다.

〈사당 내 감실〉
(민속문화재 293호 봉화 서설당 고택)

⑥ 이하 부제(祔祭)의 순서처럼 합니다. 끝나면 영좌를 철거하고 대상을 마칩니다. 상장을 부러뜨려 으슥하

고 구석진 곳에 버립니다. 다른 사람들이 주워서 더럽히거나 다른 용도로 쓰지 못하게 하려는 것입니다.

⑦ 대상이 끝나면 비로소 술과 고기를 먹고 침실로 돌아가 잡니다.

열여덟 번째 의식 담제(禫祭)

3가지 소절차: 진길복(陳吉服), 시음주(始飮酒), 육식(肉食)

담(禫)은 담담하고 평안하다는 뜻입니다.

대상 후 한 달 후, 초상 후 27개월 되는 달의 먼저 돌아오는 정(丁)·해(亥)일에 담제를 지냅니다. 담제를 지낸 후에는 탈상하고 일상생활로 돌아갑니다. 기년상은 15개월 만에 담제를 지내고 탈상합니다. 담복을 입고 제사 지냅니다. 담제부터는 신주를 사당에 모실 때 곡하지 않아도 되고, 담제 후부터는 축에 효자(孝子)라 씁니다.

담제를 마치면 술, 고기를 먹을 수 있고 음악을 연주할 수 있으며 관직에 나아갈 수 있습니다.

그렇다면 삼년상을 채우고도 왜 3개월 후에 또 담제를 지내고서야 탈상을 하는 걸까요? 초상 이후 24개월이 지나 2주기를 맞이했으니 오랜 시간이 흘렀습니다. 하지만 정은 끊을 수가 없어서 또 3개월을 더합니다. 그래서 27개월째에 담제를 지냅니다. 옛날 중국 노나라 사람 중에 아침에 대상을 치르고 저녁에 노래하는 사람이 있었습니다. 그러자 공자의 제자 자로가 비웃었는데 공자는 이렇게 말했습니다. "자로야. 너는 남을 책망하는 것이 그치질 않는구나. 삼년상을 행한 것만으로도 이미 오랜 시간이니라." 하지만 자로가 나가자 공자가 말했습니다. "많이나 지났을까. 한 달만 넘겼으면 좋았을 것을." 공자는 대상을 치른 후 5일 만에 거문고를 연주해봤지만 소리가 제대로 나지 않았습니다. 10일이 지나서야 생황을 불고 노래를 할 수 있었다고 합니다.

담제는 한 달 전에 날을 정하고, 의식은 대상과 같습니다.

열아홉 번째 의식 길제(吉祭)

2가지 소절차: 개제고유(改題告由), 복침(復寢)

『주자가례』에서는 담제로 모든 상례가 끝납니다. 하지만 조선의 예법에는 상례의 마지막 절차로 길제를 더 두었습니다.

담제를 마친 후 한 달 후에 돌아오는 정(丁)·해(亥)일에 지냅니다. 만약 담제를 사시제(四時祭)를 지내는 중월(仲月: 2, 5, 8, 11월)에 지냈다면 그 달에 길제를 지냅니다. 중월은 정제(正祭)를 지내는 시기인데, 담제를 통해 상제를 마쳤으면 빨리 길제를 지내고 사당을 정리하는 것이 좋기 때문입니다.

길제를 지낼 때부터 모든 제사 참여자들은 길복(吉服)을 입고 제사를 모십니다. 새 신주를 중심으로 한 대수씩 올립니다. 즉, 조고(祖考: 조부)는 증조고가 되고, 증조고는 고조고로 올라갑니다. 친함이 다한 5대조의 신주를 사당에서 옮겨 묘소 옆에 묻습니다. 그리고 고인이 종자(宗子)였다면 장남은 새로운 종자가 됩니다.

1) 개제고유(改題告由): 신주를 옮기게 됨을 고한다.

① 길제는 담제 다음 날 날을 점쳐 정합니다.

② 상사(喪事)는 흉사(凶事)지만 길제부터는 길례(吉禮)인 정식 제사이므로 3일 전에 재계(齊戒)합니다. 재계는 제사 전에 몸과 마음을 경건하고 정갈히 하는 것입니다. 제사 전에는 반드시 제계를 하는데, 제사는 재계로부터 시작된다고 할 수 있습니다.

③ 사당에 신주를 옮길 것을 고합니다.

> * 재계의 절차: 먼저 산재(散齋)를 합니다. 산재란 제사를 모실 조상을 생각하며 마음을 정갈히 하는 것입니다. 슬픈 일과 즐거운 일을 마음에 담지 않고, 음란하고 불경한 일을 하지 않으며 몸과 마음을 근신합니다. 산재를 통해 일상 속에서 조상과 만날 수 있는 경건함을 갖추어갑니다. 산재의 날짜는 제사의 종류와 신분에 따라 다릅니다. 2일간 산재하고 1일간 치재하면 무난합니다. 산재가 끝나면 치재(致齋)를 하는데 마늘, 부추 등 향이 나는 음식을 먹지 않고, 행동과 출입을 삼가며 조상의 혼령과 만날 준비를 합니다. 구체적으로는 목욕재계하고, 문상을 가지 않고, 다툼을 하지 말고, 술, 고기와 냄새 나는 음식을 먹지 않으며, 주변을 깨끗이 청소합니다.

고유문

維年號幾年歲次干支, 幾月干支朔幾日干支, 五代孫某, 敢昭告于顯五代祖考某官府君,

顯五代祖妣某封某氏, (此下列書高祖考妣至祖考妣) 玆以先考某官府君, 喪期已盡,

禮當遷主人廟, 顯五代祖考某官府君, 顯五代祖妣某封某氏, 親盡神主, 當祧,

顯高祖考某官府君, 顯高祖妣某封某氏, (至祖考妣列書)神主, 今將改題, 世次迭遷,

不勝感愴, 謹以酒果用伸, 虔告謹告.

모년 모월 모일 몇 대손 아무개는 5대조 할아버지와 할머니께 감히 밝게 고하나이다.

이제 돌아가신 현고 모완부군의 상기가 다되어

예법에 따라 신주를 옮겨 사당에 들임이 마땅하나이다.

5대 할아버지와 5대 할머니의 친함이 다한 신주는 조묘로 옮겨 감이 마땅하오며

고조할아버지와 고조할머니의 신주는 이제 장차 고쳐 적고자 하나이다.

세월이 빠르게 바뀌어 슬픈 마음을 이기지 못하니

삼가 맑은 술과 과일로 공경히 고하나이다.

④ 당 위에 5대 조고비의 신위를 설치합니다.

⑤ 제기를 진설하고, 제물을 살피고, 그릇을 씻고, 음식을 준비합니다.

⑥ 날이 밝으면 신주를 모시고 신주를 받들어 신위에 모십니다.

⑦ 참신, 강신, 진찬, 초헌, 아헌, 종헌, 유식, 합문, 계문, 수조, 사신: 모두 시제와 같습니다.

⑧ 신주를 신주독에 넣어 상자에 담은 후 사당으로 들여 모십니다.

⑨ 남은 음식을 치웁니다.

2) 복침(復寢)

평상시의 침소로 돌아갑니다. 이제 관례와 혼례도 행할 수 있습니다.

3부
- -
현대상장례 편

김미진
동국대학교 불교대학원 생사의례학과 생사의례학 석사를 마쳤으며
현재 서라벌대학교 장례서비스경영학과 교수로 재직 중이다.

제2장

현대상장례

우리 사회는 일제강점기 — 광복 — 6·25전쟁 — 군사독재정권 — 민주화운동 등 급변하는 시류 속에서 '생존과 적응', '성장과 발전', '이데올로기의 정립과 극복' 등 당면 문제의 해결만으로도 숨가쁜 시간들을 보내왔습니다. 그렇다 보니 정작 우리의 삶에서 배제되어서는 안 되는 죽음의 문제를 인식 한편으로 밀어놓고 마치 영원한 오늘을 사는 것처럼, 우리에게 죽음은 없는 것처럼 외면해온 것도 사실입니다. 이는 죽음문화·죽음의례에 대한 제대로 된 고찰 없이 관행적으로 행해오던 의례 행위를 맹종하는 결과를 가져와, 현행 장례문화에 여러 가지 문제점들을 야기[1]하고 있습니다.

현대의 상장의례는 장례식장 이용률의 증가, 장례 기일의 축소, 혈족과 지역 공동체에서 장례 산업 종사자로의 진행 주체 변화, 다양한 종교적 배경 등 과거와는 다른 모습을 보이면서도, 기본 근간은 유교적 상장례 절차에서 가감하는 방식으로 이루어져왔습니다. 이 장에서는 현대에 행해지고 있는 상장의례를 일자별 흐름에 따라 살펴보고, 더불어 기독교 장례 절차도 살펴보겠습니다.

1. 일반 상장례

장례는 주검을 떠나보내는 의례이고, 상례는 장례를 포함하여 영혼을 떠나보내는 의례로서 초종(初終)에서 탈상에 이르기까지의 모든 의례를 포함하는 개념

---

1) 장례문화 곳곳에 스며들어 있는 일재의 잔재, 죽음의례 속 정신문화 부재에 관한 문제 등.

입니다. 장례를 마치면 주검에 대한 의례는 일단락되지만 탈상까지 영혼을 대상으로 하는 의례는 계속되며, 이러한 거상(居喪: 상중에 있음) 기간 동안 상주는 여러 금기를 지키며 망자를 잃은 자식으로서의 도리를 행하며 점차 일상으로 돌아올 준비를 하게 됩니다. 요즘 대부분의 장례 기일은 삼일장(예외적으로 5일장)으로 진행되고, 상례 기일은 장지(葬地) 탈상(脫喪)[2], 삼우(三虞) 탈상[3], 49일 탈상[4], 50일 탈상[5], 백일 탈상[6] 등 각자의 편리에 따라 정해지고 있습니다. 그렇다 보니 상기(喪期)가 점점 짧아져 장례와 상례의 개념이 모호해지고, 거상과 일상의 차이가 모호해짐에 따라 탈상 개념 자체가 유명무실해졌습니다.

---

[2] 장지 탈상은 보통 '매장·화장 또는 봉안·자연장' 후 위령제를 올리고 탈상하는 경우로 고인 사망 후 3일 만의 탈상입니다.

[3] 삼우(三虞) 탈상이란 세 번의 우제를 지낸 후 탈상한다는 것인데, 고인 사망 후 5일 만의 탈상입니다. 다만, 현실에서는 우제를 세 번까지 지내지 않는 경우가 흔한데, 보통 장사 지낸 당일 집으로 돌아와 첫 번째 우제를 지내고, 5일째(장사 후 이틀 뒤) 되는 날 집안에서 두 번째 우제를 지낸 후 탈상 또는 장지를 찾아가 두 번째 우제를 지낸 후 탈상하는 것이 여기에 해당합니다.

[4] 고인 또는 유족이 불교 신자인 경우 사찰에서 49재를 지낸 뒤 탈상하는 것으로, 고인 사망 후 49일 만의 탈상입니다.

[5] 50일 탈상은 일반적으로 천주교 신자가 선택하는 경우가 많습니다. 천주교에서는 일정 기간 고인을 위해 위령기도나 미사를 올리는데 이 기간을 50일로 정하여 진행하는 것입니다. 50일을 권유하는 이유는 예수 그리스도 시대의 유대인들이 이집트를 탈출한 파스카 사건의 종결을 오순절에 기념했으며, 예수님께서 부활하신 날부터 성령께서 내려오신 날까지의 오십일을 기념하는 것에서 의미를 빌려, 50일을 연도 기간/탈상 시점으로 제시하고 있습니다.

[6] 백일 탈상은 고인 사망 후 100일이 되는 날에 탈상하는 것입니다. '왜 100일이냐'에 대한 근거는 1969년 「가정의례준칙」에서 부모, 조부모, 배우자의 사망 시 100일 탈상할 것을 규제한 것에서 찾을 수 있습니다. 다만 「가정의례준칙」에서 백일 탈상을 제시한 것에는 다음과 같은 배경이 있을 것으로 추정합니다. 첫째, 우리 민족이 예로부터 3과 100이라는 숫자에 많은 의미를 부여하여왔고, 특히 100은 완전함과 성숙, 그리고 다음을 위한 준비라는 의미로 이해되고 있다는 점입니다. 둘째, 전통상례에서 사망 후 100일 무렵에 이루어지는 졸곡은 무상시(無常時)로 행해지던 곡을 그친다는 의미로, 초종 후부터 이어진 질박한 절애의 감정을 점차로 순화시키는 중요한 지점에서 이루어지는 의례이기 때문입니다. 이러한 배경에서 「가정의례준칙」에서 상기로 백일 탈상을 제시하지 않았겠는가 생각합니다.

▌일자별 장례 진행 절차

1일 차	2일 차	3일 차	4일 차	5일 차
임종 이송 / 안치 장례 상담 빈소 설치 부고 착복 조문	염습 성복 조문	발인 장지로 이동 장지 의례 반혼 (초)우제 (탈상)	재우제	삼우제 (탈상)

현대 장례의 일자별 진행 절차는 위의 표와 같이 3~5일에 걸쳐 진행되고 있습니다. 임종은 보통 자택이나 병원에서 이루어지고, 운구 및 안치부터 3일 차 발인의 절차까지는 장례식장에서 진행됩니다. 매·화장 등 선택한 장법에 따라 해당 장지(葬地)에서 장지 의례를 진행하는데, 요즘은 장지에서 탈상하거나 삼우 후 탈상하는 경우가 대부분입니다.

(1) 임종

임종(臨終)은 운명(殞命)이라고도 하며 숨이 끊어지기 이전의 상태에서 숨이 끊어질 때까지의 과정을 말합니다. 죽음이 임박한 사람은 육체적 고통과 정신적 두려움을 많이 느끼기 때문에, 심리적으로 안정된 상태에서 임종을 맞이할 수 있도록 가족들의 노력이 필요합니다.

병세가 위중하면 환자를 편안히 눕힌 다음 깨끗한 옷으로 갈아입히고 침구도 새로운 것으로 바꿔드립니다. 팔다리를 가볍게 주물러 드리는 것이 좋은데, 이는 환자의 기혈이 잘 통하게 해줌으로써 좀 더 편안한 상태로 해드리기 위함이며, 가까운 이와의 가벼운 접촉은 환자의 심리적 안정에도 도움이 되기 때문입니다.

깨끗한 환경과 경건한 분위기 속에서 임종을 맞이하실 수 있도록 하며, 가족이나 평소 친분이 두터운 사람들을 모이게 하여 작별인사를 나눌 수 있도록 하여야 합니다. 말씀을 남기실 수 있는 상황이라면 남기고 싶은 말이나 유언을 기록 또는 녹음할 수 있도록 준비합니다. 종교가 있는 경우라면 종교별 임종예식[7]을 진행합니다.

(2) 이송 및 안치

사망이 확인된 시신을 장례식장으로 이송하고 안치하는 절차로, 사망 원인, 시신의 상태 등을 확인하고 수시(收屍: 주검의 머리와 팔다리를 바로 잡아두는 일)를 행합니다.

이송 담당자는 이송에 필요한 장비를 준비하여 사망 접수 시 확인한 위치로 출동합니다. 이송자가 주의하여야 할 점은 최초 시신 인계자(간호사, 유족 등)를 통해 자연사 또는 외인사[8], 감염병 여부 등을 확인[9]한 다음, 시신의 주의사항 및 특이사항을 기재한 '사망통보서'를 작성하여 장례식장 담당자에게 시신을 인계할 때 해당 서류도 함께 전달해야 한다는 것입니다. 이는 시신 처리 과정에서 발생할 수 있는 2차 감염을 예방하기 위해 꼭 필요한 조치입니다.

수시는 과거의 설치철족(楔齒綴足)과 같은 단계로서, 사후경직이 일어나기 전에 시신의 자세를 바르게 하기 위하여 행하는 것입니다. 고인의 몸이 차가워지기 전에 팔다리를 주물러 경직되는 것을 막고, 남자는 왼손이 위로, 여자는 오른손이 위로 가도록 두 팔을 배 위에 올려놓은 후 한지나 베로 만든 끈으로 허리 밑으로 돌려 묶습니다. 같은 방식으로 어깨, 팔, 허벅지, 무릎, 발목 등을 차례로 묶습니

---

7) 각 종교별로 임종자에 대한 종교 예식이 존재합니다. 천주교는 임종예식을 거행하는데, 병자성사(병자나 죽을 위험에 있는 환자가 받는 성사로서 고통을 덜고 구원을 얻도록 하나님의 자비에 맡기는 성사)를 받지 않은 사람의 경우라면 병자성사를 받고 운명하실 수 있도록 각별히 주의하여야 합니다. 기독교의 임종예배에서는 신앙고백을 하는 것이 중요하므로 가급적 의식이 있을 때 행하는 것이 좋습니다. 불교의 임종의례는 임종 직전과 임종 직후에 있는 사람에게 부처님의 가피력으로 극락세계에 이를 수 있도록 돕기 위해 행하는 것입니다. 천주교나 기독교의 임종예식이 하나님에 대한 구원과 자비를 구하고 하나님의 말씀을 믿고 따르겠다는 다짐의 예식이라면, 불교에서는 생전에 지은 업과 함께 임종 시 마음가짐이 내세를 좌우하는 가장 중요한 순간이라 여겨지므로, 부처님 명호를 암송하거나 염불·기도·독경 등을 들으며 운명할 수 있도록 도와야 합니다.

8) 사망진단서 또는 시체검안서에 표기된 사망의 종류에는 '병사, 외인사, 기타 및 불상'으로 구분됩니다. 병사 이외의 경우 해당 시신에 대한 경찰 및 검찰의 수사가 이루어지고 범죄와의 관련성이 없음이 확인되거나 수사가 마무리된 경우, 유족에게 시신을 인도한다는 내용을 담은 '검사지휘서'가 발부됩니다. 장례 관련 종사자나 시설에서는 '검사지휘서'가 발부되기 전의 시신에는 안치 외 일체의 행위(수시, 염습 등)를 해서는 안 됩니다.

9) 이송 담당자가 현장에 도착했을 때는 사망진단서가 발급되어 있지 않은 경우가 대부분입니다. 그러므로 이송자는 고인의 사망 관련 정보(감염성 여부, 사고사 여부)를 '사망통보서'에 작성해 장례식장 담당자와 공유함으로써, 시신 처리 과정에서 발생할 수 있는 감염 위험 등을 예방하여야 합니다.

다. 과거에는 칠성판(시상판)과 함께 묶고 반함을 위해 입에 각사(∧)를 물렸으나, 오늘날에는 안치 시설의 발달과 반함을 생략하는 추세에 따라 간단히 행하는 편입니다. 자세한 내용은 다음과 같습니다.

① 사망 시 고인이 착용하고 있던 의복을 제거하고, 배설물이나 체액 등을 알코올 솜 등으로 닦아내 깨끗이 합니다.

② 고인의 얼굴부터 아래로 팔다리를 잘 주물러주고, 자세가 굽어 있는 곳은 반듯하게 펴줍니다.

③ 탈지면을 작게 말아 귀와 코를 막고 하대를 채웁니다.

④ 수시복을 입힙니다(하의 → 상의순으로).

⑤ 얼굴에 탈지면을 덮고 한지로 얼굴과 머리를 감쌉니다.

⑥ 목을 고정시키기 위해 함영(턱받이)을 턱 밑에 괴고 끈으로 둘러 묶습니다.

⑦ 시신의 반대쪽 어깨와 엉덩이에 손을 넣어 작업자 쪽으로 기울여 들어 올리면, 반대쪽 사람이 칠성판(시상판)을 들어 시신의 아래쪽으로 집어넣은 다음 시신을 조심스럽게 내려놓습니다.

⑧ 시신의 머리 방향과 다리 방향에서 칠성판을 잡고 들어 올린 다음 받침대 위로 옮깁니다.

⑨ 지매로 시신 어깨, 팔꿈치, 손등, 무릎, 발목순으로 칠성판과 함께 묶어 몸이 틀어지지 않도록 합니다.

⑩ 수시포를 덮은 후 좌·우 / 위·아래를 가지런하게 여며 정리합니다.

안치 시 유족과 함께 고인을 확인한 후 안치실의 냉장 시설에 모십니다. 유족과 장례식장 담당자는 안치실의 호실과 인식표의 기재 내역(고인의 이름, 성별, 나이, 안치 날짜 및 시간, 빈소 호실 등)이 정확한지 다시 한 번 확인한 후 안치 냉장고 문에 설치합니다.

(3) 장례 상담

장례 일정, 장례 방법, 빈소의 크기 등 장례에 관한 전반적인 것을 상담하고 결정합니다. 영정사진, 제단의 장식 유무, 수의 및 상복 결정, 장례용품의 선정, 각종 서류의 준비, 차량, 식사 준비, 부고 등에 관한 상담을 합니다. 상담 및 협의하는 주요 내용은 다음과 같습니다.

① 장례식장 임대차 계약 체결(빈소 결정)
② 장례 방법(가족장, 단체장, 종교 예식 진행 여부) 확정
③ 장사 방법(매장·화장, 화장 후 봉안·자연장) 및 장사 시설 선택
④ 장례 일정(염습 시간, 발인 시간, 장지 준비 사항) 확정
⑤ 영정사진
⑥ 장례용품 선택
⑦ 상복
⑧ 제단 장식 결정
⑨ 장례 도우미 인원 및 시간 결정
⑩ 장의차량 예약
⑪ 부고

1) 장례용품
가) 고인용품(입관용품)

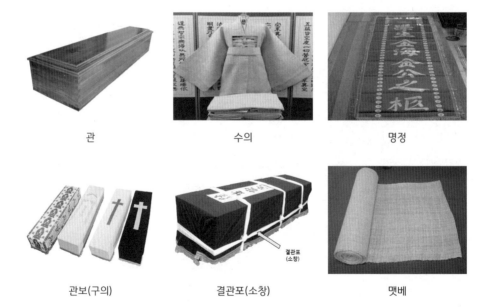

관	수의	명정
관보(구의)	결관포(소창)	맷베

나) 유족용품

현대식 상복(남)

현대식 상복(여)

완장

상장 리본

다) 빈소용품

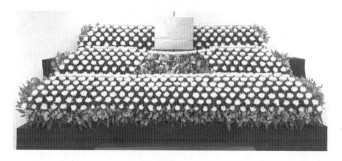
제단 장식

영정사진 액자 및 장식

향상·향로·향합·분향용 초

지방틀

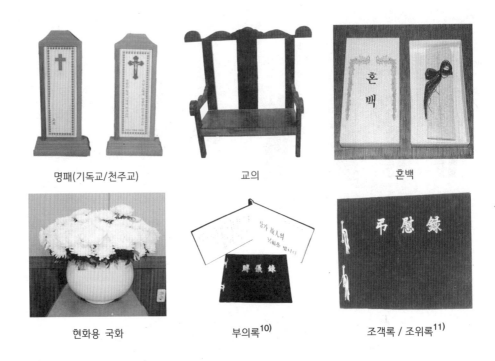

명패(기독교/천주교)　　　　교의　　　　혼백

현화용 국화　　　　부의록[10]　　　　조객록 / 조위록[11]

2) 역할 분담

상의 주인 되는 자를 상주(喪主)라고 하는데 보통 맏아들이 됩니다. 아버지가 살아계시고 어머니가 돌아가시면 맏아들이 아닌 남편이 상주가 되고, 조부모상을 당하였을 때 맏아들인 아버지가 돌아가시고 안 계시면 맏손자가 아버지 대신 승중(承重)하여 상주가 됩니다. 다만, 이때 승중상주의 나이가 너무 어려 손님 맞이가 어렵다면, 상복을 입는 사람 중 촌수가 가장 가깝고 항렬이 높은 사람을 주상(主喪)으로 세웁니다. 즉, 어린 승중상주는 궤전(饋奠)[12]을 받들고, 주상은 빈객(賓客)을 맞이하고 상가의 주요 의사결정을 내리는 것입니다. 이렇게 하는 이유는 첫째, 유교적 사후세계관에 있어 오직 종자(宗子: 맏이에서 맏이로 이어지는 직계 계승자)만이 조상의 기운과 감응·감통할 수 있다는 종법적 관념 때문입니다. 두 번째

---

10) 부의록은 상가에 들어오는 부의금을 부조한 사람의 성명과 함께 기록하는 장부를 말합니다.

11) 조문객을 기록하는 방명록을 부상(父喪)일 경우 조객록(弔客錄)이라 하고, 모상(母喪)일 경우 조위록(弔慰錄)이라 합니다. 오늘날에는 큰 차이를 두지 않고 사용하고 있습니다.

12) 상중에 살아 있는 분을 모시듯이 조석으로 제물과 음식을 올려 드리는 일.

로 유가(儒家)에서는 조상의 제사를 받들고 손님을 대접하는 '봉제사 접빈객(奉祭祀 接賓客)'을 중요한 과업으로 여겨왔기 때문입니다. 즉, 궤전을 올리고 제사를 받드는 것은 아무리 어리더라도 종자인 맏손자가 잇고, 손님을 대접하는 예도 소홀히 할 수 없으니 차자(次子: 둘째아들) 등을 주상(主喪)으로 세워 유교적 실천 덕목을 지키고자 노력한 것입니다. 현대에는 종법적 관념도 많이 약화되었고 딸이든 아들이든 동등하다는 생각이 일반적이어서 맏아들이 없는 경우, 너무 어린 승중상주를 세우는 것보다 자녀 중 적당한 사람을 상주로 세우는 경우가 많습니다.

주부(主婦)는 상의 안주인이 되는 자로서 죽은 사람의 아내가 되고, 돌아가신 경우에는 상주의 아내가 됩니다. 다만, 상기가 끝날 때까지 고인의 아내가 주부의 역할을 하는 것은 아니고, 졸곡 후[13]에는 주부의 위치를 상주의 아내(맏며느리)에게 넘겨주게 됩니다. 현대에는 탈상 시기가 무척 빠르기 때문에 고인의 아내가 주부가 되고, 탈상 후 제례에서는 맏아들이 제사의 주인이 되는 제주(祭主), 맏며느리가 제사의 안주인인 주부(主婦)가 됩니다.

호상(護喪)[14]은 상사의 처음부터 끝까지 모든 절차를 예에 따라 치를 수 있

---

13) 사계 김장생은 『의례문해(儀禮問解)』에서 "초상에는 죽은 사람의 아내가 당연히 주부가 되는데, 이때 집안 살림을 맏며느리에게 전하지 않았기 때문이다. 우제(虞祭)·부제(祔祭) 이후에는 상주의 아내가 주부가 되어야 하니, 제사의 예를 반드시 부부가 친히 해야 하기 때문이다"라고 하였습니다. 이렇듯 상주의 아내가 주부(主婦)로서의 역할을 넘겨받는 시점은 '우제(虞祭)·부제(祔祭) 이후'로 모호하게 표현되어 정확히 언제부터라고 말할 수는 없겠으나 ① 졸곡(卒哭)부터 비로소 현주(玄酒)*가 등장하는 점, ② 부제(祔祭)부터 더는 축문에 상주를 고애자(孤哀子)**라 하지 않고 효자(孝子)라 칭하게 되는 것, 평상시의 공수로 되돌아오는 것 등을 생각하였을 때, 졸곡 후, 즉 부제부터가 적합하리라 생각합니다.

* 현주(玄酒): 제사에 쓰는 맑은 물을 말합니다. 고대에는 술과 차가 없었으므로 물을 사용한 것에서 유래하였습니다. 제사상에 올리지는 않고 술병 옆에 놓아두는데, 이는 예의 근본을 되돌아본다는 의미입니다.

** 고애자(孤哀子): 상주가 본인을 가리키는 말입니다. 아버지가 돌아가신 경우 고자(孤子)라 하고, 어머니가 돌아가신 경우 애자(哀子), 두 분 모두 돌아가신 경우 고애자(孤哀子)라 합니다. 상중제례의 축문에서 우제~졸곡까지는 상주가 자신을 고애자(孤哀子)라 표현하고, 부제부터는 효자(孝子), 효손(孝孫)이라 칭하는데, 이때의 효(孝)는 효성의 뜻보다는 맏이의 의미로 사용됩니다. 즉 축문에서 효자/효손이라 칭하면 장자/장손이 제주라는 뜻이고, 그 외 중자(衆子: 맏이 이외의 아들)인 경우 자/손이라 칭합니다.

14) 『주자가례』 등 예서에는 "호상은 자제(子弟) 중 예를 알고 능히 처리할 수 있는 사람으로 정하고, 친구나 이웃 중 예절에 익숙한 이로 상례(相禮)를 삼아, 그의 처분을 들어. 호상이

도록, 상가 안팎의 일을 지휘하고 관장하는 책임을 맡은 사람을 말합니다. 요즘 가족장에서는 장례지도사가, 단체장에서는 장례위원장이 호상의 역할을 합니다.

사서(司書)와 사화(司貨)는 친족이나 친지 등이 맡았는데, 사서는 상가의 문서와 서식을 관리하는 자이고, 사화는 재물을 관리하는 자입니다. 요즘은 장례의 규모가 큰 경우에는 별도의 인원을 두지만, 소규모로 진행되는 가족장의 경우 사서나 사화의 역할을 맡는 이가 없는 경우[15]가 많습니다.

(4) 빈소[16] 설치

〈일반적인 유교식 빈소〉

빈소(殯所)는 유족과 조문객의 수를 예상하여 적당한 크기로 선택합니다. 빈소가 결정되면 제단(祭壇)을 제단꽃장식 등으로 꾸미고, 영정(影幀)사진을 준비하여 영좌(靈座)를 설치합니다. 영좌(靈座)는 혼백(魂帛)이나 영정사진, 신주, 위패, 지방 등 영위(靈位)를 모신 자리를 뜻합니다. 장례 현장에서는 지방(紙榜)을 써서 붙인 지방틀을 위패라고 부르고 있습니다.

돕는다"라고 나와 있습니다. 호상을 자제 중에 맡기니 아무리 상주는 아니라 하나 부모를 잃은 자식이 직접 챙기기에 어려움이 있었습니다. 이에 상례(相禮)가 호상(護喪)으로 대체되어, 죽은 사람과 상주의 집안 사정, 인간관계를 잘 아는 친척이나 친우 가운데서 상례 절차에 밝은 사람으로 정하게 되어 오늘에 이르게 되었습니다.

15) 부고는 장례지도사가 준 문자 서식에 맞춰 상제들이 각자 휴대폰으로 문자 부고하고, 음식이나 물품 등의 주문은 주문서나 빈소의 PC를 이용한 주문 관리 시스템을 이용합니다. 상제들이 부의함을 직접 관리하고, 부의록 기재도 조문이 거의 끝난 밤시간을 이용해 작성합니다.

16) 빈소(殯所)란 발인에 이를 때까지 구(柩: 시신이 모셔져 있는 관)를 모셔두는 곳이라는 뜻으로, 요즘은 고인을 안치실에 모시기 때문에 엄밀히 따지면 틀린 표현입니다. 하지만 장례 현장이나 「장사 등에 관한 법률」에서는 빈소를 '유족이 사용하는 분향실과 조문객을 대접하기 위한 접객실을 합한 시설'로 정의하고 있기에, 본문에서도 이를 그대로 사용하였습니다.

장례지도사에 따라 영좌 설치 시 ① 영정사진·혼백·위패(지방)를 모두 세우기도 하고, ② 영정사진과 혼백, ③ 영정사진과 위패(지방)를 세우기도 합니다. 과거 신주와 가묘(사당)제도가 일반화되기 전에는 영당(影堂)에 조상의 유품, 위판[위패와 비슷한 형태로 된 목주(木主)], 영정(影幀: 초상화, 오늘날에는 사진) 등을 모셔두고 이곳을 행례의 중심으로 삼았습니다. 그때의 예(禮)를 돌아볼 때, 각각의 신위(神位)를 중첩으로 혹은 단독으로 모셔도 무방합니다. 영좌의 좌우에 두 개의 촛대를 세운 뒤 촛불을 켜고, 향상(香床)에 향로와 향합(향을 담아두는 그릇) 등을 위치시키고 향을 피웁니다.

1) 종교별 빈소

기독교식, 천주교식, 불교식 등 유족이 선택한 장례 방법에 알맞은 용품을 차립니다.

가) 천주교식 빈소

천주교식은 영정사진과 함께 성명과 세례명을 함께 적어 넣은 명패, 십자가고상을 설치합니다. 고인이 사용하시던 성서와 성가, 묵주 등을 함께 올려놓아도 좋습니다. 조상숭배가 아닌 효의 관념을 적용하여 음식을 제단 앞에 차려두는 것을 허용하고 있어, 유족이 원한다면 음식을 단에 올려도 됩니다. 천주교는 기본적으로 분향을

〈천주교식 빈소〉

허락하고 있으므로, 향상에 분향용 초와 향로, 향합을 준비합니다. 헌화용 국화도 비치하여 조문객이 분향과 헌화 중 선택할 수 있도록 합니다. 본당에서 준비가 된다면 성수, 성수그릇, 성수채를 향상(香床)의 향로 좌편에 놓아둡니다.

천주교주교회에서 발간한 상장예식서를 빈소에 비치해두어, 신자들이 방문하였을 때 위령기도 등 필요에 의해 사용될 수 있도록 힙니다.

나) 기독교식 빈소

기독교식은 영정사진과 명패, 헌화용 꽃을 비치해두고, 고인이 사용하시던 성경책과 찬송가가 있다면 영정사진 앞에 올려두는 것으로 충분합니다. 다만 조금 더 개방적인 입장을 취하는 유족들이라면, 조문객으로 올 비신자의 입장을 고려하여 분향할 수 있는 준비 정도는 함께 해두어도 좋습니다.

다) 불교식 빈소

〈불교식 빈소〉

불교식은 영정사진과 위패(서식: 불자 성명 영가 / 불자 법명 성명 영가)를 모십니다. 영단의 서쪽에는 서방정토를 관장하는 아미타부처님의 번을, 동쪽에는 극락세계로 인도하는 인로왕보살님의 번을 모시고, 벽 중앙에 금강탑다라니 또는 십바라밀도 등을 걸어줍니다. 금강탑다라니와 영정과 위패가 일직선이 되도록 모십니다. 다만, 제단꽃장식 등으로 인해 탑다라니를 중앙에 모시지 못할 경우, 탑다라니는 가장 서쪽 자리로 모십니다. 번은 재적 사찰이나 불교상조회 등과 의논하여 설치하거나, 불자를 위한 번을 갖추어놓은 장례식장 등을 통해서 이용할 수 있습니다.

육법공양물은 향·등(초)·꽃·차·과일·쌀을 말합니다. 본래 육법공양물은 부처님께 바치는 것이지만, 모든 중생이 다 부처님 성품을 지니고 있다는 가르침에 따라 일반 사람들에게도 올릴 수 있습니다. 이에 빈소의 영단에는 향과 초, 헌화용 꽃을 잘 준비해두고 차·과일·쌀을 올립니다. 다만, 장례식장에서 육법공양까지 지키기 어렵다고 느껴지는 경우에는, 유교식 상차림에서 술·고기·생선류를 제외하는 것으로 갈음하여 준비할 수 있습니다. 원칙적으로 차가 어려우면 물로 대신하여도 무방합니다.

2) 영위로서 기능하는 '혼백과 위패(지방)'에 관한 논란

유교의 예서에서는 매장 이전의 망혼의 의빙처는 혼백이 인정됩니다. 다만 신주와 가묘(사당)제도가 정착되기 전에 영당을 모신 고례(古例)의 입장에서, 혼백·영정사진·위패(지방)의 사용이 무방하다고 말씀드렸습니다. 다만, 혼백과 위패(지방)를 완성시키는 방법은 문제가 될 수 있습니다.

혼백은 흰 명주를 양단 끝에서 말아와 속백 형태(▦)로 만들거나 천을 길게 꼬아 동심결 형태(🜊)로 묶어 만들었습니다. 시속에서는 흰 종이를 사통팔달 이어지도록 접어 그것을 혼백으로 삼기도 하였습니다. 과거에는 죽은 사람의 옷[유의(遺衣)]을 모아 그 위에 받침대를 놓고 혼백을 올려두었습니다. 사람이 입었던 옷에는 그 사람의 기운이 묻어 있기 마련이고 이에 혼령이 자신의 기운을 쫓아 왔다가 혼백에도 함께 의빙케 된다고 생각했습니다. 시대가 흐르면서 습을 하고 쓰임이 다한 초혼복을 곱게 접어 영좌에 올려두고 그 위에 혼백을 올려두었다고 합니다. 이렇듯 과거 사람들은 혼백에 혼이 의빙하는 과정이 존재하다 보니 별도의 서식이 없는 것을 의아해하지 않았습니다. 그러나 고복(초혼)도 하지 않고 입었던 옷을 활용하지도 않는 현대 사람들은, '그저 흰 천이고 종이일 뿐인 것에 아무런 장치도 없이 혼이 의탁을 할까' 의문이 들었던 겁니다. 그러다 보니 혼백 안에 이것저것 제도를 만들어 넣기 시작했습니다. 어떤 이는 지방에 쓰는 '현고학생부군신위'를 쓰기도 하고, 어떤 이는 좌측에는 생년일시, 우측에는 졸년일시를 써넣었고, 또 어떤 이는 명정의 서식을 차용해 '~之柩(지구)' 대신 '~之靈(지령)'으로 쓰기도 하였습니다. 요즘에는 혼백 안에 지방과 동일한 서식을 써넣는 것으로 정착되었습니다.

즉, 혼백도 '~신위', 위패(지방)도 '~신위'가 된 것입니다. 이것은 유가적인 입장에서 보았을 때 아주 큰 잘못이며 예가 아닙니다. 왜냐하면 유교적 상례의 핵심은 '부모의 죽음을 되돌리려 노력하고 시일이 흘러도 차마 인정하지 못하고 애절해하는 정리(情理)'라는 '차마의 정신'과 의례적 절차를 통해 적정 시기에 해야 할 행례를 지정해줌으로써 애절함이 과하여 스스로의 몸을 상하게 하는 자에게는 담담히 일상으로 되돌아올 수 있게 하고, 부모의 죽음 앞에서도 애통함을 느끼지 못하는 박정한 이들에게는 그 행동을 순화시키는 '점차의 정신'으로 대표할 수 있습니다.

이리한 유교 상례의 정신에서 보았을 때, 아직 육신의 온기가 채 사라지지도 않은 시점에서 부모의 죽음을 완연히 인정하고 신령적 지위를 부과하는 현재의

현대 장례에서 논란이 될 수 있는 행례	유가적 입장에서의 해결책
혼백과 위패(지방)를 만드는 법	위패(지방)는 폐지하고, 혼백으로 함. 혼백 내 일체의 서식을 써넣지 않음.
시사전부터 상주가 분향하고 절하는 행위	장례 1일에 이루어지는 시사전은 장례지도사 또는 축관의 역할을 해주는 친척이 전물(奠物)을 올리고 헌작(술 올리는 것)하는 것으로 마무리함.
성복 후 지내는 성복제	원래 없던 예이고, 더욱이 제사로 갖추어서는 올리지 않음. 염습 후 성복하고, 친지간 서로 조상하는 것으로 마무리함. [그날 오후 5시경이 되면 석전(夕奠)을 드림]
발인 시 지내는 발인제	견전일 뿐이므로 제사의 예로는 올리지 않음.
제주전의 변형인 평토제	근거가 없으므로 하지 않아도 무방함.

혼백과 위패(지방)는 '차마의 정신'에도 '점차의 정신'에도 위배되기 때문입니다. 따라서 과거의 유가적 전통에 입각하여 영좌를 모시려면 혼백은 안에 아무것도 적어 넣지 않은 그대로의 형태로 이용하고 위패(지방)는 사용하지 않는 것이 맞다 하겠습니다.

그러나 유가적 전통을 중심 가치로 삼아 현대 장례를 파악하게 되면 위의 표와 같은 부분들이 오류가 됩니다. 이를 바로잡기 위해 유가적 입장에서 의례를 정정하면 장례에서 유족이 실천할 수 있는 행례적인 부분이 매우 축소되는 것을 알 수 있습니다.

현재의 장례 및 탈상이 3~5일이라는 짧은 시간 안에 이루어지는 점, 의료기술의 발달로 인한 죽음 판정의 번복이 사라졌다는 점, 합리적이고 효율을 추구하는 경향이 점차 강조되고 있다는 점 등을 생각해보았을 때, 유가적 관점을 지나치게 강조하는 것보다는 달라진 상장례 환경과 현 시대 사람들의 사고방식에 맞게끔 변용하는 것이 옳을 듯합니다.

3~5일이라는 짧은 시간동안 치러내는 장례이지만, 그를 보내는 자식의 마음은 똑같이 슬프고 참담할 것입니다. 하여 유교적 정신 가치보다는 세속적이고 부족하더라도 좀 더 참여하고 표현하고 싶은 자식의 심정을 반영하여, 제사의 예를

일찍 적용하는 것이 좋을 듯합니다. 이는 현상적 죽음과 의례적 죽음을 동일시하는 관점으로 의례를 진행하여, 유족이 의례 절차 속에서 주도적으로 참여할 수 있는 여건을 조성하게 될 것입니다. 그렇기에 이후 현대 장례 절차를 기술함에 있어, 망자의 신령적 지위를 인정하는 입장으로 서술하도록 하겠습니다.

3) 신혼(神魂)의 의빙처-신주, 위패, 지방, 혼백

신주

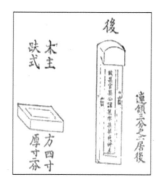 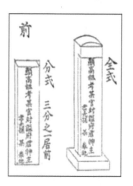

- 신혼(神魂)의 의빙처
- 종묘나 가묘(사당)에서 조상의 신위로 모셔짐.
- 세상에서 유일한 단 하나
- 전신 / 후신(함중과 규 포함) / 받침대로 구성
- 함중(陷中)은 후신의 중앙을 직사각형 모양으로 우묵하게 파낸 부분으로 망자의 성명
  ·별호·관직 등을 기록함.
- 규(竅)는 함중의 양옆으로 구멍을 뚫어놓은 것인데, 신혼(神魂)이 드나드는 구멍임.
- 전신의 내용은 상황에 따라 지우고 새로 쓸 수 있음(제사를 모시는 후손이 바뀐다거나
  사후에 증직을 받는 등).
- 함중의 내용은 한번 써지면 다시는 바뀌지 않음.

위패

- 신혼(神魂)의 의빙처
- 위판, 사판, 신판이라고도 함.
- 공신당, 문묘, 서원, 사찰 등에서 모셔짐.
- 여러 곳에 동일 인물에 대한 위패가 존재할 수 있음.
- 하나의 몸판과 받침대로 구성(함중이나 규 없음)
- 실직, 군호, 증직, 시호, 성명순으로 쓰는데, 대체로 문묘 (향교, 성균관)의 경우 시호와 성명을 씀.
- 서원의 경우 선사, 관직, 시호, 아호, 성씨 선생의 순으로 쓰며, 간혹 성을 빼고 '아호 선생'으로 쓰거나 '시호, 아호, 이름, 선생'으로 쓰기도 함.
- 간혹 후손이 모시는 직계선조 위패가 만들어질 수 있는 데, 이때는 지방 서식과 같이하면 됨.

혼백

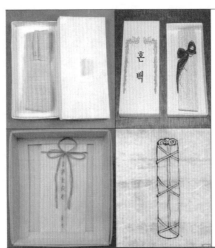

- 신혼(神魂)의 임시 의빙처
- (제도1) 흰 명주천의 양 끝을 말아 올린 뒤 묶은 속백의 형태
- (제도2) 흰 명주천을 길게 꼬아 동심결 형태로 만든 것.
- (제도3) 종이를 사통팔달로 접어줌.
  → 유의함(고인의 옷이 담긴 함)이나 고복함(초혼에 쓰인 옷이 담긴 함) 위에 혼백 설치
    초우제 후 사당의 계단 아래 등에 묻는다고 나와 있으나, 보통 삼우 지낸 후 첫 성묘 때 묘소 앞에 매안함.

지방

顯曾祖考學生府君神位　顯曾祖妣孺人金海金氏神位	顯祖考學生府君神位　顯祖妣孺人金海金氏神位	顯考學生府君神位　顯妣孺人金海金氏神位
증조부모	조부모	부모

- 신혼(神魂)의 임시 의빙처
- 사정상 신주 없이 제사를 지내야 하는 경우 종이에 써서 모신 신위
- 지방 서식(남)
  - 현(顯): 돌아가신 윗사람에 대한 경칭으로 '크신, 덕이 크신'이란 의미
  - 고(考)/조고(祖考)/증조고(曾祖考)/고조고(高祖考): 돌아가신 아버지/할아버지/증조할아버지/고조할아버지
  - 학생(學生): 관작이나 직책을 쓰는 자리로, 벼슬이 없었다면 학생이나 처사(處士)라 씀.
  - 부군(府君): 돌아가신 바깥 조상에 대한 존칭
  - 신위(神位)
- 지방 서식(여)
  - 현(顯)
  - 비(妣)/조비(祖妣)/증조비(曾祖妣)/고조비(高祖妣): 돌아가신 어머니/할머니/증조할머니/고조할머니
  - 유인(孺人): 관작이나 직책을 쓰는 자리로, 과거에는 남편의 관작에 따라 봉호를 받았으나 오늘날에는 여성 자신의 직책이 있다면 그것을 씀. 남편이 벼슬하지 않거나 관작이 없는 경우에는 유인(孺人)을 씀.
  - 모관(某貫) 모씨(某氏): 본관(本貫), 관향(貫鄕)과 성을 씀.
  - 신위(神位)
- 직책의 예시
  - 오늘날에는 남녀가 모두 사회활동을 하므로, 각자의 직책에 맞게 씀.
  - 국회의원 출신 아버지 홍길동의 지방: 현 고 대한민국 제십육대 국회의원 부군 신위
  - 22사단장 출신 할아비지 김철수의 지방: 현 조고 육군소장이십이사단장 부군 신위
  - 박사 학위자였던 어머니 김순이(본관은 김해)의 지방: 현 비 박사 김해김씨 신위

(5) 부고

부고는 가까운 친척과 친지, 단체, 회사 등에 상(喪)이 났음을 알리는 것입니다. 과거에는 호상(護喪)[17]의 명의로 부고를 알렸으나, 오늘날에는 상주나 상제가 자신이 알려야 할 곳에 직접 알리는 경우[18]가 많습니다. 부고의 내용에는 사망 시간, 장소, 발인 일시, 발인 장소, 장지, 상주와 상제(喪制) 등을 포함하여 알립니다. 과거에는 백지에 적은 부고장을 사람이 직접 전하거나 전보 등을 이용하였지만, 오늘날에는 통신의 발달 등으로 전화, 휴대폰 문자 메시지, 인트라넷 등을 많이 이용합니다. 또한 고인이나 자녀의 사회적 위치 등에 따라 신문 등에 싣는 경우도 있습니다.

1) 부고에 기재되어야 하는 내용: 신문 부고

신문 부고에는 한문 부고, 국한문 혼용 부고, 한글 부고가 있습니다. 요즘은 한글 부고를 많이 이용합니다. 유가족 정보의 경우 친족의 어느 범위까지 기재하느냐를 두고 선택해야 합니다. 과거와 다르게 아들과 딸 / 친손과 외손의 경계가 뚜렷하지 않고 집집마다의 사정이 다르므로, 해당 상가의 사정에 맞추어 결정합니다.

---

17) 호상은 상사(喪事)의 처음부터 끝까지 모든 절차를 잘 치를 수 있도록, 상가 안팎의 일을 지휘하고 관장하는 책임을 맡은 사람을 말합니다. 요즘은 가족장에서는 장례지도사, 단체장에서는 장례위원장이 호상의 역할을 합니다.

18) 과거 호상의 명의로 부고를 알린 것은 자식 된 입장에서 차마 부모의 죽음을 인정할 수 없고, 하물며 남에게 직접 알리는 참담한 짓은 할 수 없다는 의미에서였습니다. 그래서 부고는 호상의 명의로 사서(司書: 상가의 문서 출납 담당자)가 작성하여 발송하였습니다. 다만 그러한 방식이 가능했던 것은, 당시 사람들의 사회적 관계 맺음의 유대와 친밀감이 매우 깊어, 상대의 가족, 친지 등과도 두루 알 수 있었기 때문입니다. 오늘날에는 관계 맺음한 당사자가 아닌 가족이나 친지와 함께 교류하는 경우는 극히 적어, 호상 명의나 하다못해 상주 명의로 부고를 발송하여도 누가 돌아가셨는지 알기 어려운 시대가 되어 요즘에는 각 복인들이 알려야 할 범위의 사람들에게 직접 알리고 있습니다.

대상		기재 내용
고인 정보(1)	필수 기재	− 직책(회사명 직책) − 성명(세례명이나 법명, 아호가 있다면 함께 기재) − 향년(생년과 졸년을 함께 표기할 수 있음) − 사망 일시
	자율 기재	− 사망 사유 　• 숙환(宿患), 지병(持病): 오랜 병환 　• 급환(急患): 갑작스러운 병 　• 노환(老患): 노병 　• 사고(事故): 뜻밖의 불행한 일(사고일 경우 굳이 부고에 적을 필 　　요 없음) − 사망 장소
	예시	−前 ○○그룹 부회장 (아호) (성명)께서 201○년 ○월 ○일 오후 ○시 　○○분 지병으로 ○○병원에서 별세하셨습니다. 생전의 후의에 깊 　이 감사드리며 다음과 같이 발인과 영결식을 거행하게 되었음을 　알려드립니다. −(세례명) 前 ○○그룹 회장께서 201○년 ○월 ○일 오전 ○시에 　하나님의 부르심을 받아 소천하셨기에 이를 알려드립니다. −株式會社 ○○ ○○○ 會長께서 2004年 ○月 ○日 午後 ○時에 　老患으로 別世하셨기에 삼가 알려드립니다.
고인 정보(2)	필수 기재	① 아내, 남편, 자식 또는 사위 등의 직책(회사명 직책) 성명 ①과 고인의 관계를 나타내는 호칭 • 남편-부군(夫君) • 아내-부인(婦人), 합부인(閤夫人), 내실(內室) • 아버지-대인(大人), 부친(父親) • 어머니-대부인(大夫人), 모친(母親) • 장인·장모-빙부(聘父), 빙모(聘母) • 형-큰형 백씨(伯氏), 둘째형 중씨(仲氏), 동생-계씨(季氏) 　− 고인의 성명 　− 향년(생년과 졸년을 함께 표기할 수 있음) 　− 사망 일시

대상		기재 내용
고인 정보(2)	자율 기재	−사망 사유 • 숙환(宿患), 지병(持病) / 급환(急患) / 노환(老患) / 사고(事故) 사망 장소
	예시	−○○그룹 ○○○ 회장 부친 慶州 李公 ○○(이름)께서 201○년 ○월 ○일 오후 ○○시 노환으로 별세하셨기에 삼가 알려드립니다. −(주)○○○○ ○○○ 회장 부친 ○○○ 옹께서 201○년 ○월 ○○일 오전 ○시에 노환으로 별세(향년 ○○세)하셨기에 삼가 알려드립니다. −의료법인 ○○의료재단 ○○○ 회장의 합부인 ○○○ 님께서 201○년 ○월 ○일 저녁 ○○시 소천하셨기에 이를 알려드립니다.
빈소 정보		빈소 정보
장지 정보		−발인 일시 −영결식장 / 종교에 따라 장례미사 또는 장례예식 장소와 시간 −장지 −(예시) • ① 발인 일시　　201○년 ○월 ○○일 오전○시 • ② 영결식장　　서울○○의료원 장례식장 ○층 • ② 장례성찬례　201○년 ○월 ○○일 오전○시 ○○대성당 • ③ 장지　　　　경기도 ○○시 ○○면 선영
유가족 정보		−남편 / 부인 / 아들 / 딸 / 며느리 / 사위 / 손자 / 손녀 / 외손자녀 −유가족 정보는 집안마다 신고자 하는 범위가 다를 수 있음. −과거에는 아들, 사위, 장손 정도만 기재하거나, 아예 호상의 이름만 적는 경우도 있었음. −보통 배우자 / 자녀 및 그 배우자까지는 기재 −손자녀 및 외손자녀의 경우 이미 장성하여 사회생활을 해나가고 있다면 기재하여도 무방함(손자녀 및 외손자녀의 배우자까지 포함할 수도 있음). −간혹 형제나 조카 등 방계까지 포함되는 경우가 있는데 이는 예외적인 경우임.
호상 성명 및 연락처		−호상 성명과 장례식장이나 장지 등의 연락처 기재
기타 알릴 사항		−조화나 부의, 화환 등을 받지 않을 경우 해당 내용을 기재

(6) 착복

현대 장례에서는 3일이라는 짧은 장례 기간으로 인해 대부분 입관 유무와 관계없이 상복을 착용하게 됩니다. 아직 입관 전이니 복(服)을 완전히 갖추어 입을 수는 없으므로, 상복은 입되 상주나 상제임을 나타내는 완장이나 상장 리본 등은 하지 않습니다. 상복으로 남자는 주로 검은색 양복을 착용하고, 여자는 검은색 개량한복이나 흰 한복을 입는 경우가 많습니다. 이를 성복(成服)과 구분하여 상복을 입었다는 의미로 착복(着服)이라 하고자 합니다. 복인 중에 8세 미만인 아동은 고인과의 관계가 어떠하든 복을 입지 않습니다.

입관 전에 상복을 입지 않는 전통을 지키기를 원하는 유족은 입관 의례가 끝날 때까지 별도의 의복을 착용하지 않고 수수한 복장을 하면 됩니다.

1) 시사전

빈소 설치와 부고 보내기, 상복을 입는 착복까지 진행되었으면, 고인께 전을 올립니다. 이때 전을 올리는 것은 상복을 입었다고 올리는 것이 아니라, 영좌가 마련되었으니 고인께 전을 올려 의지케 하겠다는 뜻입니다. 장례지도사에 의해 영좌 설치가 마무리될 즈음이면, 유족들도 부고하

〈시사전 상차림〉

고 상복으로 갈아입는 등의 일이 이루어졌을 때이므로 '(4) 빈소 설치'가 아니라 여기에 기술합니다.

돌아가신 후 처음 드리는 전이라고 하여 시사전(始死奠)이라 하고, 일부 장례 현장에서는 초제(初祭)라 칭하기도 합니다. 술과 과일, 포를 올리는데, 제(祭)로서 올리는 것이 아니기 때문에 특별한 진설 원칙이 있는 것은 아닙니다. 한 줄에 과일과 포를 모두 배치해도 되고, 포와 과일을 구분하여 2열로 진설해도 됩니다. 다만 관행적으로 제사음식 진설 원리에 따라 배치하는 편이기는 합니다.

신위

신위에 가까울수록
복이 무거운 사람

안상주

상주

〈빈소의 제자리 / 전제(奠祭) 시 제자리〉

남녀 모두 제자리에 섭니다. 제자리란 빈소에서의 남녀 상제들의 위치에 관한 얘기인데, 영좌를 바라보는 방향에서 남자는 오른쪽, 여자는 왼쪽입니다. 복이 가장 무거운 사람이 영좌 가까이에 섭니다. 장례지도사의 집례에 따라 상주는 분향하고 헌작합니다. 일동 재배(남자는 2번/여자는 4번 절해야)합니다.

예서에서 상주는 성복(成服) 이전에는 고인이 운명한 것으로 보지 않으므로 정식으로 조문도 없고, 고인에게 절하지 않으며 성복 후에 재배한다고 하였습니다. 그러나 오늘날에는 조문을 장례 1일 차에 시작합니다. 타인에게 부모의 죽음에 대한 위로의 조문을 받으면서, 그 죽음을 인정하지 않아 절하지 않는다는 것은 이치에 맞지 않을 것입니다. 이에 분향-헌작-재배하는 것입니다.

▌빈소의 상주와 안상주의 위치

조문을 받는 주체는 영좌에 모셔진 혼백이라 가정합니다. 때문에 상주 및 가족들과 조문객의 위치는 영좌를 기준으로 잡게 됩니다. 영좌가 있는 곳을 가장 상석인 북쪽으로 여기고, 영좌를 기준으로 왼쪽을 동쪽으로 치는데 양방(陽方)인 이곳이 주인의 자리이며 남자의 자리입니다. 오른쪽을 서쪽으로 치는데, 음방(陰方)인 이곳은 손님의 자리이며 여자의 자리입니다. 예전에는 왼쪽에 상주들이 서고 오른쪽에 조문객이 섰습니다. 그 이유는 여자들은 조문객을 맞으러 밖으로 나오지 않았기 때문입니다. 하지만 현대에는 남녀가 평등하므로 서쪽에 안상주들이 서고, 조문객은 그 중앙에 위치하는 것으로 바뀌었습니다.

(7) 조문

부고를 들은 친지/친척, 지인들이 상주를 위로하고 고인의 명복을 비는 절차를 조문[19]이라 합니다. 전통 상례에서는 성복을 마치고 조문객을 맞이하였으나, 현대 장례에서는 대부분 삼일장의 짧은 장례 일정이므로 빈소 및 영정이 설치되면 곧바로 조문을 받기도 합니다. 단, 상주는 성복(成服) 이전에는 고인이 운명한 것으로 보지 않으므로, 성복 후에 고인에게 재배합니다.

1) 공수법

상(喪)은 흉사(凶事)[20]이므로 유족이든 상주든 모두 흉사 시 공수법을 하여야 합니다. 공수란 절을 하거나 웃어른을 모실 때 두 손을 앞으로 모아 포개어 잡은 자세를 말하는데, 남자는 왼손을 오른손 위에 놓고 여자는 오른손을 왼손 위에 올립니다. 이는 남자는 양이고 여자는 음이기 때문에 그 기운에 맞춰 자세를 잡기 때문입니다. 다만, 흉사 시에는 반대가 되어 남자는 오른손이 위 / 여자는 왼손을 위로 합니다.

① 공수할 때의 손의 모습은 위로 가는 손바닥으로 아래손의 손가락을 덮어서 감싸 잡는데, 두 엄지손가락은 깍지를 끼듯이 교차시킵니다.
② 공수한 손의 엄지가 배꼽 부위에 닿도록 자연스럽게 앞으로 내립니다.
③ 공수한 채 앉을 때, 공수한 손의 위치는 남자의 경우 두 다리의 중앙에 얹고, 여자의 경우 오른쪽 다리 위에 얹습니다. 남녀 모두 한쪽 무릎을 세우고 앉았을 때는 세운 무릎 위에 얹습니다.

2) 절하는 법

조문 시 남녀 모두 큰절로 재배합니다. 재배란 두 번 절한다는 뜻인데, 남자는 양의 기운을 가져 양수의 최소 숫자 1이 기준이 되어 두 번 절하고, 여자는

---

19) 『예기』「곡례」 편에 "산 사람을 알면 조문(弔問)하고, 죽은 사람을 알면 곡(哭)한다. 산 사람을 알고 죽은 사람을 알지 못하면 조문할 뿐 고하지 않고, 죽은 사람을 알고 산 사람을 알지 못하면 곡만 하고 조문은 하지 않는다"고 하였습니다. 이는 산 사람을 알지 못하는데 조문하면 그 조문은 아첨에 가까운 것이고, 죽은 사람을 알지 못하는데 곡하면 그 곡은 거짓에 가깝다고 여겼기 때문입니다. 오늘날에는 곡은 하지 않으나, 참고할 만한 이야기입니다.

20) 흉사는 사람이 죽은 때를 말하는데, 자기가 상주가 되거나 남의 상가에 조문 갔을 때입니다. 제사는 자손이 조상을 받드는 상서로운 날이라 하여 길사로 갈음합니다. 즉 흉사의 공수는 사람이 죽은 후부터 졸곡제까지의 행사에 참석할 때 하는 것입니다. 부제부터는 평상 시 공수로 합니다.

음의 기운을 가져 음수의 최소 숫자 2를 기준하여 네 번 절합니다.

고인께는 재배하고, 상주와는 맞절합니다. 맞절은 아랫사람이 먼저 시작해 늦게 일어나고 웃어른이 늦게 시작해서 먼저 일어납니다.

남자의 큰절(계수법)

① 공수한 손(흉사에는 오른손이 위)은 허리선 부분에 두고 바른 자세로 섭니다.

② 허리를 굽혀 공수한 손을 바닥에 짚습니다(손은 벌리지 않습니다).

③ 왼쪽 무릎을 먼저 꿇고, 오른쪽 무릎을 왼무릎과 가지런히 꿇습니다.

④ 왼발이 앞(아래)이 되게 발등을 포개며 뒤꿈치를 벌리고 엉덩이를 내려 깊이 앉습니다.

⑤ 팔꿈치를 바닥에 붙이며 이마를 공수한 손등에 댑니다(갓 등을 쓴 경우에는 차양이 손등에 닿게 합니다. 이때 엉덩이가 들리면 안 됩니다).

⑥ 잠시 머물러 있다가 머리를 들며 팔꿈치를 바닥에서 뗍니다. 그리고 오른쪽 무릎을 먼저 세웁니다.

⑦ 공수한 손을 바닥에서 떼어 세운 후 오른쪽 무릎 위에 얹습니다.

⑧ 오른쪽 무릎에 힘을 주며 일어나서 왼쪽 발을 오른쪽 발과 가지런히 모읍니다.

⑨ 허리를 숙인 후 몸을 일으킵니다.

여자의 큰절(숙배)

① 공수한 손(흉사에는 왼손이 위)을 어깨 높이로 수평이 되게 올립니다.

② 고개를 숙여 이마를 공수한 손등에 붙입니다(엄지 안쪽으로 바닥을 볼 수 있게 합니다).

③ 왼쪽 무릎을 먼저 꿇고, 오른쪽 무릎을 왼무릎과 가지런히 꿇습니다.

④ 오른발이 앞(아래)이 되게 발등을 포개며 뒤꿈치를 벌리고 엉덩이를 내려 깊이 앉습니다.

⑤ 윗몸을 반(45도)쯤 앞으로 굽힙니다(이때 손등이 이마에서 떨어지면 안 됩니다. 여자가 머리를 깊이 숙이지 못하는 것은 머리에 얹은 장식이 쏟아지지 않게 하기 위한 것입니다).

⑥ 잠시 머물러 있다가 윗몸을 일으킵니다.

⑦ 오른쪽 무릎을 먼저 세웁니다.

⑧ 오른발을 일으켜 왼쪽 발과 가지런히 모읍니다.

⑨ 수평으로 올렸던 공수한 손을 원위치로 내리며 고개를 반듯하게 세웁니다.

3) 조문 절차

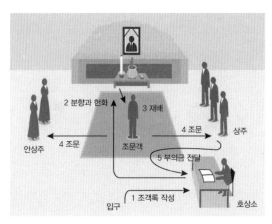

▮ 일반적인 조문 절차

① 옷매무새 정리	② 빈소 입실	③ 조객록 작성	④ 상주와 묵례	⑤ 분향
⑥ 영좌에 재배	⑦ 상주와 맞절	⑧ 조문 인사말	⑨ 퇴실	⑩ 부의금 전달[21]

조문을 마친 조문객에게 간단한 음식물과 음료 등을 대접합니다.

① 빈소에 도착하면 들어가기 전 문 밖에서 두꺼운 외투나 모자 등은 미리 벗고 예의에 어긋나는 옷차림이 아닌지 살핍니다(여성들의 경우 날씨나 패션에 따라 스타킹이나 양말을 신지 않는 경우가 있는데, 빈소에 이런 차림으로 가는 것은 매우 큰 실례입니다. 만약 준비되지 않았다면 장례식장 편의점에서 구매한 후, 옷차림을 바르게 한 뒤 빈소에 들어갑니다).

---

21) 부의함이 분향실 내부(영좌 옆)에 있다면 상주와의 인사를 마무리한 후 부의금을 함에 넣고 나오는데, 두세 걸음 뒤로 물러난 뒤 몸을 돌려 나옵니다. 상주에게 간단히 목례는 하고 나오도록 합니다.

② 조객록이 마련되어 있다면, 이름을 남기고 빈소로 들어갑니다.

③ 상주에게 가볍게 묵례한 다음 영정 앞에 무릎을 꿇고 앉습니다.

④ 향을 하나나 두 개 집어 촛불에 불을 붙인 다음 손가락으로 지그시 눌러 끄거나 왼손으로 가볍게 흔들어 끈 후 향로에 꽂습니다. 불을 끌 때 절대 입으로 불면 안 됩니다. 다만, 향로에 향이 많이 꽂혀 있으면, 분향은 생략하여도 무방합니다.

〈분향 방법〉

⑤ 영좌 앞에서 재배합니다(남자는 두 번, 여자는 네 번). 위의 공수법과 절하는 법을 참고합니다.

※ 살아계신 분께는 한 번 절하고 돌아가신 분께는 두 번 절(재배)하는데, 여자는 음(陰)이라서 예를 짝수로 행하므로 재배를 짝수로 행하는 것입니다.

⑥ 영좌에서 물러나 상주와 맞절합니다.

※ 원래는 상주들이 조문객에게 먼저 절을 하고, 조문객은 그 후에 절을 하였습니다. 상주들이 먼저 조문객에게 절을 하는 이유는 조문을 하러 와주신 데 감사를 표하는 것입니다. 그리고 조문객은 상주의 감사 표시에 대한 답배를 합니다. 하지만 항렬과 지위가 다른데도 절을 받는 상황이 생겨 불편한 경우가 많았기에, 조선 중후기부터는 차츰 상주와 조문객이 맞절을 하는 것으로 바뀌어갔습니다. 현재는 상주와 조문객이 동시에 맞절합니다.

⑦ 말 없이 물러나도 예의에 어긋나지 않습니다. 이는 상사를 당한 참담한 심정은 감히 짐작키 어려울 만큼 크나큰 아픔이므로, 어떤 위로의 말도 그 심정을 헤아릴 수 없다는 관념에서 그런 것입니다. 위로의 말은 짧게 전하는 것이 좋고, 고인과 관련된 질문은 많이 하지 않도록 합니다. 위로의 말은 "뭐라 드릴 말씀이 없습니다", "얼마나 슬프십니까?", "어떻게 말씀드려야 좋을지 모르겠습니다"와 같이 짧고 무난한 말이 좋습니다. 흔히

"삼가 고인의 명복을 빕니다"[22]라는 표현을 쓰는데, 고인이나 유족이 기독교 신자라면 실례가 될 수 있으므로 쓰지 않습니다.

⑧ 두세 걸음 뒤로 물러난 뒤, 몸을 돌려 나옵니다.

⑨ 호상소에 부의금을 전달합니다. ②의 조객록 작성을 이 순서에서 함께 하여도 무방합니다.

▌기독교 조문 절차

① 옷매무새 정리	② 빈소 입실	③ 조객록 작성	④ 상주와 묵례	⑤ 분향
⑥ 영좌에 재배	⑦ 상주와 맞절 또는 목례		⑧ 조문 인사말	⑨ 퇴실	⑩ 부의금 전달

조문을 마친 조문객에게 간단한 음식물과 음료 등을 대접합니다.

① 빈소에 도착하면 들어가기 전 문 밖에서 두꺼운 외투나 모자 등은 미리 벗고 예의에 어긋나는 옷차림이 아닌지 살핍니다.

② 조객록이 마련되어 있다면, 이름을 남기고 빈소로 들어갑니다.

③ 상주에게 가볍게 묵례한 단 앞으로 나아갑니다.

④ 헌화할 때는 오른손으로 줄기 하단을 가볍게 잡고 왼쪽 손바닥으로 오른손을 받쳐 들어 두 손으로 공손히 꽃봉오리가 영정 쪽을 향하게 해 헌화합니다.

〈헌화 방법〉

---

22) 명복이란 저승에서 받는 복이며, 저승 명부에서 유래되었다고 합니다. 이는 기독교적 생사관에는 맞지 않으므로 고인이나 유족이 기독교 신자라면 지양하여야 하는 표현입니다. 따라서 상주에게 위로의 말을 전하거나, 조객록을 쓸 때 사용하지 않도록 주의하여야 합니다.

⑤ 헌화한 뒤에는 잠시 묵념이나 기도를 합니다.

⑥ 단에서 물러나 상주와 맞절하거나 허리를 45도 정도 숙여 애도를 표합니다.

⑦ 말없이 물러나도 예의에 어긋나지 않습니다. 위로의 말은 짧게 전하는 것이 좋고, 고인과 관련된 질문은 많이 하지 않도록 합니다. 다만 기독교적 죽음은 부활·소망·영생이 함께하는 것이므로, 조문객과 유족 모두 신자라면 "주님의 위로가 함께하시길 빕니다", "주님께서 소망주시기를 바랍니다", "주님이 위로하십니다. 용기 잃지 마시기 바랍니다", "뭐라 위로의 말씀을 전해야 할지 모르겠습니다. 슬픔 중에 부활의 신앙으로 위로받으시길 바랍니다", "○○○께서는 천국에 가셨습니다. 천국에서 만날 날을 소망하시면서 위로받으시기 바랍니다" 등의 말씀을 건네는 것이 좋습니다. 상주의 대답은 "바쁘신 중에도 찾아주셔서 감사합니다", "위로해주셔서 감사합니다" 등으로 충분합니다.

⑧ 두세 걸음 뒤로 물러난 뒤, 몸을 돌려 나옵니다.

⑨ 호상소에 부의금을 전달합니다. ②의 조객록 작성을 이 순서에서 함께 하여도 무방합니다.

(8) 염습 및 입관

시신을 정결하게 목욕시키고 수의를 입히는 습(襲)의 절차와 시신을 옷과 염포(殮布)로 묶는 절차인 염(殮)의 절차를 합하여 염습(殮襲)이라 합니다. 전통 상례에서는 습 이후에 소렴하고 대렴을 하였으나, 현대 장례에서는 습·소렴·대렴을 한 번에 진행하고 '염습' 또는 '입관'의 용어로 사용하고 있습니다. 염습은 통상 1시간에서 1시간 30분 정도 소요됩니다. 입관 시 종교예식을 진행한다면 통상 20~30분 정도 더 소요될 수 있습니다. 다만, 염습실은 장례식장 이용자들이 공동으로 사용하는 시설이므로, 종교의식 등으로 인해 사용 시간을 늘리거나 하는 일은 장례식장 관리자를 통해 조율해보아야 합니다. 장례식장의 빈소 현황에 따라 어려울 수도 있습니다.

전통적으로 가정에서 염습하는 경우 남자의 염은 남자가, 여자의 염은 여자가 하였으나, 요즘에는 정규 교육과 자격증을 소지한 장례지도사가 담당합니다. 염습은 현대 장례 절차 중 고인과 작별하는 중요한 의례적 절차이므로 가능한 한 많은 유족이 참관할 수 있는 시간을 결정하도록 합니다.

1) 염습 및 입관 과정

가) 염습 전 처치 및 목욕하기

① 장례지도사는 염습 전에 사망자의 사망확인서를 재확인(병사, 사고사, 감염병 여부)하고, 유가족에게 염습실 출입에 따른 감염 위험성에 대한 경고 및 감염 예방법, 참관 시 유의 사항을 설명하고 염습과 입관 과정을 참관할 수 있도록 안내합니다. 요즘은 유족의 별도 요청이 있는 것이 아니면 목욕과 습(상·하의 입혀드리기)이 어느 정도 완료된 후 참관실로 모십니다.

② 염습 전에 냉장(안치)시설에서 유가족과 함께 해당 고인을 확인하고, 확인이 끝난 시신을 염습대로 옮겨 입고 있던 옷이나 수시복 등을 탈의시킨 후 시신의 이상 유무를 확인합니다. 신체 각 부위의 이물질을 깨끗하게 정리하거나 소독합니다.

　　보통 체액 분출이 예상되거나 손상 부위가 넓은 시신의 경우 안치 및 수시 단계에서 적절한 처치를 행하지만, 복수가 차거나 기타 이유 등으로 인해 체액 분출물이 추가로 나오거나 손상 부위가 벌어지는 경우도 있으므로 필요한 경우 염습 전에도 소독·흡입·봉합 등의 처치를 해야 합니다.

③ 시신에 대한 소독 및 처치가 끝나면 염습의 원활한 진행을 위해 경직된 팔과 다리를 잘 주물러주고 신체의 주요 관절 부위를 움직여서 관절의 움직임이 쉽도록 이완시킵니다.

④ 70% 에틸알코올에 적신 솜을 이용해 고인의 몸을 팔·손-몸통-다리-발순으로 닦아드리고, 하대를 채웁니다. 손발톱을 정리하여 오낭에 담은 후, 제 위치에 맞는 손·발가락에 끼워놓습니다.

나) 습하기(수의 입히기)

습(襲)은 고인에게 습의[襲衣, 수의(壽衣)라고도 함]를 입혀드리는 절차입니다.

▍습(襲) 절차

① 버선 신기기	② 악수 씌우기	③ 하의 입히기	④ 상의 입히기	⑤ 옷매무새 정리
⑥ 습신 신기기	⑦ 얼굴 정리하기	⑧ 인에 마지막 예/반함	⑨ 머리 싸기 및 마무리	

① 시신을 깨끗이 정화하는 목욕의 단계를 마치면 수의를 입혀드리는데, 지
역이나 작업자의 성향에 따라서 수의를 입히기 전에 지옷을 입히는 경우
도 있습니다.

지옷을 입히는 경우에는 하대-등판-앞가슴판-묶기-
팔(손)싸기(우/좌)-다리 싸기(우/좌)-발 싸기 순서
로 합니다. 지옷을 입히면 뻣뻣한 재질의 삼베 수
의를 좀 더 부드럽게 입힐 수 있습니다.

〈지옷을 입힌 모습〉

② 오낭이 각각의 손·발에 제대로 끼어 있는지 확인한 후 버선을 신기고, 악
수를 씌운 후 매듭짓습니다. 이때, 악수의 매듭은 모두 고인의 몸통 쪽으
로 향하게 하여 깔끔하게 마무리합니다.

〈발가락 사이에 오낭을 끼우고 버선을
신긴 모습〉

〈손가락에 오낭을 끼운 후 악수를
씌우고 몸통 쪽으로 매듭지은 모습〉

③ 하의를 입힙니다.

〈대님의 매듭 짓는 모습(복숭아뼈 위쪽)〉

〈완성된 모습〉

① 겹쳐 끼워둔 하의를 고인의 하체 위에 펼친다.

② 반대쪽 손으로 교차하여 발목을 잡는다.

(남자의 경우) 속바지-바지순으로 끼워둔 하의를 입힙니다. 먼저 사수와 부사수가 양쪽에서 바지의 허리에서 발목 쪽으로 손을 넣어 뺀 다음, 반대쪽 손으로 교차하여 발목을 잡습니다. 다른 손으로 허리자락을 붙잡아 바지를 끌어올려 입힙니다. 부사수가 허리자락을 정리하면 사수는 대자를 이용하여 허리끈을 고인 밑으로 집어넣습니다. 반대쪽에서 부사수가 끈을 빼어주면 사수는 허리끈을 매듭짓습니다. 바지 자락을 정리하여 대님으로 묶어주고, 중심선이 맞도록 바지를 잡아당겨 발목 부분에서 가지런히 정리합니다.

(여자의 경우) 속곳-속바지-속치마-치마순으로 끼워둔 하의를 입힙니다. 치마의 위쪽에서 아래쪽 방향으로 손을 넣어 뺀 다음, 반대쪽 손으로 교차하여 발목을 잡습니다. 다른 손으로 치맛말기를 붙잡고 가슴 높이까지 치마를 올려준 후 부사수가 고인의 몸을 기울여주면 사수가 고인 밑으로 말기끈과 치맛자락을 넣어줍니다. 다시 사수가 몸을 기울여주면 부사수는 사수가 넣어준 말기끈을 잡아 빼고, 자신 쪽의 말기끈을 고인 밑으로 넣어줍니다. 사수는 말기끈을 잡아 빼고 양쪽에서 올라온 끈을 가슴 위에서 묶되, 정중앙이 아닌 왼쪽으로 치우쳐 매듭짓도록 합니다.

④ 상의를 입힙니다. 남자의 경우 저고리-두루마기-도포순으로, 여자의 경우 속저고리-저고리-원삼순으로 미리 끼워둔 상의를 입힙니다.

〈상의에 팔을 넣는 모습〉

〈옷깃은 오른쪽으로 여미고, 고를 만들지 않음〉

상의를 고인 위에 펼친 뒤 사수와 부사수가 각각 자신이 서 있는 쪽의 동전 부분을 바깥쪽으로 말아 쥐고, 나머지 옷자락들을 접어 올려 한 손에 쥡니다. 다른 손으로 고인의 다리를 적당히 들고, 잡아 쥔 상의를 다리 밑으로 넣어 둔부까지 끌어올립니다. 고인의 허리와 몸통을 들어 상의를 어깨까지 올리고, 사수와 부사수 순으로 팔을 끼워 넣습니다. 고인의 어깨 아래에 손을 넣어 상체를 살짝 들어주고, 다른 손으로 상의를 잡아 올려 어깨선을 맞춥니다. 동전을 잡을 때 함께 접어 올렸던 상의는 고인을 몸통·허리·다리순으로 들어주며 반듯하게 펼쳐줍니다. 저고리 – 두루마기(여자: 속저고리-저고리)를 차례로 여미어 매듭짓습니다. 도포(여자: 원삼)를 여민 다음, 사수가 대자를 이용해 대대를 밑으로 넣고 부사수가 빼서 넘겨주면 사수가 매듭짓습니다. 옷매무새를 단정히 하여 마무리합니다.

〈완성된 모습〉

⑤ 습신을 신깁니다.

〈습신 신기기 남/여〉

⑥ 충분히 적셔둔 알코올 솜으로 고인의 머리를 감겨드립니다. 남자인 경우 면도크림을 발라 면도시킨 다음, 작은 알코올 솜을 말아서 코 안쪽을 세척합니다. 알코올 솜을 이용하여 세안시킨 다음, 스킨·로션을 바릅니다. 필요한 경우 자연스러운 안색 메이크업을 해드립니다. 여자인 경우 알코올 솜을 이용하여 코 안쪽 세척과 세안을 해준 다음, 자연스러운 톤의 색조메이크업을 해드립니다.

⑦ 얼굴 정리를 마치면 빈소로 올라가서 유족을 염습실 안으로 안내하여 고인께 마지막 인사를 할 수 있도록 합니다. 고인의 얼굴을 뵐 수 있는 마지막 순간이며, 유족의 감정이 슬픔의 정점에 있는 순간이라 할 수 있습니다. 서는 위치는 빈소에서와 같이 하고, 공간이 허락하지 않는다면 상황에 따라 적당한 위치에 서서 차례로 고인을 뵙고 인사드립니다. 다만, 아무리 부부간의 사랑이 넘치고 자식이 부모를 공경하고 사랑한다하여도, 부모가 자식을 생각하고 사랑하는 데 미치지는 못할 것입니다. 해서 고인의 부모님께서 살아계시면 부모님이 먼저 보시고, 배우자와 자식은 그 이후에 뵙도록 합니다. 나머지 복인들도 모두 고인을 뵙고 인사할 수 있도록 기다려드립니다.

유족들이 인사가 어느 정도 마무리되면, 유족들은 제자리에 서고 상주를 모시고 반함의 절차를 진행합니다. 요즘은 거의 반함을 하지 않는데, 반함이 없다면 유족들을 참관실로 안내합니다. 유족 중 염습실에서 지켜보고자 하는 분이 계시다면 대렴 시 동선에 방해가 되지 않는 적당한 자리를 지정해드립니다.

⑧ 머리 싸개를 덮고 정리한 후, 함영을 채웁니다.

다) 염하기

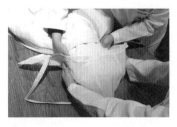

〈복건을 씌우는 모습〉

〈습이 완성된 모습〉

멱목의 한쪽 귀퉁이는 머리 뒤로 넣고 반대쪽은 안면부로 내려 얼굴을 감싸줍니다. 멱목의 왼쪽·오른쪽 귀퉁이의 양끝을 가지런히 정리하여 얼굴에 올려 덮습니다. 멱목끈은 안면에서 교차한 다음 머리 뒤쪽에서 묶어 매듭짓습니다. 수의 세트의 구성에 따라 입 덮개가 별도로 있는 경우, 입 덮개를 하여 안면부의 멱목끈을 가려주고 입 덮개 끈은 머리 뒤쪽에서 매듭짓습니다. 남자는 복건, 여자는 여모를 머리에 씌워 마무리합니다.

전통상례에서는 효(絞)와 금(衾), 옷 등으로 염하기를 소렴·대렴 두 번에 걸쳐 행하였는데, 이는 시신의 형태를 바로잡아 고정해주는 기능과 함께 계절과 날씨에 상관없이 실온에서 시신을 장기간 보관하기 위해서 반드시 필요한 절차였습니다. 오늘날에는 짧은 장례 기일, 안치 냉장고와 같은 시신 보관 시설의 보편화 등으로 인해 염은 의례적 기능과 시신의 형태를 바로잡아주는 기본 기능만이 남았습니다. 이에 현재의 염은 습에 바로 연이어 행해지고 있으며 과거와 같이 소렴·대렴 두 번에 걸쳐 겹이불이나 옷 등으로 감싸 묶을 필요 없이, 베로 형태만 본떠 만든 천금(이불)·지금(요)·염포로 시신을 싸서 묶는 절차로 진행됩니다.

염하기는 크게 속매 묶기-장매(천금·지금 포함) 묶기-겉매 묶기로 나눌 수 있습니다. 속매는 보통 어깨, 팔관절, 손목, 무릎 및 발 부분을 묶어주는 5매듭을 하는데, 묶는 순서는 작업자의 성향에 따라 달라질 수 있습니다.

장매는 시신의 길이 방향으로 설치하고 그 끝을 3가닥 또는 2가닥으로 절개하여 묶는데, 염습 준비 시 미리 재단해두어 사용할 수도 있고 장매

묶기를 하면서 절개할 수도 있습니다. 겉매는 머리에서 발쪽으로 매듭지 어나가는데 보통 21매듭을 만듭니다.

① 속매 묶기

〈속매 묶는 모습〉

〈발목에 묶은 끈을 발바닥과 교차시켜 발이 직각을 유지하도록 고정하는 모습〉

미리 준비해둔 맷베(혹은 지매)를 대나무 자를 이용 하여 시신의 어깨, 팔관절, 손목, 무릎, 발 아래에 넣어줍니다. 소매를 잘 정리하여 옷맵시가 살도록 양쪽 팔을 배 위로 정리하고, 부사수가 어깨나 팔꿈 치 부분을 양쪽에서 압박하여 모아주면 사수는 미 리 깔아둔 맷베를 어깨-팔꿈치-손목순으로 묶어줍 니다. 손목을 묶을 때는 수시와는 달리 양손을 포개 지 않고 나란히 하여 묶습니다. 도포(원삼)자락을 잘 정리한 다음 무릎-발 부분의 맷베를 묶어줍니다. 특히 발 부분을 묶어줄 때는 발바닥이 젖혀지지 않 도록 발목과 발바닥을 함께 묶어 마무리합니다.

② 장매 묶기

〈장매 위에 천금을 깔고 그 위에 고인을 모시는 모습〉

속매까지 마무리한 시신 위에 장매를 펼친 후 지금 을 올려놓습니다. 부사수는 장매-지금을 세로 방향 으로 돌돌 말아 반대편 사수에게 넘기고, 자신의 반 대쪽 어깨와 엉덩이에 손을 넣어 시신을 자신의 몸 쪽으로 기울여 사수 쪽으로 등이 드러나도록 합니 다. 사수는 말아둔 장매-지금을 시신 아래로 밀어 넣고 부사수가 시신을 바로하면, 자신 쪽으로 시신 의 몸을 기울여 부사수 쪽으로 등이 드러나도록 합 니다. 부사수는 장매-지금을 빼서 잘 펴줍니다. 고 인의 머리 밑에 베개를 넣어준 후 그 위에 천금을

<천금을 덮고 장매의 위/아래 깃을
각각 묶어주는 모습>

덮습니다. 장매의 머리와 발쪽 깃을 먼저 덮고 겹쳐지는 양 깃의 끝부분을 두 갈래로 재단하여 머리쪽-발쪽 깃을 각각 묶어줍니다. 장매의 왼쪽-오른쪽 깃도 차례로 덮어 가지런히 정리합니다. 겉매 묶기 작업 중에 장매가 흐트러질 수 있으므로 짧은 맷베로 다리를 묶어둡니다.

<장매의 왼쪽/오른쪽 깃을 덮어
정리한 후, 발목 쪽에 맷베를 묶어
임시로 고정하는 모습>

③ 겉매 묶기-21매듭

<겉매 묶는 모습>

염습 준비 시 재단해 둔 맷베 7개(양 끝을 3가닥으로 절개한 맷베로 짧은 것 3개, 긴 것 4개)를 이용해 21매듭 겉매 묶기를 합니다. 먼저 머리쪽 장매를 잘 여며준 다음 짧은 겉매 하나를 머리 밑에 넣어줍니다. 머리 부위의 겉매는 3가닥 중 처음 두 가닥은 좌우 X자로 교차하여 여며주고, 나머지 가닥으로 묶어줍니다. 대나무 자를 이용해 어깨 부위에 겉매를 넣어주고 좌우 가닥을 차례로 묶어준 다음, 다리 부위에 짧은 겉매를 넣어 묶어줍니다. 어깨 아래부터 다리 쪽으로 겉매를 계속 묶어 21매듭 겉매묶기를 완성합니다.

<완성된 모습>

속매, 겉매를 재단하고 묶는 과정과 순서는 매·화장에 따라, 지역적 특색, 고인의 신장(키)에 따라 달라질 수 있습니다. 요즘은 고깔, 한지 등을 활용한 화려하고 다양한 형태의 대렴법이 있습니다.

〈다양한 형태의 대렴〉

라) 입관

입관은 매장을 하는 경우 매관[埋棺, 관장(棺葬)]·탈관(脫棺) 여부에 따라, 염의 유무에 따라 방법에 차이가 있습니다. 염습이 시작되기 전에 관 내부를 깨끗이 정리한 후 관의 바닥과 사면을 한지로 덮어놓습니다.

먼저 매장 시 탈관(脫棺)하는 경우에는 탈관하여 고인을 광중에 모실 때 들어 내릴 수 있도록 거포(들끈)를 준비합니다.

① 관 받침대를 놓고 관을 올리고 천판(天板: 관의 뚜껑)을 엽니다.
② 정리가 끝난 관에 시신의 상중하 3곳에 4~5미터 정도의 들끈을 넣어둡니다. 매장 시 매관하거나 화장인 경우, 들끈(거포)을 넣는 과정만 생략하면 됩니다.
③ 고인의 머리와 다리를 들어 관 속으로 모십니다(들끈 위에). 부모님의 마지막을 직접 모신다는 의미로 상주가 허리 부분을 잡고 함께 모실 수 있도록 합니다.
④ 관의 빈 공간을 보공으로 채워 운구 시 시신이 관 속에서 흔들리지 않도록 한 후, 유족이 준비한 물품(종교용품, 고인 유품 등)이 있다면 함께 넣어드립니다. 화장이라면 폭발하거나 환경오염을 유발할 수 있는 물건은 넣을 수 없습니다.
⑤ 한지를 덮어 정리한 후, 천개(천판, 관 뚜껑)는 요철 부위(凸凹)를 잘 맞추어

덮습니다. 은정(나무못)이 있는 관이라면 천개를 덮고 망치로 은정을 박아 넣습니다.

마) 염을 하지 않은 경우

염을 한 시신인 경우 이미 지금-베개-천금을 덮고 장매로 싸두었기 때문에 위와 같은 방법으로 입관하지만, 종교나 개인적 신념 등의 이유로 염을 하지 않은 시신의 경우에는 다음과 같이 입관합니다.

① 고인은 별도의 염을 하지 않으나, 원활한 입관을 위해 맷베로 5매듭(어깨-팔꿈치-손목-무릎-발)을 묶습니다.
② 관에 지금을 깔고 베개를 놓고 고인을 모십니다.
③ 묶어두었던 맷베를 풀어 꺼내드린 후 보공을 채우고 천금을 덮어드립니다.
④ 한지를 덮어 정리하고 천개(천판, 관 뚜껑)를 덮습니다.

〈관 내부를 한지와 꽃으로 장식한 모습〉

과거에는 보공으로 고인이 생전에 입던 옷을 돌돌 말아 사용했는데, 근래에는 나무 켜를 종이로 싼 것이나 두루마기 휴지 등으로 대신합니다. 관장식 겸 보공으로 한지나 꽃으로 관 내부를 채우는 경우도 많습니다.

바) 결관하기

결관은 운구(運柩) 시 고인을 모신 관[구(柩)]을 잡고 들기 위하여 결관끈으로 관을 묶는 것을 말합니다. 결관을 하는 이유는 첫 번째 운구(運柩)를 하기 위함이고, 두 번째로는 시신의 부패로 인하여 관이 벌어지는 것을 막기 위함입니다.

결관을 할 때는 운구 거리와 운구 인원, 관의 무게중심 등을 고려하여 결관 매듭의 수와 위치를 조절하여 결관하고, 결관끈이 느슨하지 않도록 단단하게 동여매야 합니다. 운구 인원은 보통 6명인 경우가 일반적이나 운구 거리나 매·화장 여부, 상가(喪家)의 개별 사정 등에 의해 4명이나 8명이 될 수도 있습니다. 운구 시 무게중심의 쏠림이 생기면 운구자의 허리 부상이 발생할 수도 있으므로, 결관 시에는 관의 무게중심을 고려하여 결관 매듭별 간격을 유지하여야 합니다.

① 공포, 한지, 현훈, 운아삽을 관과 결관끈 사이에 넣어준다. 화장이라면 공포와 한지는 넣지 않는다.

② 명정을 덮어준다.

③ 종교에 적합한 관보를 덮어준다.(왼쪽 위부터 시계방향으로 유교식, 불교식, 개신교식, 천주교식)

결관 방법에는 결관끈(소창)을 자르지 않고 사용하는 방법과 잘라서 사용하는 2가지 방법이 있는데, 편의상 이를 통결관과 단결관(斷結棺)이라 칭하겠습니다. 과거에는 매장이 일반적이었으므로 결관법은 대개 통결관을 사용하였습니다. 통결관은 장지에 도착해서 결관끈을 풀어 하관 시 활용하거나, 탈관인 경우 들끈(거포)으로 활용하는 경우가 많았습니다. 그러나 화장이 일반적인 요즘은 통결관이든 단결관이든 작업자의 선호도에 의해 결관 방법을 결정하고 있습니다.

결관 시에는 운구나 장지에서 필요한 장례용품을 함께 챙겨야 하는데 현훈(玄纁), 운·아삽(雲·亞翣), 공포(功布), 한지 한 묶음, 명정(銘旌), 관보 등이 그것입니다. 관과 결관끈(소창) 사이에 현훈과 운·아삽을 끼운 다음 명정으로 덮고 그 위에 관보를 씌우는 방법과 관 위에 관보를 씌운 다음 결관하여 명정을 펼쳐서 끼워 넣고 현훈과 운·아삽을 끼우는 방법이 있습니다. 단, 매장일 경우에는 공포와 한지를 현훈과 운·아삽 아래에 끼워줍니다. 현훈은 원래 토지신께 드리는 예물로서 쓰는 것입니다. 따라서 화장 시에는 준비할 필요가 없으나 혼백함 안에 포함되어 있으므로, 장례현장에서는 대개 함께 넣어줍니다. 의미가 없는 행위이므로, 화장일 경우 현훈은 제외하는 것이 좋습니다. 기독교와 천주교의 경우, 현훈, 삽과 같은 용품은 모두 제외합니다.

각 종교에 맞는 적절한 관보를 씌웁니다.

현훈	
	- 현훈(玄纁)은 검은색과 붉은색의 비단으로 만든 것 - 토지신(土地神)에게 드리는 예물로 일종의 선물임. - 주인이 축관을 시켜, 현훈을 받들어 관(棺) 동쪽에 넣거나 혹은 상현하훈(上玄下纁), 좌현우훈(左玄右纁)의 순서로 넣기도 함. - 이때의 방위는 고인 중심의 방위임(고인이 토지신께 예물로 드리는 것이므로 고인 중심으로 방위를 따짐). - 대체로 예설은 상현하훈이며, 좌현우훈은 예가(禮家)에 따라 이설(異說)이 있음.

|  |

〈현훈-봉투 안에 현훈을 넣어 광중에 넣은 모습〉 | 〈하관 시 세 번째 횡대 자리에 현훈을 드리고 횡대를 덮고 있는 모습〉

명정

- 죽은 이의 신분을 밝히기 위해 품계·관직·성씨 등을 붉은 비단 천에 금분이나 은분으로 쓴 기 (旗)
- 죽은 자는 형태를 구분할 수 없어서 그 이름을 쓴 정기를 가지고 식별하는 것임.
- 영좌의 오른쪽(즉, 바라보는 방향에서 왼쪽)에 세워두고, 발인 시에는 행렬의 앞쪽에 서서 상여를 인도하고, 하관 후 구 위에 씌워서 묻음.

- (남)學生某官某公之柩 / (여)孺人某官某氏之柩
- 학생 / 유인은 벼슬하지 않은 자와 그 아내에게도 정9품(최말직)에 해당하는 관작과 봉작을 쓸 수 있도록 묵인한 것
- 종교별 명정 예시
- 개신교: 성도(聖徒) 또는 목사/권사/집사 김해 김공 지구
- 천주교: 신자(信者) 또는 신자(信者) 안동권공(안토니오) 지구
- 본관 성씨와 세례명을 병기

삽	
 	- (위) 왼쪽부터 화삽(운삽) / 불삽(아삽) - (아래) 왼쪽부터 화삽(운삽) / 보삽 - 발인할 때 상여의 좌우에서 들고 가는 치장제구 (治葬製具)의 하나 - 신분에 따라 쓸 수 있는 종류와 개수에 차이가 있었음. - 용삽(천자) / 보삽(제후) / 불삽(대부) / 화삽(사서 인): 우리나라에서는 명성황후 국장에 용삽이 쓰 였고, 고종황제는 일제에 의해 진행되었던 관계로 쓰이지 않았음. - 하관(下官)할 때 명정(銘旌)과 함께, 관(棺)의 좌 우에 묻음. - 불삽(黻翣)은 기(己) 자 2개를 서로 대칭되게 붙 여 아(亞) 자 모양을 하고 있어 아삽(亞翣)이라고 도 하는데 가장자리에는 구름 무늬를 그려 넣었음. - 이는 귀인(貴人)의 보호 아래 망자(亡者)의 넋이 무사하게 명부(冥府)에 인도(引導)되기를 염원(念 願)한다는 의미를 담고 있음. - 화삽(畵翣)은 구름 모양을 그려 운삽(雲翣)이라고도 함. 관행에 글자로 雲을 써서 쓰는 것은 잘못된 것임. - 사람이 죽으면 혼(魂)은 하늘로 올라가고 넋은 땅으 로 들어간다는 믿음에서 유래한 것으로 죽은 사람의 혼을 잘 인도해달라는 기원(祈願)이 담겨 있음.

공포	
	- (왼쪽) 공포 - (오른쪽) 발인 행렬 시 상여 앞에 선 공포 - 공포(空布)는 발인할 때 상여를 이끄는 길 잡이 역할을 하는 것 - 좌/우/언덕/내리막길 등을 공포를 움직여 상두꾼들에게 길을 알렸음. - 장지에 도착하면 쓸모가 다한 공포를 가지 고, 영구의 먼지를 털어주었음.

2) 일제의 잔재, 삼베 수의

대중에게 삼베 수의는 우리의 전통으로 각인되어, 수제로 만든 좋은 품질의 삼베 수의는 고인에 대한 최고의 예우로 굳게 자리 잡고 있습니다. 허나 과거부터 삼베는 죄인의 옷, 혹은 가난한 이들의 옷이었습니다. 우리 선조들은 수의로 자신이 가진 옷 중에서 가장 좋은 것이나, 예복, 제복, 관복 등을 사용하였습니다. 새로이 수의를 마련한다 하더라도 비단이나 모시, 무명 등으로 정갈하고 아름답게 지어 입었습니다. 삼베 수의는 일제강점기에 자원 수탈을 용이하게 할 목적으로 도입되었고, 세월이 지나면서 관행으로 자리 잡아 지금과 같은 지위를 가지게 된 것입니다. 상주는 부모를 돌아가시게 한 죄인이라는 의미로 거친 삼베로 만든 상복을 지어 입었는데, 바꾸어 말하면 부모님의 하늘옷으로 죄인의 옷을 입혀드렸다는 것이 됩니다.

이에 삼베 수의에 대한 대안으로, 우리의 전통에서 그러했듯이 고인이 생전 가장 좋아하고 가진 것 중 가장 귀한 옷으로 수의를 삼으면 될 것입니다. 다만, 오랜 병환이나 사고로 인해 시신의 상태가 좋지 못할 경우, 평소 입으시던 옷을 입히기는 무리인 경우가 많습니다. 시신의 상태가 좋으면 평상시의 옷도, 개성을 드러낼 수 있는 별도의 의복을 선택할 수도 있겠지만, 사후경직, 병환, 사고 등 여러 가지 변수들을 고려했을 때, 현재와 같은 수의 형태는 필요할 것이라 생각됩니다. 따라서 수의로는 평상시의 좋아하시던 옷이나 명주나 모시, 한지 등 다양한 소재와 전통 문양 속에서 복이나 효를 뜻하는 문양을 적용한 것이 좋을 것입니다.

(9) 성복

성복이란 정식으로 상복을 입는다는 의미입니다. 현대 장례에서 상복 착용은 남자는 검은색 양복으로, 여자는 검은색 개량 한복이나 흰 한복을 입는 경우가 많습니다. 상복을 입는 사람을 복인이라고 하며, 상복에 검은색 천이나 삼베로 만든 완장이나 상장(리본)을 착용합니다. 현대에는 복인의 범위를 민법에서 정한 친족의 범위인 부계 8촌, 모계 4촌까지로 합니다. 복인 중에 8세 미만인 아동은 고인과의 관계가 어떠하든 복을 입지 않습니다.

이미 전날 상복을 착복하였으므로, 완장과 상장을 패용하는 것으로 성복을 갈음합니다.

〈완장〉   〈상장 리본〉

상장과 완장을 착용하는 데 특별한 원칙이나 규정이 있는 것은 아닙니다. 관행적으로 다음과 같이 구분하여 착용하고 있습니다.

〈남자인 경우〉
• 두 줄 완장 – 상주, 사위, 승중손자
• 한 줄 완장 – (상주, 사위, 승중손자를 제외한) 복인 중 기혼자
• 무줄 완장 – (상주, 사위, 승중손자를 제외한) 복인 중 미혼자

〈여자인 경우〉
• 머리에 흰색 상장 리본 핀

이때 부상(父喪)이면 왼쪽, 모상(母喪)이면 오른쪽에 다는데 남녀 모두 같습니다. 이는 전통상장례에서 소렴 변복 시 부상/모상에 따라 좌단(左袒: 왼쪽 소매를 빼서 어깨를 내놓는 것)/우단(右袒)하였던 것에서 차용되어 관행으로 굳어진 것입니다.
왼쪽 가슴팍에 달아주는 상장 리본(남)과 머리에 달아주는 흰색 상장 리본 핀(여)은 탈상 전까지 계속 착용하여야 합니다.

1) 완장(腕章) 및 상장(喪章)

완장과 상장은 일제강점기인 1934년 반포된 「의례준칙」에 처음 등장합니다. 「의례준칙」에 제시된 내용을 정리하면 다음과 같습니다.

- 상복은 직계에 해당하는 자와 그 배우자만 입고, 나머지 복인은 입지 않습니다.
- 상복은 굴건제복과 대수장군은 금하고, 남자는 두루마기 또는 양복에 두건 / 여자는 한복 또는 기모노를 입습니다.
- 복인은 모두 상장이나 완장을 착용합니다.
  → 상주를 비롯한 직계가족들은 상복에 상장 또는 완장을 달았고, 나머지 복인들은 상복을 입지 않고 상장만을 달았습니다.
  → 삼년상을 기준으로 14일의 1차 상기가 끝나면 상복을 벗고, 상장만을 착용하며 1년간 영좌를 모십니다. 단, 상식은 하되 전제는 올리지 않습니다.
  → 1년이 지나면 영좌를 철거하고 상장도 제거합니다. 실질적인 탈상이 이때 이루어지고, 다만 2년째 대상제를 올리며 상을 마무리한다고 되어 있습니다.

이렇듯 완장이나 상장은 그 자체로 복인의 범위나 경중을 나타내는 기능은 없습니다. 다만, 현대 장례에서 상제나 백관이나 조문객이나 모두 검은색 양복 등 비슷한 복식을 입고 있는 가운데, 좀 더 친족 간의 범위를 구분지어 나타내고, 복의 경중도 드러낼 수 있는 방법이 없을까 궁리하다 보니 지금의 완장과 상장을 패용하는 관행이 등장하게 된 것입니다.

완장과 상장은 그 자체가 일제의 잔재이며 근본 없는 예이고 기준이긴 하지만, 근대 복식을 기반으로 한 현행 상복에서 복의 경중, 직계와 방계의 구분 등을 나타낼 수 있는 마땅한 대안이 없는 것도 사실입니다. 이에 좀 더 많은 논의를 거쳐 새로운 대안이 나타나기 전까지는 완장/상장의 관행을 받아들여 장례를 진행해야 할 듯합니다.

2) 성복제

전통적으로 성복 이전에는 문상을 받지 않는 것이 원칙입니다. 성복을 마치고 나면 유복친 상호 간에 문상(問喪)하고, 조석으로 곡을 하고 전(奠)을 올리며, 식사 때가 되면 상식(上食)을 올렸습니다. 이것이 시간이 지나 제례의 형태로 변질되어 성복제의 형태로 정착하게 된 것이 아닌가 합니다. 이후 「가정의례준칙」에서 별다른 비판 없이 성복제를 수용하여 오늘에 이르게 되었습니다.

어버이가 돌아가시어 죄인이 된 자식이 복을 갖추어 입었다고 축을 올리고 제를 지내는 것이 도리에 맞지는 않습니다. 그러나 삼일장 중심의 급격한 의례와 절차의 축약으로 인해, 전통의 정신을 오롯이 의례 속에 투영하여 지키기 어려워진 것이 지금의 현실입니다. 이에 축(祝)이라는 것이 결국에는 고인께 드리는 기원과 말씀이며, 어버이를 염하여 입관하고 올라온 자식의 애절한 심정과 두 번째 날로 이미 장례의 절반을 지나온 상황들을 고려하였을 때, 비례(非禮)라 하나 인정(人情)으로 제(祭)의 예로서 모시는 것도 나쁘지는 않을 것입니다.

성복제를 지내는 절차는 다음과 같습니다(우제의 예를 준용하였습니다. 상중제례는 참신이 없습니다).

① 염습을 마치고 빈소로 올라와, 친소 관계에 따라 완장과 상장리본을 착용합니다.

② 영좌를 중심으로 남자는 왼쪽에 여자는 오른쪽에 위치한 후, 서로 마주보면서 남녀 상제 간에 조상(弔喪)의 예를 가집니다. 이는 성복 후 정식 조문이 시작되기 전, 가장 슬프고 힘들 우리들 간에 먼저 서로를 위로하고자 하는 예로서 하는 것입니다. 이미 착복 후 조문이 시작되었기에 이 과정은 생략하여도 무방합니다.

③ 전물을 차리고 유복친 중 연장자 또는 장례지도사의 집례에 따라 진행합니다.

④ 장례지도사는 성복례 절차를 시작하기 전 유가족을 대상으로 의미와 절차를 설명드립니다.

⑤ 참례할 분들이 모두 모이신 건지 참석 여부를 마지막으로 확인하고 전례를 드립니다.

⑥ 맏상주를 앞으로 모셔와 분향하면, 술잔에 술을 담아 드립니다. 뇌주하여 강신합니다.

⑦ 맏상주만 재배합니다.

⑧ 맏상주의 강신재배가 끝나면 다시 맏상주 모시고 초헌(첫잔)을 드리고 시접(수저)을 찬으로 옮긴 후 제사에 참석하는 모든 유족들은 무릎을 꿇고 머리를 조아리라 말씀드립니다.

⑨ 장례지도사는 성복축을 고하고, 모든 가족들에게 일어나 (곡하고) 재배하시라고 말씀드립니다.

⑩ 주부를 모셔 아헌(둘째 잔)한 후 재배(네 번 절)합니다.

⑪ 자녀나 친척 중 종헌하실 분이 있으신지 여쭈어보고, 영좌 앞으로 나와 종

헌합니다. 종헌 때는 술잔에 7부만 채웁니다. 재배하고 물러납니다.

　* 자제나 친척 중 술을 더 올리고픈 분이 있다면 과례이긴 하나 헌작할 수 있도록 합니다.

⑫ 종헌(세 번째 잔)의 잔을 영좌에서 내리지 않은 채로 술을 마저 채워 첨작합니다.

⑬ 숟가락을 밥그릇에 꽂고, 젓가락을 자루가 서쪽으로 가게 떡이나 적 위에 올려놓습니다.

⑭ 모두 물러나 부복합니다.

⑮ 장례지도사가 흠흠하면 다시 들어가 각자 자리에 섭니다.

⑯ 수저는 내리고 국은 물립니다. 숭늉을 올리고 '이성'이라 말하여 제를 마쳤음을 알립니다.

⑰ 모두 (곡하고) 재배합니다.

⑱ 축문은 태우고, 철상하여 음복합니다.

(10) 전/상식

　전통상례의 진행 특징 중 고인의 죽음을 인정하지 않고 아직 살아 있는 대상으로 대하는 의례적 행위가 진행됩니다. 이 중 가장 대표적인 절차가 전과 상식입니다. 전의 의례는 주·과·포·해(酒果脯醢)를 전물(奠物)로 하여 아침저녁으로 영좌에 드리는데, 집사자가 채소, 과일, 포, 육장 등을 진설하면, 축관이 분향하고 술을 올립니다. 주인 이하 모두 재배하고 곡으로 슬픔을 다합니다.

　상식은 아침저녁으로 식사를 드리는 것입니다. 음식을 올린다는 것에서는 전과 같지만, 특별한 의식 없이 식사만 올린다는 것에서 차이가 있습니다. 생시와 같이 밥상을 올린다는 의미이므로, 밥과 국의 자리는 영좌를 바라보는 방향에서 밥이 동쪽, 국은 서쪽입니다(제사 시는 반서갱동—밥은 서쪽, 국은 동쪽).

　상식은 영좌에서 술잔을 물리고 전은 그대로 둡니다. 상식 음식과 시접(숟가락과 젓가락을 놓을 접시)을 마련하고, 술을 따르고, 밥그릇 뚜껑을 열고, 수저를 꽂고, 젓가락을 바로 놓고, 한 끼 먹을 동안이 지난 뒤에 국그릇을 물리고, 숭늉을 올리고 조금 뒤에 물립니다.

　현대 장례에서는 대개 빈소 설치 시 올린 시사전을 물리지 않고 두었다가 발인전(견전)을 올릴 때 시사전의 전물을 내립니다. 다만 입관 이후에는 아침·저녁으로 상식을 올립니다. 이는 장례 기간이 만 48시간 정도로 매우 짧고, 경제적 효율성을 중시하는 풍토 때문인데, 전(奠)을 올리는 의미를 생각해보았을 때 옳지 않은 일로 여겨집니다. 아무리 효용이 중요하다 하여도 첫째 날 시사전 / 둘째 날 성복제 / 셋째 날 견전(발인제)에 맞추어 전제 음식을 교체하는 것이 옳을 것입니다.

더불어 경제적 여건이 된다면, 첫째 날 시사전 / 둘째 날 입관이 오전이라면 성복제와 석전(저녁에 드리는 전)을 드리고, 입관이 오후 3시를 넘겨 마친다면 성복제와 저녁 석전을 겸하는 것으로 합니다. 셋째 날은 발인제(견전)가 있으므로 이를 아침조전으로 겸하여 합니다.

▌전(奠)-예서 중심으로

구분	집례자	전물	행례
시사전 습전	축관	주/포/혜	축관이 헌작 – 재배(주인은 절하지 않음)
소렴전	축관	주/과/포/혜/소(채소무침이나 채소절임, 장도 함께) 6~8그릇 내외	분향 – 헌작 – 재배 항렬이 낮거나 어린 사람은 모두 재배(상주는 절하지 않음) 전체 곡
대렴전	축관	주/과/포/혜/소(채소무침이나 채소절임, 장도 함께) 6~8그릇 내외	분향 – 헌작 – 재배 항렬이 낮거나 어린 사람은 모두 재배 전체 곡
조·석전	축관	주/과/포/혜/채소(채소무침이나 채소절임, 장도 함께) 6~8그릇 내외	축관이 분향 – 헌작 상주 이하 모두 재배 전체 곡
은전	축관	– 초하루나 보름날에는 아침에 드리는 전물에 육류, 어류, 국수, 밥, 국을 한 그릇씩 더하여, (기제에 준하듯이) 풍성하게 차려 올림.	– 조석전 때와 동일 – 은전 때 식사를 드렸으므로, 은전을 올린 때는 상식을 올리지 않음.

위의 표대로라면 첫 전물인 시사전에서도 축관이나 장례지도사가 헌작 – 재배하는 것으로 절차가 끝나야 합니다. 조상의 신령적 지위를 성복제부터 인정키로 하였으니, 시사전의 행례도 대렴전에 준하여 적용하였습니다.

(11) 발인

발인이란 장사(葬事)를 지내기 위하여 영구(靈柩)를 모시고 장지로 이동하는 절차를 말합니다. 전통상례에서는 발인일을 택일하여 진행하였으나, 현대 장례에서는 일반적으로 3일 차 아침에 발인의 절차를 진행합니다. 유족의 의견에 따라 종교별 또는 문중별 의례 절차에 따라 의례를 진행하기도 합니다.

영구차에는 영정, 영구, 상주 및 유족, 조문객의 순으로 탑승하게 됩니다. 장지로 가는 도중에 평소 고인에게 의미가 있는 곳이나 살았던 곳에 들러 노제(路祭)를 지내기도 합니다.

1) 유교식 발인 의례
가) 발인식 제단 설치

〈발인실〉 〈장의 차량 앞〉

① 발인식 30분 전에 제단을 설치합니다. 발인실을 이용할 경우 발인실에 준비하고, 발인실을 이용하지 않는 경우 운구 차량 앞쪽에 병풍을 치고 제사상을 차립니다.
② 발인실에 설치되어 있는 롤스크린을 내리거나 병풍을 쳐둡니다.
③ 제단이나 제상에 향로, 향, 분향초, 촛대, 술, 술잔, 주전자, 퇴줏그릇 등을 준비해두고, 그 앞에 돗자리를 깔아둡니다.
④ 발인식 시작 시간에 즈음하여 제물을 올립니다.

나) 고인 모시기

① 제단 설치가 완료되면 유족 대표와 운구자들을 안치실로 안내합니다.

② 유족 대표가 참석한 가운데 고인을 안치 냉장고 밖으로 모십니다.

③ 관보와 명정을 들고, 관에 표시해둔 고인명·명정을 확인한 다음 관보를 덮습니다.

④ 유족 대표는 고인 확인 후 시신인계서에 서명합니다. 장례지도사는 유족 대표와 고인과의 관계를 정확히 확인 후 서명받을 수 있도록 합니다.

시신인계서

고인명		성별/나이	
안치실 번호		빈소 번호	
고인 유품			

위의 내용을 확인하고 시신을 인계 / 인수함을 확인합니다.

20   년   월   일

인계자   소속   /   직함 :
          상   명 :   (인)

인수자   소속   /   직함 :
          상   명 :   (인)

⑤ 운구자들은 운구 위치를 정한 다음 영구를 발인식장으로 모셔 적절한 위치에 안치합니다. 발인실을 이용하지 않을 경우 영구차량 내에 모십니다.

⑥ 유족들은 모두 곡하고 재배합니다.

⑦ 장례지도사는 시접에 젓가락을 내려 담습니다.

다) 유족 안내

① 빈소에 가서 유족에게 발인식장으로 이동하겠다고 안내합니다.

② 영정-위패 및 혼백-상주-유족-친지순으로 발인식장으로 안내합니다.

라) 발인제

① 영정사진과 위패 및 혼백이 발인식 장소에 도착하면 미리 설치해둔 제단이나 제상에 고인의 영정을 모시고 그 앞에 위패와 혼백을 놓습니다.

② 제단 및 제상을 바라보는 방향에서 오른쪽에는 남자 상제(喪制), 왼쪽에는 여자 상제들이 위치하게 합니다.

③ 장례지도사는 제단의 왼쪽에 위치하여 집전합니다.

④ 상주(喪主)를 자리로 나오게 하고, 분향한 후 술을 올립니다.

⑤ 장례지도사는 떠날 것을 영구(靈柩)에 고축(告祝)합니다.

❙유교식 발인식 절차

① 개식	② 상주(喪主) 및 상제(喪制)의 분향	③ 헌작(獻爵)	④ 조사(弔詞)
⑤ 조객(弔客) 분향	⑥ 호상(護喪)의 감사 인사	⑦ 폐식	

2) 불교식 발인의례

가) 발인식 제단 설치

① 발인식 30분 전에 제단을 설치합니다. 발인실을 이용할 경우 발인실에 준비하고, 발인실을 이용하지 않는 경우 운구차량 앞쪽에 병풍을 치고 제사상을 차립니다.

② 발인실에 설치되어 있는 불교식 롤스크린을 내리거나 병풍을 쳐둡니다.

③ 제단이나 제상에 향로, 향, 분향초, 촛대, 차, 잔, 주전자, 퇴줏그릇 등을 준비해두고, 그 앞에 돗자리를 깔아놓습니다.

④ 발인식 시작 시간에 즈음하여 제물(祭物)을 올립니다. 제물에는 술 대신 차를 준비하고 생선 및 육류를 사용하지 않습니다.

나) 고인 모시기

① 제단 설치가 완료되면 유족 대표와 운구자들을 안치실로 안내합니다.

② 유족 대표가 참석한 가운데 고인을 안치 냉장고 밖으로 모십니다.

③ 관보와 명정을 들고, 관에 표시해둔 고인명·명정을 확인한 다음 관보를 덮습니다.

④ 유족 대표는 고인 확인 후 시신인계서에 서명합니다. 장례지도사는 유족 대표와 고인과의 관계를 정확히 확인한 후 서명을 받을 수 있도록 합니다.

⑤ 운구자들은 운구 위치를 정한 다음 영구를 발인식장으로 모셔 적절한 위치에 안치합니다. 발인실을 이용하지 않을 경우 영구차량 내에 모십니다.

다) 유족 안내

① 빈소에 가서 유족에게 발인식장으로 이동하겠다고 안내합니다.

② 영정·위패 및 혼백·상주·유족·친지순으로 발인식장으로 안내합니다.

라) 발인식

▌불교식 발인식 절차

① 개식	② 창혼 및 착어	③ 『반야심경』 독송	④ 고인 약력 소개
⑤ 상주의 헌작(獻爵) 및 분향	⑥ 조사(弔詞) 및 조가(弔歌)		⑦ 조문객 분향
⑧ 기감(起龕)	⑨ 오방불례		⑩ 법성게(운구차에 안치)

마) 스님 집전이 없는 경우

① 상차림은 아침·저녁 올리던 상식과 동일하게 차립니다. 불자의 상식은 밥·국·삼색나물·삼색과실로 간소하게 차립니다. 술 대신 차를 준비하고, 차가 없는 경우 물로 대신할 수 있습니다.

② 『금강경』·『아미타경』이나 나무아미타불 염불 등이 녹음된 음향 자료를 틀어놓습니다.

③ 유족이 차례대로 분향·헌다·삼배합니다.

④ 준비가 되어 있다면 조사(弔詞)를 읽고 조가(弔歌)를 부릅니다. 조사는 고인의 생전 삶을 기리며 극락왕생을 기원하는 내용으로 하고, 고인에 대한 추모의 마음을 담아 조가를 함께 부릅니다.

⑤ 유족의 배례가 끝나면 친지들이 1~3명 정도씩 함께 배례합니다.

⑥ 영정-위패 및 혼백-상주-유족-친지순으로 안치실로 안내합니다. 빈소에 번(幡)이 있다면 번이 가장 앞에 섭니다.

3) 기독교식 발인의례

가) 발인식 제단 설치

① 발인실에 설치되어 있는 기독교식 롤스크린을 내리거나 병풍을 쳐둡니다.

② 발인예배에 필요한 마이크, 오디오 등의 음향기기를 사용 가능하도록 준비해둡니다.

③ 단상, 연사대, 의자 등을 준비해둡니다.

④ 유족의 요청이 있었다면 헌화용 꽃을 준비합니다.

나) 고인 모시기

① 제단 설치가 완료되면 유족 대표와 운구자들을 안치실로 안내합니다.

② 유족 대표가 참석한 가운데 고인을 안치 냉장고 밖으로 모십니다.

③ 관보와 명정을 들고, 관에 표시해둔 고인명·명정을 확인한 다음 관보를 덮습니다.

④ 유족 대표는 고인을 확인한 후 시신인계서에 서명합니다. 장례지도사는 유족 대표와 고인과의 관계를 정확히 확인한 후 서명받을 수 있도록 합니다.

⑤ 운구자들은 운구 위치를 정한 다음 영구를 발인식장으로 모셔 적절한 위치에 안치합니다. 발인실을 이용하지 않을 경우 영구차량 내에 모십니다.

다) 유족 안내

① 빈소에 가서 유족에게 발인식장으로 이동하겠다고 안내합니다.

② 영정-명패-상주-유족-친지순으로 발인식장으로 안내합니다.

라) 발인식

① 개식사	② 묵도	③ 찬송	④ 교독문
⑤ 기도	⑥ 성경봉독	⑦ 설교	⑧ 기도
⑨ 찬송	⑩ 축도/주기도문		

4) 천주교식 발인의례

가) 고인 모시기

① 제단 설치가 완료되면 유족 대표와 운구자들을 안치실로 안내합니다.

② 유족 대표가 참석한 가운데 고인을 안치 냉장고 밖으로 모십니다.

③ 관보와 명정을 들고, 관에 표시해둔 고인명·명정을 확인한 다음 관보를 덮습니다.

④ 유족 대표는 고인을 확인한 후 시신인계서에 서명합니다. 장례지도사는 유족 대표와 고인과의 관계를 정확히 확인한 후 서명받을 수 있도록 합니다.

⑤ 운구자들은 운구 위치를 정한 다음 영구를 발인식장으로 모셔 적절한 위치에 안치합니다. 발인실을 이용하지 않을 경우 영구차량 내에 모십니다.

나) 사도예절을 드리는 경우

① 안치실에서 출관(발인) 준비 완료

② 발인실에서 사도예절

시작 예식 – 말씀의 전례 – 복음환호송 – 강론 – 보편지향기도 – 고별식

고별식 때 성수와 향을 뿌리고, 운구 시 마침성가를 부릅니다.

③ 장지로 출발

다) 장례미사를 드리는 경우

① 안치실에서 출관(발인) 준비를 완료합니다.

② 발인실에서 출관예절을 드립니다.

신부님 기도 →「시편」노래 → 마침기도 → 유족은 고인에 대한 경의와 애도의 표시로 분향과 절 → 시신과 안치실 주위에 성수 뿌림.

③ 성당으로 이동합니다.

④ 장례미사를 본당 신부님이 진행합니다.

　　입당성가 → 본기도 → 말씀의 전례 → 복음환호송 → 강론 → 보편지향기도
　　→ 성찬의 전례 → 예물기도 → 감사기도 → 하나님의 어린 양 → 영성체
　　→ 영성체송 → 영성체 후 기도 → 고별식 → 마침성가

⑤ 장지로 출발합니다.

(12) 영결식

고인과 이별한다는 의미의 의례 절차로 영구(靈柩)가 빈소(殯所)를 떠나 장지로 향하기 위해 장례식장에서 진행하는 마지막 의식입니다. 영결식을 하는 경우 별도의 발인제나 종교의례는 따로 하지 않습니다. 이미 영결식 내에서 해당 의례에 관한 내용이 함께 진행되기 때문입니다.

고인의 신분에 따라 가족장, 단체장, 사회장, 종교 행사 등으로 영결식을 하는데, 단체장이나 사회장의 경우 장례위원회를 구성하여 진행합니다.

영결식에 관한 세부적인 내용은 1부 회사장에서 다루었으므로 여기서는 간략히 설명하겠습니다.

┃ 영결식 절차

① 개식사	② 고인에 대한 묵념	③ 약력 보고	④ 추모 영상 상영
⑤ 조사 1, 2	⑥ 종교의식	⑦ 헌화 분향	⑧ 폐식사

(13) 운구

운구는 관에 모신 고인을 모시고 이동한다는 의미입니다. 발인 의례를 마치면 봉송 및 운구 요원들은 이동 순서에 맞추어 운구 차량으로 이동합니다.

운구 이동 순서				
① 영정	② 위패	③ 운구 요원	④ 상주	⑤ 조문객

 발인식장(영결식장)에서의 의례를 마치고 봉송 및 운구 요원들이 고인을 모시고 운구용 차량으로 이동하여 차량에 안치합니다. 고인의 차량 안치와 유족 및 조문객의 탑승이 완료되면 운구 차량 행렬이 장지로 이동합니다.

(14) 장지의례

1) 매장

시신을 장사 지내는 절차를 말합니다. 매장은 시신(임신 4개월 이후에 죽은 태아를 포함)이나 유골을 땅에 묻어 장사 지내는 방법으로, 고대로부터 전하여오는 가장 일반적인 장법으로 사망 또는 사산한 때부터 24시간이 지난 후에 매장하도록 하고 있습니다.

2) 화장

현재 가장 보편적인 장법이라고 할 수 있는 화장은 시신이나 유골을 불에 태워 장사하는 것을 말하고, 사망 또는 사산한 때부터 24시간이 지난 후에 화장하도록 하고 있습니다.

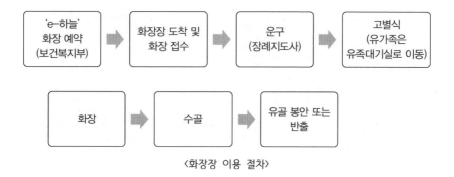

〈화장장 이용 절차〉

화장은 화장한 유골에 대한 이차적 처리와 의례를 진행해야 하는 장법입니다. 따라서 화장한 유골을 봉안 시설에 안치하는 것이 가장 일반적이라고 할 수 있습니다. 봉안 시설 이용 절차는, 고인/유족 도착 → 봉안 시설 안내/접수 → 봉안실 이동 → 봉안함 인계 → 봉안 → 봉안 완료/안내 → 예식실 안내 → 유족 이동의 순서로 진행됩니다.

▮ 봉안 시설 이용 절차

① 고인/유족 도착	② 봉안 시설 안내/접수	③ 봉안실 이동	④ 봉안함 인계
⑤ 봉안	⑥ 봉안 완료/안내	⑦ 예식실 안내	⑧ 유족 이동

3) 자연장

최근 많은 사람들이 이용하고 있는 자연장이란 화장한 유골의 골분(骨紛)을 수목·화초·잔디 등의 밑이나 주변에 묻어 장사하는 장법을 말합니다. 자연장지에서의 자연장 진행 절차는 해당 시설의 운영 방침에 따라 그 절차를 달리할 수 있습니다.

▮ 자연장 이용 절차

① 자연장지 도착	② 사무소 서류 접수	③ 자연장지 이동	④ 하관
⑤ 유족 취토	⑥ 성분	⑦ 성분제(평토제)	⑧ 유족 이동

〈수목장〉

〈화초장〉

〈잔디장〉

출처: 이하늘장사정보시스템

(15) 반혼

고인의 시신을 장사하여 매장을 한 후 평토제 또는 성분제를 올리거나, 화장 후 봉안 시설에 안치하고 봉안제를 올린 후 고인의 혼백이나 영정을 모시고 집으로 돌아오는 절차를 말합니다.

(16) 초우제

장사를 지낸 뒤 망자의 혼백을 평안하게 하기 위하여 반혼한 후 처음으로 지내는 제사입니다. 우제(虞祭) 때부터 상중 제의의 절차로 진행되므로, 명칭에서도 제사가 되고 상주가 헌관이 되어 제사 절차에 따라 진행하게 됩니다. 반드시 장례일 당일에 지내야 하기 때문에 전통 장례에서는 집이 멀 경우 도중에 유숙하는 숙소에서라도 지내야 했으나, 현대 장례에서는 봉안 시설 또는 종교시설에서 지내기도 합니다.

(17) 재우제

재우제는 초우제 후(後) 첫 유일에 지내는 것이지만, 현대 장례에서는 대부분 생략하고 있습니다.

(18) 삼우제

전통 상례에서는 재우 후 첫 강일에 지내는 제사로, 절차는 초우제와 같이 지냈으나, 현재는 장례를 치르고 2일째 되는 날 아침 일찍 삼우제의 절차를 진행합니다. 삼우제의 절차는 초우제, 재우제 때와 마찬가지이며, 삼우제 후에 성묘를 하거나, 아니면 삼우제를 성묘로 대신하는 경우가 많습니다. 봉분의 상태를 잘 살펴보고 확인하여야 합니다.

(19) 탈복

장지 탈상이 아닌 경우에는 탈상까지 상복을 벗으면 안 됩니다. 하지만 대부분의 경우 일상생활의 불편함이나 상복을 대여했거나 하는 이유로 장사 지낸 날 탈복하는 편입니다. 여러 이유로 탈복하더라도 탈상 전까지 상장 리본 등을 패용해 상중임을 나타냅니다.

2. 종교별 상장례-기독교 중심으로

기독교에서는 영혼은 불멸한 것이며, 하나님의 구원을 통해 영생을 누릴 수 있음을 믿습니다. 죽음을 죄의 세력으로부터의 해방으로 파악하고, 부활과 영생을 맞을 수 있는 기회라고 생각합니다. 따라서 기독교에서는 죽음을 단절이나 소멸이 아닌 새로운 삶의 시작으로서, 슬프거나 괴로운 것이 아닌 기쁨과 찬양의 순간으로 받아들이고 있습니다.

다만 사후세계에 대한 천주교와 기독교회(개신교)에 인식의 차이가 존재하는데, 연옥의 존재 유무가 그것입니다. 천주교에서는 사후세계를 천상-연옥-지옥의 단계로 구분하고, 대죄를 지은 자들의 영혼은 지옥으로 바로 떨어지나 소죄를 저질렀거나 대죄를 저질렀어도 용서받은 영혼은 연옥에서 죄를 씻은 후 천국으로 갈 수 있다는 입장입니다. 반면에 기독교회에서는 연옥의 존재를 부정하고, 사후세계는 천국과 지옥으로 이루어져 있으며, 죽음 그 즉시 하나님의 심판에 의해 결정된다고 믿습니다.

이러한 입장의 차이는 죽은 이를 위한 염원과 기도가 사후세계에서의 심판에 어떠한 영향을 미칠 수 있느냐 없느냐로 나뉘게 되어, 죽은 자를 위한 종교의례의 발달 여부에 영향을 미쳤습니다.

천주교에서 교회 공동체의 모든 구성원이 공로를 서로 나누고 공유한다는 통공(通功)의 개념을 채택하고 있는데, 이는 지상의 순례자들, 죄의 용서와 정화가 필요한 죽은 이들, 하늘에 있는 복된 분들 모두가 그리스도 안에서 결합되어 자신의 선행과 공로를 나누고 기도 안에서 영적 도움을 주고받을 수 있다는 뜻입니다. 이에 천주교에서는 장례미사, 위령기도(연도), 위령미사(연미사) 등 죽은 이를 위한 각종 의례가 매우 발달하였습니다.

반면 기독교(개혁교회)에서는 성서에 연옥이 명확하게 나타나지 않는다는 점을 강조하며 연옥의 존재를 부정하고, 철야기도, 죽은 자를 위한 미사, 행렬성가 등 죽은 자를 위한 다른 모든 속임수의 폐지를 주장하였습니다. 기독교는 신앙의인 (신앙에 의한 구원), 성서 원리(성서만이 근본), 만인사제주의(모든 신자는 신 앞에 직접 선다) 같은 핵심 교리를 강조하며, 죄의 용서와 떠난 자의 부활에 대한 찬송과 예배를 지지합니다. 이러한 영향에 따라 기독교의 장례의식은 찬송과 「시편」, 설교를 포함한 비교적 간단한 의식 구조를 가지게 되었습니다.

기독교 장례예식의 목적은 크게 3가지로 나뉘는데 첫째, 죽은 이를 하나님께 의탁하고, 그의 죽음과 그를 위한 예식을 통해 하나님의 은혜와 섭리를 신도들에게 기억케 하는 것입니다. 두 번째로 슬픔을 당한 유족들을 위로하고, 스스로의 신앙과 생활을 돌이켜 신앙적 각성을 받을 수 있는 기회를 제공하는 것입니다. 세 번째로 죽음과 부활의 메시지를 전함으로써 믿음이 없는 자들에게 전도의 계기를 마련할 수 있다는 것입니다.

이러한 사후세계관을 바탕으로 기독교의 장례예식[23]에 대해 살펴보겠습니다.

---

23) 기독교 종파 간에 통일된 장례예식 지침이 정해져 있지 않아, 서로 다른 용어나 절차가 있습니다. 따라서 기독교 종교관에 부합하고 공통되는 부분들을 중심으로 서술하였습니다.

기독교 장례에서는 임종예식, 입관예식, 발인예식, 하관예식에 이르는 모든 절차가 목사님의 집례(集禮)하에 이루어집니다. 기독교 장례법은 특별한 규정은 없고, 기존의 현대식 장례법에 '기독교적 교리에 부합하는가'를 기준으로 가감하는 식으로 진행됩니다. 이에 기독교 장례에서는 곡(哭), 전(奠)과 상식(上食), 절(拜禮), 향(香), 초(燭) 등을 배척하고, 염습 시 시신은 묶지 않습니다. 또, 영원한 헤어짐을 뜻하는 영결식(永訣式)이라는 표현 대신, 장례예식 또는 '그리며 생각한다'는 뜻의 추모예식(追慕禮式)[24]이란 용어를 사용합니다.

(1) 임종예식 지침

1) 죽음의 준비

죽음을 앞둔 이들에게는 신앙적 준비가 필요한데, 먼저 믿음이 부족한 자들에게는 구원에의 확신을 가질 수 있도록 도와주고, 신자에게는 부활과 영생의 기쁨을 누리는 축복을 강조하여 죽음에의 공포를 극복하게 합니다.

임종이 가까워오는 자에게는 예수님께 모든 것을 의탁하고 의지할 수 있도록 신앙고백을 할 수 있도록 합니다. 가족, 친지 등 가까운 이들에게 연락하여 마지막을 함께할 수 있도록 준비하며, 말씀을 남기실 수 있는 상황이라면 남기고 싶은 말이나 유언을 기록 또는 녹음할 수 있도록 준비합니다.

기독교식 장례를 준비하기 위해 목사님과 장례 절차에 대해 상의하며, 수의나 영정사진, 장례식장 선정 등 여러 가지를 준비합니다.

2) 임종

가족들이 모여 지켜보는 가운데 죽음을 맞이할 수 있도록 합니다. 임종예배는 임종 전 예배와 임종 후 예배로 나뉩니다. 임종 전 예배는 의식이 있을 때 행하는 것이 좋으며 신앙고백을 하도록 하고, 임종 후 예배는 유족이 믿음 안에서 위로와 용기를 얻도록 격려하고 위로합니다. 임종이 가까워지면 평소 즐겨 부르던

---

24) 추도예식(追悼禮式)이라는 표현도 종종 사용되고 있으나 이는 그리며 슬퍼한다는 뜻으로, 부활과 영생의 소망을 강조하는 장례예식에 걸맞지 않습니다.

찬송이나 성경구절을 낭독해드리는 것도 좋습니다.

임종 후 수시가 끝나면, 가족들은 검소한 옷으로 갈아입고 목사님과 장례 절차를 논의합니다. 주례는 보통 고인이 섬긴 교회의 목사가 맡습니다.

(2) 입관예식 지침

입관예배는 부득이한 경우를 제외하고는 안치실에서 입관 시 드립니다. 기독교 신자의 주검은 목욕-습-(염은 생략)-입관의 단계를 거치는데, 장례지도사가 습의 단계까지 완료한 후에 유족을 모셔와 입관 참관 및 종교의례(입관예배)를 진행합니다. 입관예배는 목사님의 집례하에 진행되며, 서는 위치는 집례자는 관 머리쪽, 유족은 아래쪽, 조객은 적당한 곳에 자리합니다. 입관 시 관 안에 부장품을 넣는 것은 미신적 요소로서 경계해야 하는 행동이며, 고인이 쓰던 찬송가와 성경 등의 유품은 고인을 추모할 때 사용하도록 잘 보관합니다. 흰 천에 붉은색 십자가가 표시된 관보로 관을 덮어줍니다.

빈소에는 단상에 고인의 사진과 애독하던 성경, 찬송가를 펴놓습니다. 곡은 하지 않도록 하며, 고인을 위한 음식은 마련하지 않습니다. 조문객은 분향 대신 헌화하며, 가급적 절보다는 묵념(교인이 아닌 분께 강요하여서는 안 됨)하도록 합니다. 신자라면 단 앞에서 하나님께 기도한 후 유가족과 정중한 인사를 나누고 위로를 전합니다.

※ 기독교식 조문 예절
① 빈소에 들어서면 상주와 목례를 나눈 후, 단 앞에 헌화합니다.
② 뒤로 한걸음 물러서서 고개 숙여 잠시 묵념을 합니다. 신자라면 하나님께 기도(상가에 피해를 주지 않도록 간단하게)드립니다.
③ 단 앞에서 물러나 상주와 맞절 또는 허리를 45도 정도 숙여 인사합니다.
④ 간단한 위로의 말을 전하거나, 별도의 인사말 없이 물러나도 됩니다. 일반적으로 상을 당한 참담한 사람에게는 어떤 위로의 말로도 그 심정을 헤아릴 수 없다는 관념에서 그런 것입니다. 다만 기독교적 죽음은 부활·소망·영생이 함께하는 것이므로, 조문객과 유족 모두 신자라면 "주님의 위로가 함께하시길 빕니다", "주님께서 소망 주시기를 바랍니다", "주님이 위로하

십니다. 용기 잃지 마시기 바랍니다", "뭐라 위로의 말씀을 전해야 할지 모르겠습니다. 슬픔 중에 부활의 신앙으로 위로받으시길 바랍니다", "○○○께서는 천국에 가셨습니다. 천국에서 만날 날을 소망하시면서 위로받으시기 바랍니다" 등의 말씀을 건네는 것이 좋습니다. 상주의 대답은 "바쁘신 중에도 찾아주셔서 감사합니다", "위로해주셔서 감사합니다" 등으로 충분합니다.

⑤ 두세 걸음 정도 뒷걸음으로 물러난 후 몸을 돌려 나옵니다.

⑥ 부의금을 내고 조객록을 작성합니다.

(3) 장례(출관)예식 지침

장례예식은 고인을 추모하고 하나님께 의탁하는 의미로 드리는 예식입니다. 신자의 죽음은 부활과 영생의 소망이 실현될 수 있는 기회이므로, 영원한 헤어짐을 뜻하는 영결(永訣)이나, 영원히 잠든다는 뜻의 영면(永眠)과 같은 말은 사용하지 않도록 합니다. 또 그리워하며 슬퍼한다는 추도(追悼)보다는 그리워하며 생각한다는 추모(追慕)가 더 올바른 표현입니다. 장례는 삼일장을 원칙으로 하지만 주일이 장례일이 되지 않도록 2일 또는 4일장으로 조정할 수 있습니다. 장례예식은 장례식장의 예식 공간을 이용하여도 되지만 가급적 교회를 이용하는 것이 좋으며, 교회에서 장례식을 하는 경우에는 성찬대의 위치에 구(柩)를 모십니다. 고인이 교회로 들어올 때 교인들은 정중히 일어나 맞이합니다. 장례식 순서지는 조문객들에게 미리 나누어주어 예배에 동참할 수 있도록 하며, 장례예식은 정중하고 엄숙한 분위기에서 진행될 수 있도록 합니다. 운구행렬은 집례자-영정-영구-상주-유족-조문객순으로 하고, 운구 시 찬송을 부르며 행진할 수 있도록 합니다.

(4) 하관예식 지침

1) 매장 시

영구가 장지에 도착하면 집례자-영정-영구-상주-유족-조문객의 순서로 묘소 가까운 곳에 구(柩)를 안치하고, 유족은 구의 가까운 곳에 서서 조문객들의 문상을 받습니다. 산역이 끝나면 집례자의 지휘에 따라 광중으로 하관합니다. 영구 위에 명정을 덮고 횡대를 깔아줍니다. 세 번째, 즉 가슴 부위에 있는 횡대를 열어놓고 하관예배를 진행합니다. 집례자는 고인의 영정을 든 사람과 묘소의 중심에 서고, 상주와 유족들은 집례자가 바라보는 방향에서 광중의 오른쪽에 서며, 조문객은 왼쪽이나 그 뒤에 서게 합니다. 예배를 마치면 횡대를 마저 덮고, 명정을 덮은 다음 취토합니다. 취토는 집례자-유가족-조문객순으로 합니다. 봉분이 완성되는 것을 끝까지 지켜볼 수도 있고, 사정에 따라 산역하는 사람들에게 맡기고 하산해도 무방합니다. 비석은 소박하게 하는데 전면에는 십자가 표시와 고인의 직분이나 이름을 새기고, 좌우 측면과 후면에는 고인의 생년월일, 졸년월일, 유자녀[25]의 이름 등을 기록합니다. 묘비명을 지어 새기거나, 성구(성경 구절)를 새길 수도 있습니다. 장례를 마친 후에는 조문 오신 분들에게 답조장이나 전화 등으로 인사드리는 것이 좋습니다.

2) 화장 시

화장장에는 화장 예약 시간보다 약 30분 전에 도착하여 준비된 서류[26]를 가지고 유족 대표와 함께 화장 접수를 합니다. 보통 예약 25분 전부터 운구가 시작되는데, 안내방송에 따라 지정된 장소에서 하관 및 봉송합니다. 화장장 안내자의 지시에 따라 화장로로 운구하는데, 운구 시 집례자-사진-영구-상주-유족-조문객순으로 합니다. 화장장에 따라 간단한 고별 의식을 할 수 있는 별도의 공간이 마련되어 있는 경우가 있습니다. 고별실이 있는 경우 그곳에서 화장예배를 드립니다. 적당한 공간이 없는 시설이라면, 운구 전 영구차 근처 등에서 간단한 화장예배를 드립니다. 영구가 화장로에 들어갈 때까지 찬송을 부릅니다. 화장은

---

25) 유자녀(遺子女)란 죽은 사람의 자녀를 말합니다.
26) 1. 사망 증명 서류: 병사인 경우 사망진단서 또는 시체검안서 / 외인사인 경우 사망진단서 또는 시체검안서, 검사지휘서
   2. 화장료 감면 대상자의 감면 서류: ① 국민기초생활수급증명서, ② 국가유공자확인원 또는 국가보훈기본법에 따른 희생, 공헌자 확인원, ③ 부대에서 발급한 군복무확인서, ④ 가족관계증명서, 주민등록등초본
   3. 내국인이 외국에서 사망하거나 외국인이 국내에서 사망한 경우: 사망진단서 또는 시체검안서, 검사지휘서, 주재대사관이나 영사관에서 발급한 확인서(번역 공증 서류 첨부), 외국인등록사실증명서

수골까지 보통 1시간 30분에서 2시간가량 소요되므로, 유족대기실에서 화장이 완료될 때까지 성경 말씀과 설교 기대, 찬송 축도를 진행합니다.

　　화장 후 유골을 인수받아 산골[27], 봉안 또는 자연장 등의 방법으로 안치합니다.

(5) 예배 순서[28]

1) 운명 전 임종예배

개 식 사 ·· 집례자
　　　　"지금으로부터 하나님의 부르심 앞에 있는 ○○○ 성도(직분)의
　　　　임종예배를 드리겠습니다. 이 시간 하나님의 은혜와 위로하심이
　　　　　　　함께하시기를 소망합니다."

묵상기도 ·· 집례자
　　　　　　　(「시편」 23:1 – 6 낭독 및 간단한 기도)

찬　　송 ·· 다 같이
　　　　　338장, 370장, 386장, 488장, 492장, 493장 중 택일

기　　도 ·· 맡은 이
　　　　"위로의 하나님 아버지, 인생이 이 세상에 오는 것도 세상을
　　　　　　　　　　　　떠나는 것도
　　　　　　　하나님 아버지의 섭리 속에 있음을 믿습니다.
　　　　사랑하는 우리의 형제(자매)인 ○○○ 성도(직분)의 임종을 맞아
　　　　간절히 기도하오니 영혼을 아버지의 영원하신 품속에 품어
　　　　　　　　　　　　주시옵소서.
　　　　　　　특별히 간구하오니 슬픔을 당한
　　　　　　　　가족들을 위로하여주옵소서.
　　　　　　　예수님의 이름으로 기도드립니다. 아멘"

---

27) 산골은 화장한 유골의 골분을 지정된 장소(화장 시설, 봉안 시설에서 구비하고 있는 유택동산 등의 산골 시설) 또는 산이나 강, 바다 등에 뿌리는 일을 말합니다.

28) 교단별 장례예식 지침이 정해져 있지 않아, 대한예수교장로회총회의 예식서를 기준으로 하여 식순을 기재하고 기도문, 찬송 등의 예시를 병기하였습니다. 교회 종파나 목회자에 따라 예식 순서나 기도문, 성구, 찬송 등은 달라질 수 있습니다.

신앙고백 ·························· (사도신경) ·························· 다 같이

　　사도신경을 하고 나서 다음과 같이 묻고 확실한 신앙고백을 들

　　습니다.

　　1. 하나님이 살아계심을 믿습니까?

　　2. 예수 그리스도만이 죄인을 구원하여주실 분으로 믿고 의지합니까?

　　3. 그리스도를 믿음으로 죄 사함과 부활과 영생할 것을 믿습니까?

　　　환자의 상태에 따라서 때로는 목회자가 구속의 진리를 간단히

　　　설명하고 그대로 믿는지 묻고 대답을 하게 할 수도 있습니다.

성경봉독 ··· 집례자

「누가복음」 23:46, 「요한복음」 3:16, 5:24,

11:25 − 26, 14:1 − 6:27 − 28,

「사도행전」 16:31 중 택일

권면과 위로 ······················· 영혼의 의탁 ······················· 집례자

"인간은 누구나 죽음을 맞이하게 됩니다.

문제는 어떠한 태도로 맞이하느냐의 문제입니다.

죽음은 사랑하는 하나님의 품에 안기는 것입니다.

인간은 하나님께로부터 왔다가 그에게로 돌아가는 것입니다.

죽음은 영원한 나라, 영원한 안식이 있습니다.

천국은 믿음으로 가는 것이며

하나님이 내 영혼을 영접해주실 것을 믿고 의탁해야 합니다.

죽은 자는 주님 안에서 복이 있습니다."

임종기도 ··· 집례자

"인간의 생사를 주관하시는 아버지 하나님,

이 세상에 오는 것도 세상을 떠나는 것도 하나님의 섭리 가운데

있음을 믿습니다.

사랑하는 ○ ○ ○ 성도(직분)님을 위하여 기도하오니 그 영혼을

아버지 품에 품어주옵소서,

특별히 슬픔을 당한 가족을 위로해주옵소서.

예수님의 이름으로 기도하옵나이다. 아멘"

찬　　송 ··· 다 같이

본인이 평소 즐겨 부르던 찬송 또는 479장 중 택일

마지막 인사 ···································· 정해진 순서대로

　　　가족, 친족, 성도의 순으로 임종자의 손을 잡고 간단히

　　　　　　　　인사합니다.

찬　　송 ······································· 다 같이

　　　　　　235장, 479장 중 택일

축　　도 ······································· 집례자

2) 운명 후 임종예배

개 식 사 ······································· 집례자

　　　"지금으로부터 하나님의 부르심을 받은 ○○○ 성도(직분)의

　　　임종예배를 드리겠습니다. 이 시간 하나님의 은혜와 위로하심이

　　　　　　함께하시기를 소망합니다."

묵상기도 ······································· 집례자

　　　　　(「시편」 40:6−8 낭독 및 간단한 기도)

찬　　송 ······································· 다 같이

　　　　　　386장, 494장 중 택일

사도신경 ······································· 맡은 이

기　　도 ······································· 집례자

성경봉독 ··················· (신앙고백) ··················· 집례자

　　　　「요한복음」 14:1−6, 27−28, 「요한계시록」 1:1−7,

　　　　　　「히브리서」 11:13−16 중 택일

권면과 위로 ····································· 집례자

임종기도 ······································· 설교자

　　　(고인을 하나님의 영원한 품에 의탁함과 유가족에 대한 위로의 기도)

찬　　송 ······································· 다 같이

　　　　　　438장, 479장, 488장 중 택일

인사 및 광고 ······························· 집례자 및 맡은 이

축　　도 ······································· 집례자

3) 입관예배

개 식 사 ·· 집례자

"지금부터 고 ○○○ 성도(직분)의 입관예배를 드리겠습니다.

이제 우리는 입관식이 끝나면

고인의 얼굴을 주님이 재림하시는 그날까지

사진으로밖에 볼 수 없습니다.

엄숙한 마음으로 참여하시기 바랍니다."

묵상기도 ··· 집례자

(「요한복음」 10:28 성구 낭독 및 간단한 기도)

찬　　송 ··· 다 같이

480장, 489장, 492장, 485장 중 택일

성경봉독 ··· 집례자

「고린도후서」 5:1-3, 1-9, 「전도서」 12:6-14,

「욥기」 1:21 중 택일

권면과 위로 ·· 집례자

기　　도 ··· 집례자

찬　　송 ··· 다 같이

493장, 606장, 239장, 485장 중 택일

입관의례 ··· 집례자

집례자가 찬송을 부르는 가운데

유족과 친족, 그리고 친지들이 차례로 나와서

고인의 얼굴을 보고 마지막 인사를 하도록 진행합니다.

인사가 끝나면 천판(관 뚜껑)을 덮고 예배 후 결관합니다.

유품 전달 ··· 집례자

(고인이 쓰던 성경책을 상주에게 전달합니다.)

광　　고 ··· 집례자

(집례자는 상가를 대신하여 인사를 하고

출관식 시간과 장소를 자세히 알려줍니다.)

축　　도 ··· 집례자

4) 장례(출관)예배

개 식 사 ·· 집례자
"지금부터 고 ○○○ 성도(직분)의 장례(출관)예배를
드리겠습니다.
이 예배가 끝나면 고인의 시신마저 정든 집과 가족과
모든 것을 두고 떠납니다. 조객 여러분은 정중한 조의와
엄숙한 마음으로 예배에 임해주시기를 바랍니다."

묵상기도 ·· 집례자
(「요한복음」 11:25–26, 14:13 성구 낭독 및 간단한 기도)
"경건한 마음으로 묵상기도드리겠습니다.
인간의 생사를 주관하시는 하나님,
고인을 앞서 보내고 슬퍼하는 유가족을 위로하여주옵소서.
출관에 앞서 하나님께 예배드리고자 모였사오니,
부활의 주님께서 임재하시어
이 예배가 천국 환송 예배가 되도록 은혜 내려주시옵시며,
슬픔에 잠겨 있는 유가족과 우리 모두를 위로하여주옵소서.
모든 장례 절차를 주님께 의지하오니 선히 인도하여주옵소서.
예수님의 이름으로 기도드립니다. 아멘."

찬   송 ·· 다 같이
479장, 493장, 606장, 610장 중 택일

교 독 문 ················· 78번(「요한복음」 14:1–6) ··························· 다 같이

기   도 ·· 맡은 이
(부활의 주님의 임재와
하늘나라로 이어지는 출발식과
영원으로 이어지는 순간이 되어달라는 기도,
모두에게 위로와 희망과 용기를 달라는 기도)

성경봉독 ·· 집례자
「요한복음」 5:24–25, 11:25–26,
「요한계시록」 14:13, 21:1–4, 23–27, 「빌립보서」 1:20–24,
「시편」 116:15–16, 「고린도전서」 15:25–26 중 택일

고인의 약력 보고 ··· 맡은 이
(고인의 약력을 미리 준비하게 했다가 읽게 합니다.
맡길 만한 사람이 없을 때는 집례자가
미리 약력을 받아서 소개합니다.)

조사 및 조가 ··· 맡은 이
설　　교 ··· 집례자
인사 및 광고 ··· 맡은 이
찬　　송 ··· 다 같이
고인이 즐겨 부르던 찬송, 480장, 606장, 491장 중 택일

축　　도 ··· 집례자
발 인 사 ··· 집례자
"이제 주의 말씀 따라 살다가 간 고인의 유해가
장지를 향하여 떠납니다.
육체로서는 다시 돌아올 수 없는 마지막 길입니다.
그러나 그의 영혼은 이 시간 천국에서 편히
안식하고 있음을 기억하고
위로를 받으시기 바랍니다.
장지로 출발하는 이 길은 곧 부활과 영생을 향하여
나아가는 소망의 길인 것을 기억하며 출발하겠습니다."

5) 하관예배

개 식 사 ··· 집례자
"지금부터 고 ○○○ 성도(직분)의 하관예배를 드리겠습니다."

묵상기도 ··· 집례자
(「데살로니가전서」 4:16 – 17 성구 낭독 및 간단한 기도)

찬　　송 ··· 다 같이
180장, 237장, 479장, 494장 중 택일

기　　도 ··· 맡은 이
성경봉독 ··· 집례자
「요한복음」 5:24 – 29, 11:25 – 28, 「고린도전서」 15:51 – 58,
「디모데후서」 4:6 – 8 중 택일

권면과 위로 ··· 집례자

기　　도 ··	집례자
취　　토 ··	집례자와 유족
선　　고 ··	집례자

　　　　　　　"하나님의 부르심을 받은 우리의 형제(자매)
　　　　　　　고 ○○○ 성도(직분)를 여기에 안장합니다.
　　　　　　흙으로 된 몸은 땅에서 왔으니 땅으로 돌아갑니다.
　　　　　하나님의 부름을 받은 우리 형제(자매) 고 ○○○ 성도(직분)를
　　　　　　여기에 매장하오나 우리 주 예수께서 재림하시리니
　　　　그가 오실 때에 그의 피로 언약을 맺은 성도의 무덤이 열리고,
　　　　　죽은 이가 일어나 주와 한가지로 공중에 올라가
　　　　　　어린 양의 혼인잔치에 참예하리로다. 아멘."

| 인사 및 광고 ··· | 맡은 이 |
| 찬　　송 ·· | 다 같이 |

　　　　　　　　　239장, 338장 중 택일

| 축　　도 ·· | 집례자 |

6) 화장예배[29]

| 개 식 사 ··· | 집례자 |
| 기　　도 ·· | 집례자 |

　　　　　(세상에 살다가 한 줌의 재로 하나님께 다시 돌아가오니
　　　　　　　　고인의 영혼을 반겨 맞아주실 것과,
　　　　　　　　부활을 믿으며 소망 가운데 살도록
　　　　　　　　　　유가족을 위로해주실 것과,
　　　　　　　　남은 자들이 육신의 허무함을 깨닫고
　　　　　　　온전한 그리스도인의 삶을 살 수 있도록
　　　　　　　　　　도와주시라는 내용의 기도)

| 찬　　송 ·· | 다 같이 |

　　　　　　　　　235장, 489장 중 택일

---

29) 화장로에 들어가기 전, 장소나 상황 등을 고려하여 진행합니다. 다만 화장 후 봉안이나 자
연장이 예정되어 있고, 하관예배를 할 상황이 되지 않는다면 생략할 수 있습니다. 봉안 시
설이나 자연장 시설에서 안치예배를 드리기 때문입니다.

성경봉독 ·· 집례자

「욥기」 14:14 − 15, 「사도행전」 40:6 − 8, 「전도서」 1:2,

「요한복음」 11:21 − 26, 「야고보서」 4:13 − 17 중 택일

권면과 위로 ·· 집례자

(고인이 다시 살아난다는 부활의 확실성과

하나님과 그리스도인의 사랑의 관계를

어떤 것도 끊을 수 없다는 권면과 위로)

기   도 ·· 집례자

축   도 ·· 집례자

7) 봉안-안치예배[30]

개 식 사 ·· 집례자

묵상기도 ·· 집례자

(「요한계시록」 20:11 − 15 성구 낭독 및 간단한 기도)

찬   송 ·· 다 같이

479장, 607장 중 택일

성경봉독 ·· 집례자

「창세기」 50:12 − 14, 「시편」 90:10, 「고린도전서」 15:42 − 44,

「사도행전」 40:6 − 8, 「전도서」 1:2 중 택일

권면과 위로 ·· 집례자

(우리는 우리를 예비하신 하늘의 집에

거하게 됨을 밝히고 고인의 유언을 받들고

부활의 소망을 바라보자는 내용)

기   도 ·· 집례자

유골 안치 ··· 유족 대표

찬   송 ·· 다 같이

243장, 480장 중 택일

축   도 ·· 집례자

---

30) 화장 후 봉안 시설 안치 시 드리는 예배입니다.

8) 자연장-안치예배[31]

개 식 사 ··· 집례자

묵상기도 ··· 집례자

(「에스겔」 37:5-6 성구 낭독 및 간단한 기도)

찬　　송 ··· 다 같이

606장

기　　도 ··· 맡은 이

(고인이 편안히 주님의 품으로 돌아가게 하시고,
생명을 주는 나무(식물)처럼 부활의
생명을 얻게 해주시도록 기도)

성경봉독 ··· 집례자

「민수기」 24:5-6, 「열왕기상」 7:2,
「시편」 80:10, 「에스겔」 37:9-10 중 택일

권면과 위로 ··· 집례자

기　　도 ··· 집례자

찬　　송 ··· 다 같이

243장

인사 및 광고 ··· 맡은 이

축　　도 ··· 집례자

9) 장례 후 위로예배[32]

개 식 사 ··· 집례자

"이제 고 ○○○ 성도(직분) 장례를 마치고 돌아와
살아계시는 하나님께 예배드리겠습니다."

찬　　송 ··· 다 같이

240장, 301장, 488장 중 택일

---

31) 화장 후 자연장 시설 안치 시 드리는 예배입니다.
32) 장례 후 위로예배는 장지에서 귀가하여 유족들의 슬픔을 위로하기 위해 간단하게 드리는 예배입니다. 고인의 영정사진을 상 위에 올려두고 주위에 둘러앉아 드립니다.

성경봉독 ·· 집례자
「고린도후서」 1:3－4, 「데살로니가전서」 5:1－11,
「요한계시록」 21:1－8 중 택일

권면과 위로 ·· 집례자

기   도 ·· 집례자

찬   송 ·· 다 같이
242장, 414장, 480장 중 택일

위로와 나눔 ·· 맡은 이
(고인에 대한 좋은 기억과 위로를 나눕니다.)

축   도 ·· 집례자

10) 첫 성묘예배

개 식 사 ·· 집례자
"지금부터 고 ○○○ 성도(직분)의
첫 성묘예배를 드리겠습니다."

신앙고백 ·· 다 같이

찬   송 ·· 다 같이
242장, 491장, 고인이 평소 즐겨 부른 찬송 중 택일

기   도 ·· 맡은 이

성경봉독 ·· 맡은 이
「요한복음」 5:24－25, 14:1－6, 「히브리서」 11:4,
「고린도후서」 5:1－5 중 택일

권면과 위로 ·· 집례자

기   도 ·· 집례자

찬   송 ·· 다 같이
375장, 380장 중 택일

축   도 ·· 집례자
(가족끼리 예배 시에는 주기도문으로 마칩니다.)

11) 추모예배[33]

개 식 사 ·· 집례자
"오늘로 고 ○○○ 성도(직분)님이 하나님의 부르심을 받아
우리의 곁을 떠난 지 1주년을 맞이했습니다.
고인을 생각하며 추모예배를 드리겠습니다."

묵상기도 ·· 집례자
(「요한복음」 11:25 – 26 성구 낭독 및 간단한 기도)

찬   송 ·· 다 같이
485장, 491장, 고인이 평소 즐겨 부른 찬송 중 택일

기   도 ·· 맡은 이

성경봉독 ·· 맡은 이
「시편」 25:12 – 14, 「잠언」 3:1 – 10, 「히브리서」 11:1 – 12,
「디모데전서」 4:6 – 8, 「디모데후서」 1:3 – 5 중 택일

권면과 위로 ·· 집례자

기   도 ·· 집례자

추   모 ·· 맡은 이
고인의 약력 보고
추모사
유언이나 유서, 유품 소개

찬   송 ·· 다 같이
488장, 489장 중 택일

축   도 ·· 집례자
(가족끼리 예배 시에는 주기도문으로 마칩니다.)

---

33) 추모예배는 고인이 별세한 날에 맞추어 고인을 추모하기 위해 드리는 예배입니다.

3. 장법

장법이란 죽은 자를 장사 지내는 방법으로 주검의 처리 방법을 말하는데, 토장(土葬), 화장(火葬), 야장(野葬)[34], 천장[天葬 또는 조장(鳥葬)][35], 수상장(樹上葬), 풍장(風葬), 수장(水葬) 등으로 매우 다양합니다.

이렇듯 다양한 장례 습속은 그 민족이 처한 자연환경, 생산 방식, 생활습관, 종교 및 신앙, 이데올로기 등과 아주 깊은 관계가 있습니다. 수렵생활을 하던 민족은 수상장(樹上葬: 수장) 혹은 풍장을 했고, 물가에 사는 일부 민족은 수장(水葬)을 했으며, 유목민족은 야장(野葬)을 하였습니다. 그리고 불교의 영향을 받은 민족은 화장을, 다수의 농경인은 토장을 하였습니다. 이처럼 장례 습속은 인간 생활의 환경적 특징은 물론, 그 사회의 변화를 가장 잘 반영하는 의례 형식입니다. 유목민과 정착민의 장례 습속이 다르고, 농업사회와 산업사회의 장례 습속이 달라지지 않을 수 없듯이, 유구한 인류의 역사 동안 장법은 민족의 이동과 성쇠, 문화적 교류, 사회의 발전 과정에 따라 변천을 거듭해왔습니다. 그리고 동일 지역이라 할지라도 민족에 따라, 동일 민족이라 할지라도 사회계층에 따라 혹은 죽음의 정황에 따라 다른 장례 방식이 있는 것과 같이 인간의 장례 습속은 다양하고, 복잡하며, 가변적입니다.

이는 우리 사회도 마찬가지여서 농경사회에서 현대 산업사회, 대가족 중심의 혈연공동체에서 핵가족화, 1·2인 가구 중심으로의 가구 구성 변화 등 시대와 사회의 변화에 따라 장례 습속도 급격한 변화를 겪고 있습니다. 이러한 변화는 장법에 있어서도 두드러지는데, 주류 장법이었던 매장에서 화장으로의 급격한 전환과 그에 따른 봉안의 확산, 자연장의 도입 등이 그것입니다. 이 장에서는 우리

---

34) 야장(野葬)은 몽골족 목축지역 및 위구르족 사회에서 유행하던 장례 방식으로, 사람이 죽으면 집에서 먼 지역까지 이동시킨 후 동물들이 먹어치우게 합니다. 사체가 모두 없어지면 길조로 여기고, 만약 사체가 원형대로 남아 있으면 승려를 청하여 속죄하는 의식을 행합니다.
35) 천장(天葬)은 주로 티베트족이 행하는 장법으로, 망자의 시체를 천장사(天葬師)라는 특정한 라마승이 칼과 도끼로 해부하고 다듬어서 천국의 사자(使者)인 독수리에게 먹이로 던져주어 보시하는 방법입니다. 시체가 모두 없어지면 길조로 여기고, 조금이라도 남게 되면 가족들이 열심히 독경합니다. 천장은 불교의 사후세계관과 티베트의 자연환경적 특징의 복합적 영향으로 등장하게 되었습니다.

나라의 주된 장법인 매장, 화장, 봉안, 자연장에 대해 알아보겠습니다.

(1) 매장

매장(埋葬)은 땅에 구덩이를 파고 주검을 묻는 방식으로 토장(土葬)이라고도 합니다. 인류의 역사와 함께한 가장 오래된 장법으로 전 세계적으로 널리 행해지고 있는 보편적인 장법입니다.

상고시대에는 시신을 그냥 들이나 산에 버리거나 초목으로 덮는 정도였다고 합니다. 점차 사람들의 인지가 발달하고 효 관념이 생기면서 방치하던 시신을 구덩이를 파고 묻기 시작하였는데, 봉분이나 표지, 치장 등을 하지 않은 평지묘 형태의 무덤이었다고 합니다. 이렇다 보니 동물이 시신을 범하거나 무덤을 찾기 어려운 문제 등이 발생하여, 사람들은 시신을 짐승에게서 보호하고 무덤을 쉽게 찾을 수 있는 새로운 형태의 무덤을 만들었습니다. 그것이 지금의 봉분 형태의 무덤으로 춘추시대 말기에 처음 만들어져 전국시대에 이르러 보편화되었다고 합니다.

『설문해자』에 나온 글자 풀이를 참고하면, '장(葬)'자는 '艸＋死＋艸'가 되어 시체를 땅 위에 놓고 다시 풀로 덮어놓은 것이 됩니다. '묘(墓)' 자의 막(莫)은 원래 아래위가 모두 풀 초(艸)이고 가운데가 날 일(日)로, 숲 사이로 태양이 넘어가는 모습을 표현한 것입니다. 즉, 해가 지고 나면 아무것도 보이지 않게 되므로 막(莫)이 포함된 글자는 '사라진다, 없다, 보이지 않게 된다'는 뜻을 공통적으로 갖게 됩니다. 이에 묘(墓) 자는 '흙에 묻혀 사라지는 것'으로 해석되고, 분(墳) 자는 '土＋十＋十＋十＋貝'로서 흙과 조개껍데기 30짐을 쌓아둔 것으로 봉분을 갖춘 무덤을 가리킵니다. 즉, 무덤의 역사는 장(葬) → 묘(墓) → 분(墳)의 형태로 변천해온 것입니다.

매장을 하는 이유로는 지하에 저승이 있다는 믿음, 움집 생활의 유풍, 단순한 위생의 측면 등 여러 가지 설이 있으나, 사자를 겁내 관계를 끊기 위해서라는 설이 가장 유력합니다. 시체를 단단히 묶어서 땅에 묻는다든가, 시체 위를 무거운 돌로 눌러두는 것 등에서 그 근거를 찾을 수 있다고 합니다. 이는 우리의 전통상례도 마찬가지여서, 차마 죽음을 인정할 수 없다 하여 사망 3일째가 되어서야 입관하고 아침저녁으로 상식을 올리는 등 고인을 산 자와 같이 대접하면서도, 정작 수시 때는 칠성판에 둘러 묶고, 소렴·대렴이라 하여 이불에 둘러 묶고, 입관 시

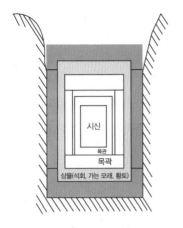

장매와 맷베로 다시 묶습니다. 또 빈소에 있던 구(柩)를 상여로 모실 때는 문지방에 박을 엎어두고 관머리로 그걸 깨고 나온다거나, 발인 후 영구(靈柩)가 대문을 나서면 빈 그릇을 대문 앞에서 깨는 등 사자와 생자의 공간을 분리하고 그들의 복귀를 멀리하려 끊임없이 노력하는 이중적인 모습을 보여주고 있습니다.

초기의 매장은 동굴 등 자연적으로 이루어진 장소를 이용한 것에서 시작해, 차츰 땅에 구덩이를 파고 시신을 안치한 뒤 덮어버리는 움무덤 형태로 발달하였습니다. 이후 계급이 생겨나고 국가가 형성되면서 무덤은 지배자의 위신을 나타내는 척도가 되어 더욱더 거대해지고, 계세적 세계관에 영향받아 사후세계에서도 현재와 같은 부와 지위를 누리기 위한 다양한 껴묻거리를 묻게 됩니다. 이후 좀 더 추상적 사고가 가능해지고 고등 종교의 영향으로 사후세계관이 정교해지면서 현세의 권력과 부보다는 내세의 영적 가치를 존중하게 됩니다. 이러한 영향으로 매장 의례가 축소되고 껴묻거리도 줄어들게 됩니다.

매장의 방법이나 절차는 나라마다 다른데 유교적 관습이 남아 있는 곳은 절차가 까다로운 편입니다. 조선시대에는 경제적 여건이 된다면 왼편의 그림과 같은 방식의 회격묘를 주로 사용하였습니다.

회격묘의 조성 방법은 다음과 같습니다. 광을 파는 일이 끝나면 먼저 재(炭: 숯)[36]를 광의 밑바닥에 깔고 두께 2~3치[37]를 쌓아 다집니다. 그 후에 석회와 가는 모래, 황토를 3:1:1로 섞은 것을 느릅나무 달인 물에 개어 만든 회삼물(灰三物)을 재(炭) 위에 펴는데, 삼물의 두께도 2~3치(6~10cm) 정도로 합니다. 얇은 판을

---

36) 재(炭)는 피나 조, 수수 등을 그을려 태운 것으로, 쉽게 썩지 않고 습기 조절과 방충 효과가 있어 사용하는 것입니다. 다만, 매장 후 오랜 시간이 지나다 보니 재가 땅을 비옥하게 한다는 설이 있어 점차 사용하지 않게 되었습니다.

37) 과거에는 도량형 통일이 이루어지지 않은 때라, 1치의 길이는 주척, 영조척, 황종척 등 어느 것을 기준으로 하느냐에 따라 달라집니다. 다만 조선시대 출토 분묘 조사 결과를 분석하였을 때, 보통 황종척이나 영조척이 많이 사용되었던 바, 2~3치는 6~10cm 사이라고 생각하시면 되겠습니다.

이용하여 회격을 만드는데 곽의 형상처럼 만들어 목곽과 관이 들어갈 공간을 만들고 담장은 관 높이보다 4치 정도 높게 합니다. 쌓은 것이 굳으면 얇은 판을 빼내고 그걸 다시 위에 덮고 그 위에 삼물과 재를 밑바닥과 같은 높이로 쌓아 덮개를 만듭니다. 굳으면 덮개를 열어 얇은 판은 제거합니다. 장사일에 목곽과 관을 설치하고 회곽과의 빈틈을 회삼물(灰三物)로 메워주고, 내광과 외광[38]의 흙을 채우고 다지며 봉분을 쌓아올립니다.

위와 같은 4중 구조(목관-목곽-삼물-재)의 회격묘는 조선 전기~중기까지 이어져오다가, 임진왜란을 전후하여 물자 부족 등의 이유로 목곽이 빠진 3중 구조 회격[39]으로 변하게 되었습니다. 회격은 세월이 지나면 쇠나 돌처럼 단단해지기 때문에, 나무나 동물, 벌레의 침범, 도굴 위험은 물론이고 습기까지 효과적으로 막아주어 내광에 물이 차오르는 참담함을 막을 수 있었습니다. 우리나라는 특별한 미라형 장례법이 없음에도 불구하고 조선 전기~중기까지의 회격묘에서 상당수의 미라가 발견되는데, 이것은 회격묘의 뛰어난 방충·방습 효과를 입증하는 것이라 할 수 있습니다.

고려시대부터 성행해온 풍수지리의 영향으로 매장 시 장지(葬地) 택일은 무척이나 신중하게 이루어졌습니다. 풍수의 기본 논리는 일정한 경로를 따라 땅 속을 돌아다니는 생기(生氣)를 사람이 접함으로써 복을 얻고 화를 피하자는 것인데, 음택풍수는 조상의 산소를 좋은 자리에 쓰면 조상이 산천의 좋은 지기(地氣)를 받아 자손들도 복(福)을 받게 된다는 것입니다. 예서에서의 장사 기일은 사(士)는 유월장이라 하여 달을 넘겨 장사 지내고, 대부는 3개월, 제후는 5개월, 천자는 7개월에 장사 지낸다고 하였습니다. 그러나 묘소와 풍수지리적 명당에 대한 조상들의 염원은 매우 깊은 것이라, 적게는 1~2년 많게는 10년까지도 외빈에 모셔두고 명당을 찾았다고 합니다. 또한 조선시대 송사(訟事)의 상당수가 산송(山訟: 묘지에

38) 광중을 팔 때는 관의 크기에 맞춘 내광과 인부들의 작업 공간인 외광의 이중 구조로 파두어야 합니다.

39) 목곽의 두께만큼 둘러싸야 하는 석회를 적게 써도 되므로, 목관-회삼물-재의 3중 구조 회격묘가 주류가 되었습니다. 4중 구조 회격묘와 대비하여 3중 구조의 회격묘를 회곽묘라 부르기도 합니다.

관한 소송)이었다고 하니 당시대인들이 이를 얼마나 중요하게 여겼는지 짐작할 수 있습니다.

매장문화는 유교적 생사관에 있어 부모님께 물려받은 육신을 소중히 여기고, 체백의 기운까지 완연히 자연으로 되돌아가게 하려는 의지였습니다. 그러나 현재 우리나라의 매장률은 10~15%가량으로 매우 낮은 수준입니다. 이는 여러 가지 복합적인 이유들로 인한 것인데, 먼저 산업화, 도시화, 1~2인 가구 증가, 고령화·저출산 기조 등으로 인해 '봉제사(奉祭祀)와 분묘(墳墓) 수호'라는 전통적 가치관을 지키는 것이 어렵고 부담스러운 일이 되었기 때문입니다. 또한 매장지 구입, 산역에 소요되는 비용 등 화장에 비해 경제적 부담이 크고, 한시적 매장제도의 시행[40] 등으로 매장을 선택하는 사람들은 더욱더 감소할 것으로 예상됩니다.

(2) 화장

화장(火葬)은 시신을 불에 태워 장사 지내는 방식으로, 석기시대부터 그 유래를 찾을 수 있습니다. 고고학적 자료에 의하면 화장은 신석기시대 말부터 유럽 일대에 발생하여 청동기·철기 시대에 성행하였다가, 기독교의 보급으로 쇠퇴[41]

---

[40] 한시적 매장제도란 2001. 1. 13. 이후 조성된 분묘에 대해서 설치 기간에 제한(기본 30년)을 둔 것을 말합니다. 설치 기간이 종료된 분묘의 연고자는 설치 기간이 종료되기 4개월 전부터 분묘 설치 기간 연장 신청을 할 수 있습니다. 연장 신청은 1회에 한하여 가능하며, 연장 기간은 30년입니다. 다만 지자체의 묘지 수급 상황이 좋지 못하면, 별도로 지정한 조례에 따라 분묘 설치 연장 기간을 5년에서 30년 사이로 정할 수 있습니다. 즉 매장하였을 경우, 분묘를 설치할 수 있는 기간은 최소 30년, 연장 신청하였을 경우 최소 35년에서 최장 60년까지라는 뜻입니다.

분묘의 설치 기간 연장 신청은 분묘 소재지를 파악할 수 있는 위치도 또는 사진을 첨부하여 '분묘설치기간 연장신청서'를 제출하면 되는데, 개인묘지·가족묘지·종중문중묘지에 설치된 분묘는 관할 시·군에 제출하고, 공설묘지·법인묘지에 설치된 분묘는 해당 시설의 설치·관리자에게 신청하면 됩니다.

설치 기간이 종료된 분묘는 설치 기간이 종료된 날로부터 1년 이내에 분묘에 설치된 시설물을 철거하고, 매장된 유골을 화장하여 봉안하거나 자연장하여야 합니다.

[41] 기독교는 그리스도의 부활신앙의 영향으로 매장을 선호해왔습니다. 프랑스의 경우 성당(교회)의 지하묘지에는 성인, 왕족, 귀족, 성직자, 국가에 큰 공헌을 한 사람들과 같이 특정인들만 묻힐 수 있었고, 일반인들은 교회(성당)에 소속된 공동묘지에 매장되었습니다. 이는 유럽의 다른 나라들도 마찬가지인데, 매장, 그중에서도 성당(교회)묘지를 선호하는 것은 부활사

하였다고 합니다.

힌두교의 리그베다 경전(Rigveda, B.C. 1500~B.C. 1000)에서는 화장을 원주민 장법의 하나로 소개하면서, 이 장법이 생명의 생성과 윤회전생(輪廻轉生)을 위한 필수적 장법임을 시사하고 있습니다. 힌두교에서 화장의 의미는 새로운 창조를 위한 해체로 파악합니다. 최초에 우주의 창조가 있고 최후에 우주의 파괴가 있듯이, 창조에서 생긴 몸을 화장하는 것은 우주의 5원소(흙, 물, 불, 공기, 에테르)가 하늘나라로 올라가는 것이라 생각합니다. 이는 완전한 파멸이 아니고 새로운 창조를 위한 순환 과정일 뿐이며, 따라서 화장은 파괴의 종말이 아닌 창조에 필요한 서곡인 것입니다. 이러한 관점은 원시불교의 철학으로 흡수되었고, 석가모니를 비롯한 불자의 장법으로 자리 잡았습니다.

동북아시아 및 우리나라의 화장은 선사시대의 화장과 불교 유입 이후의 화장이라는 두 계통으로 파악할 수 있습니다. 화장은 고온다습한 열대나 아열대지방에서 시신을 위생적으로 처리하는 한 방법으로 고안되었다고 추정됩니다. 동북아시아에서 가장 오래된 화장의 흔적은 베이징 주구점의 산정동굴에서 발견된 불에 탄 골격인데, 일부러 불에 태운 것인지 자연발화인지 알 수는 없습니다. 중국 간쑤성 린타오현 사와산 유적에서는 화장 유구가 토광묘의 토광 안에서 발견되었는데, 신석기시대 말기(B.C. 1400~B.C. 1100)로 추정하고 있습니다. 비슷한 시대의 화장 흔적이 중국의 여러 지역에서 발견되었고 고대 중국에 관한 기록에도 화장에 관한 내용이 등장하고 있어, 불교 전래 이전의 고대 중국에도 화장이 있었음을 알 수 있습니다.

중국 불교가 대승불교의 사상적 체계를 공고히 하고 교세가 완연히 확립한 시기는 수·당 대로 파악됩니다. 이에 승려 중심의 화장이 당나라 시대부터 일반에로 서서히 확산되기 시작해, 북송에 이르러서는 널리 성행했다고 합니다.

우리나라에서는 청동기시대의 대표적인 묘제인 고인돌(지석묘) 유적에서 화장한 흔적이 다수 발견되고 있으며, 이 시대의 화장 방법은 대체로 구덩이 속에 시

상의 영향이 큽니다. 하나님의 법도는 그러하지 않겠지만 현세적인 사람들이 생각하기에, 약속된 구원의 날이 왔을 때 성인이 모셔져 있고 하나님의 집인 성당(교회)이 먼저 은혜로운 영광을 입을 수 있지 않을까 하는 기대와 염원 때문에 성당(교회)묘지를 선호하였습니다.

신을 안치하고 그 위에 나무를 쌓고 불에 태운 것으로 추정하고 있습니다. 삼국 및 통일신라시대에는 불교의 보급 및 확산으로 불교식 화장묘가 다수 등장합니다. 우리나라에서 제일 오래된 화장 기록으로 『삼국유사』에 나오는 경주 황룡사를 창건한 승려 자상이 있으며, 왕으로는 신라 30대 문무왕이 있습니다. 이후 화장은 급속하게 보급되어 왕실 및 귀족사회에서 성행하였습니다. 불교에서는 진리를 깨우치기 위해 육신에 집착하는 것을 경계하므로, 화장 후 산골하는 것이 교리에 부합할 것입니다. 그러나 불교가 중국을 거치면서 화장한 유골을 골호(骨壺: 뼈항아리)에 담아 무덤 속에 안치하는 방식[장골(藏骨)]으로 변화한 다음 우리나라에 도입되었기에, 불교식 화장법은 화장 후 습골하여 산골하거나, 부도탑이나 화장묘 형태로 최종 안장하는 두 가지 방식으로 정착하였습니다.

고려시대에도 불교의 성행과 함께 화장이 유행하였는데, 위로는 왕실부터 아래로는 일반 서민에 이르기까지 널리 행해졌습니다. 고려의 불교식 화장법은 사망-사찰 부근에서의 화장-습골(拾骨)-권안(權安: 일정 기간 절에 유골을 안치하는 것) - 매장(埋骨: 화장한 유골을 땅에 묻음)순이었습니다. 통일신라시대까지는 골호를 많이 썼다면, 고려에서는 1m 미만의 조립식 석관을 많이 이용하였습니다.

권안(權按)하는 동안 승려와 자손이 조석으로 불공을 드렸다는 기록이 있는데, 이는 불교적 극락왕생을 기원하는 것이기도 하지만 전통적 효 사상과 결합된 추모 기간으로도 볼 수 있습니다. 또 세시에 따라 제사를 드렸다는 기록도 있어, 고려시대에는 불교식 화장법과 유교적 효 사상이 결합된 방식으로 조상에 대한 존숭을 지켜왔던 것으로 보입니다.

조선시대에는 정치 이념으로 성리학이, 불교를 대체하는 생활 실천 윤리로서는 가례가 채택되었습니다. 관 주도의 불교 및 화장 배척이 강력하게 시행되어, 성종 때 이르러서는 불교적 장례 습속이 많이 사라지게 되었습니다.

1902년 당시 일본인 거류민단에서 고양군 한지면 신당리 수구문 밖 송림에 일본식 화장장을 건립하였습니다. 이것은 비록 일본인들에 의한 것이지만 우리나라 근대식 화장장의 시초가 되었습니다. 이후 전국 각지에(주로 일본인들의 필요에 의해) 화장장이 들어서게 되고, 이때 도입된 벽돌식 화장로[42]는 화장장 인근 지역

---

42) 내화벽돌을 쌓아올려 아궁이를 만들고 관이 들어갈 공간을 만든 다음, 그 앞에 철문을 달아

에서 나는 악취와 검은 분진의 원인으로, 화장장에 대한 부정적인 이미지를 형성시키는 데 큰 영향을 미칩니다.

1912년 6월 조선총독부에 의해 「묘지 화장장 매장 및 화장취체규칙」이 시행되었고, 광복 후 1961년 「매장 및 묘지 등에 관한 법률」이 제정되면서 화장은 우리나라의 법 체계 속에서도 적법한 장법으로 인정받게 되었습니다. 그러나 화장은 부모가 물려주신 소중한 신체를 훼손하고 고인을 두 번 죽이는 참담한 행위라는 인식이 굳건해, 경제적으로 빈곤하거나 가족이나 후사가 없는 사람, 사고나 감염병 등으로 사망한 이들이나 선택하는 장법으로 인식되었습니다.

1980년대 후반부터 화장의 필요성[43]에 대한 공감대가 형성되어갔고, 1990년대 중후반부터 정부와 시민단체, 언론 등의 적극적인 화장장려운동이 전개되었습니다. 더불어 장사 시설(특히 화장장)을 고급화·현대화하여 기존 화장장에 대한 부정적 이미지를 개선했고, 묘표(墓表) 혹은 지표(指標)로서 기능할 수 있는 봉안 시설을 확충해 고인을 불에 태워 없앤 것이 아닌 보다 가까운 곳에 청결하고 평화롭게 모셨다는 생각을 가질 수 있도록 하였습니다. 그리고 화장이야말로 합리적이고 의식 있는 선진 시민이 선택할 수 있는 최고의 장법임을 강조하였습니다. 이에 2017년 기준 전국의 화장 이용률은 84.6%로 향후 더욱 증가할 것으로 예상됩니다.

(3) 봉안

봉안(奉安)은 화장한 유골을 개폐가 가능한 봉안 시설에 안치하는 장사 방법을 말하는 것으로, 과거에는 납골(納骨)이라는 용어로 널리 쓰였습니다. 그러나 납골이 일본식 한자어이고 너무 노골적인 표현이라 혐오감을 줄 수 있다는 의견이 있어, 2008년 「장사 등에 관한 법률」 개정 시 봉안(奉安)으로 순화하였습니다.

둔 초보적인 화장로를 말합니다. 자연 배기 방식으로 높은 굴뚝이 필요합니다.

43) ① 매년 증가하는 묘지와 그에 따른 국토 잠식의 문제, ② 자연환경 훼손, ③ 핵가족화 등으로 인해 분묘를 관리하고 지킬 후손이 점차 감소 - 그에 따른 벌초 등 분묘 관리 문제로 인한 친척 간 갈등, 버려지거나 잊혀진 무연분묘의 증가, ④ 매장 시 소요되는 장지 구입 가격, 산역 비용 등 경제적 부담 등.

우리나라는 일제강점기를 제외[44]하면 1980년대 중반까지만 해도 봉안당이라고 부를 수 있는 제대로 된 시설이 없었습니다. 화장장 뒤쪽 외진 구석에 있는 낡고 어두침침한 방, 그리고 기름먼지가 쌓인 선반에 안치된 유골함의 모습이 당시의 봉안 모습이었습니다. 1980년대 후반에 이르면 조금 밝은 분위기의 목재 안치단이 마련되고 일부 사찰에서 전용 봉안당을 설치하기는 하였지만 극히 일부에 불과하고, 본격적으로 봉안이 확산되고 시설 개선이 이루어진 것은 1990년대 중후반에 들어서면서부터입니다. 정부는 화장문화 확산을 위해서 봉안 시설 확충에 많은 지원을 하였습니다. 지자체에서 공설 봉안 시설을 설치하게 하고 국고지원금을 지급하는 것은 물론이고, 사설 봉안 시설 설치 시 정부나 지자체에서 일정 금액을 지급하거나 무이자로 장기대출을 받을 수 있도록 배려하는 등 봉안 시설 확충을 위해 많은 노력을 하였습니다.

봉안시설의 종류로는 분묘의 형태로 된 봉안묘, 건축물인 봉안당, 탑의 형태인 봉안탑, 벽과 담의 형태로 된 봉안담이 있습니다.

봉안 시설은 화장문화 확산에 크게 기여하였고, 정부나 지자체의 여러 정책 덕분에 공·사설을 합한 안치 능력[45]은 전국적인 봉안 수요를 충분히 상회할 정도로 수용 능력도 커졌습니다. 그러나 봉안 시설의 예상치 못한 문제점이 나타났는데 첫째, 과도한 석물 사용과 관리 부실로 인한 자연환경 훼손 문제가 그것입니다. 봉안 시설의 단위면적당 안치 능력은 일반 묘지보다 우월하지만 인공적인 석물 설치가 필요하다는 점에서, 해당 시설이 제대로 운영 및 관리되지 못한 채 방치될 경우 영구적인 흉물로 전락할 수 있습니다. 둘째, 사설 봉안 시설들이 비교적 짧은 기간 내에 난립하다 보니 경영 압박을 받아 파산·폐업한 경우가 종종

---

44) 우리나라는 통일신라시대부터 고려시대까지 화장이 성행하였으나, 화장 유골을 수습하여 산골하거나 골호나 석관에 담아 매장하였기 때문에, 봉안(납골)이라는 말은 사용한 적이 없었던 것으로 생각됩니다. 일제강점기에는 일제가 설치한 여러 공동묘지에 매장묘와 화장묘가 같이 설치되었을 가능성이 높습니다. 서울 홍제동 화장장의 '납골당 사용료 징수 실적'이라는 서류가 발견되기도 하는 등 일제 당시에는 납골 시설이 사용되었을 것으로 짐작됩니다.

45) 공설 봉안 시설은 사설 봉안 시설에 비해 시설 규모나 질은 비슷한데 가격은 사설의 1/3~1/2정도로 저렴해, 항상 수요가 많습니다. 현재 상당수 공설 봉안 시설이 만장되었거나 얼마 남지 않아서 신규 설치 또는 증설하여야 합니다. 그러나 입지 선정부터 주민 반대에 부딪혀 현실적인 어려움이 큽니다.

있는데, 봉안되어 있던 유골의 인도나 선지급된 시설 사용료 및 관리비의 정산 문제 등이 발생됩니다.

이러한 문제점들을 개선하고자 좀 더 친환경적이고 지속 가능한 장법인 자연장을 도입하게 되었습니다. 또한 「장사 등에 관한 법률」에서 사설 봉안 시설 폐지 신고 규정을 신설하고 사용료·관리비에 대한 신고, 관리금 적립에 관한 내용 등을 규정하여, 사설 봉안 시설의 내실 있는 운영 및 폐업 시 소비자 피해를 최소한으로 줄일 수 있도록 하였습니다.

┃ 봉안 시설의 종류

〈봉안묘 내부〉

〈봉안묘〉

〈봉안묘 내부 1〉

〈봉안당 내부 2〉

〈봉안탑〉

〈봉안담〉

(4) 자연장

　자연장은 봉안 시설의 폐해에 대한 대안으로 도입된 장법으로, 고인의 존엄성을 지키면서 자연환경에 위해를 끼치지 않고 실행할 수 있는 지속 가능한 장사 방법입니다. 자연장은 각 나라마다 여러 가지 다른 형태와 방법으로 시행되고 있습니다.

　우리나라는 화장 유골의 골분을 흩뿌린다는 산골(散骨)의 유습을 오래전부터 지니고 있었습니다. 그러나 자연장을 제도화하는 과정에서 산골은 제외되고, 수목·수목림·잔디·화초형을 중심으로 하는 현행 자연장 제도가 확립되었습니다.

　먼저 자연장의 개념과 종류에 대해 살펴보겠습니다. 자연장은 화장한 유골의 골분을 수목, 화초, 잔디 등의 밑이나 주변에 묻어 장사 지내는 것을 말합니다. 자연장의 종류는 잔디 밑이나 주변에 묻어 장사 지내는 잔디형 자연장(잔디장), 화초 밑이나 주변에 묻어 장사 지내는 화초형 자연장(화초장), 나무 밑이나 주변에 묻어 장사 지내는 수목형 자연장(수목장), 숲에 조성한 자연장지로 숲속 나무 밑이나 주변에 묻어 장사 지내는 수목장림이 있습니다.

　자연장을 하기 위해서는 화장한 유골을 묻기에 적합하도록 분골하여야 합니다. 분골한 유골을 흙과 섞어 지면으로부터 30cm 이상의 깊이로 묻어야 합니다. 만약 용기를 사용할 경우에는 생화학적으로 분해 가능한 용기를 사용하여야 하고, 용기 내 골분은 부드러운 흙과 섞어 넣으면 좋습니다. 용기를 사용한다고 해서 흙을 섞지 않으면, 골분의 인(燐) 성분 때문에 굳을 수 있습니다. 혹시 멧돼지가 출몰한다거나 겨울에 땅이 어는 곳이라면 1m가량 깊게 묻는 것이 좋습니다.

　안장이 완료된 후 표지를 준비하여 설치하는데, 개인 또는 공동으로 할 수 있습니다. 개별 표지인 경우 그 크기가 200cm² 이하로 설치하고, 공동 표지인 경우 개별 표지의 면적을 기준으로 안치 및 예정 구수를 고려하여 알맞은 크기로 주위 환경과 조화를 이루도록 설치합니다. 다만 수목장림의 경우 산림을 보호하기 위하여 수목 1그루당 1개의 표지만 설치할 수 있으며, 면적은 200cm² 이하로 수목을 훼손하지 않고 생육에 지장이 없도록 매다는 방법으로 설치하여야 합니다.

　자연장은 생활공간 가까이에 공원 같은 편안한 느낌을 줄 수 있도록 조성할 수 있고, 접근성이 우수하여 자주 찾아뵙는 문화를 정착시킬 수 있다는 장점이 있습니다. 또 매장이나 봉안에 비해 조성·관리 비용이 매우 저렴하여 유족에게 경제적 부담이 적습니다. 좁은 면적에도 조성 가능하여 국토의 효율적 활용을 가능케 하며, 자연을 그대로 보존하는 방식으로 조성해 아름다운 자연을 후손에게 물려줄 수 있습니다.

고령인구 증가로 사망자 수는 지속적으로 늘어 장례 수요는 급증하는 데 반해, 묘지와 봉안 시설을 관리할 후손은 급감하는 상황에서 친환경적이면서도 지속 가능한 자연장은 고인과 유족 모두에게 좋은 선택지가 될 수 있을 것입니다.

● 참고문헌

[원전]

『四書(四書章句)』成均館大學校 大東文化硏究院 影印, 1996년

『十三經注疏』, 臺北: 藝文印書館, 1981년

『朱子家禮』(文淵閣四庫全書, 142), 臺北: 商務印書館, 民國72(1983년)

『朱子語類輯略, 張伯行 輯訂, 北京: 中華書局, 1985년

『宋子大全』, 宋時烈, 民族文化推進會編, 서울: 民族文化推進會編 影印, 1994년

[번역본]

『예기(禮記)』, 이민수 역해, 혜민출판사, 2001년

『대대례(大戴禮)』, 박양숙 역해, 자유문고, 1996년

『춘추좌씨전(春秋左氏傳)』1~8, 정태현 역주, 전통문화연구회, 2003~2013년

『효경대의(孝經大義)』, 정태현 역, 전통문화연구회, 1996년

『역주 예기집설대전(喪服四制)』, 정병섭 역, 학고방, 2017년

『근사록집해(近思錄集解)』, 주희, 여조겸 저, 이광호 역, 아카넷, 2004년

『주례(周禮)』, 지재희, 이준영 해역, 자유문고, 2002년

『의례(儀禮)』, 정현, 가공언 주소, 오강원 역주, 청계, 2000년

『주자가례(朱子家禮)』, 주희 저, 임민혁 역, 예문서원, 2000년

『가례증해(家禮增解)』, 이의조 저, 한국고전의례연구회 역주, 민속원, 2011년

『사의(士儀)』 허전 저, 한국고전의례연구회 역주, 보고사, 2006년

『증보사례편람(增補四禮便覽)』, 황필수 저, 문옥표, 이충구 역주, 한국학중앙연구원출판부, 2014

[단행본]

고영진, 『조선중기 예학사상사』, 서울: 한길사, 1995년

금장태, 『유교의 사상과 의례』, 서울: 예문서원, 2000년

김득중, 『관혼상제』, 서울: 중화출판사, 1982년

_____, 『실천예절개론』, 서울: 교문사, 2004년

김창선, 『상례와 제례』, 서울: 자유문고, 1999년

류숙, 『예의 정신』, 서울: 동문선, 1994년

이범직, 『한국 중세 예학사상 연구』, 서울: 일조각, 1991년

지두환, 『조선전기 의례연구』, 서울: 서울대학교출판부, 1994년

정경주, 『한국 고전의례 상식』, 부산: 신지서원, 2003년

[논문류]

김시덕, 「한국 유교식 상례의 연구」, 고려대학교 민속학전공 박사논문, 2007년

_____, 「도시 장례식장에서 지속되는 상례의 문화적 전통」 『실천민속학』 제9호

_____, 「가정의례준칙이 현행 상례에 미친 영향」 『역사민속학』12, 2001

김진아, 「전통수의에 관한 연구」, 단국대학교 전통의상학 전공 석사논문, 2001년

류춘규, 「喪禮의 奠과 祭祀의 성격에 관한 연구」, 중앙대학교 교육학과 석사논문, 1996년

박정미, 「조선시대 불교식 상제례의 설행양상」, 숙명여자대학교 한국사전공 박사논문, 2015년

백남대, 「조선 왕실 상례에 나타난 음양오행 연구」, 영남대학교 한국학전공 박사논문, 2012년

조우현, 「조선시대 상복에 관한 연구」, 숙명여대 복식의장학 전공 박사논문, 1990년

이소정, 「구봉 송익필의 예학사상 연구」, 성균관대학교 한국철학과 석사논문, 1996년

이수혜, 「삼베 수의에 관한 연구」, 신라대학교 의류학과 박사논문, 2011년

이창진, 「유교 상례의 사상적 특성 연구」, 성균관대학교 예악학전공 박사논문, 2011년

차미영, 「조선시대 상례의 죽음교육적 함의」, 동국대학교 교육학과 박사논문, 2016년

최기복, 「儒敎의 喪禮에 관한 연구」, 성균관대학교 석사논문, 1980년

저자소개

이정훈

중앙의전기획(J · C · P) 대표

www.jungang-lee.com

16년 차 기업 위기 관리 시나리오 컨설팅 전문가로 활동하고 있으며, 그중 사전장례 기획 분야를 중심으로 기업, 기관의 단체장(葬) 기획에 주력하고 있다.

이소정

성균관대학교에서 한국철학 전공으로 학사, 석사를 마치고 박사과정을 수료했다. 유교 상·장례를 전공했으며, 성균관 유림(儒林)에서 주관하는 양현재 연구장학생으로 8년간 문묘 분향례와 전국 향교의 임간수업에 참여하여 유교 예법을 익혔다. 성균관 한림원, 사단법인 유도회(儒道會) 등 한문고전 연수 기관을 거치며 수학했다. 현재는 참미래교육연구소에서 연구위원으로 활동하고 있다.

김미진

동국대학교 불교대학원 생사의례학과 생사의례학 석사를 마쳤으며 현재 서라벌대학교 장례서비스경영학과 교수로 재직 중이다.

기업장례 의전실무 : 회사장 준비와 전통·현대장례의 이해

초판발행   2020년 3월 25일

지은이   이정훈·이소정·김미진
펴낸이   안종만·안상준

편 집   강진홍
기획/마케팅   장규식
표지디자인   BEN STORY
제 작   우인도·고철민

펴낸곳   (주) 박영사
               서울특별시 종로구 새문안로3길 36, 1601
               등록 1959. 3. 11. 제300-1959-1호(倫)
전 화   02)733-6771
f a x   02)736-4818
e-mail   pys@pybook.co.kr
homepage   www.pybook.co.kr
ISBN   979-11-303-0924-8 93330

정 가   19,000원